家藏文库

文中子中说

〔隋〕王通 著　　郑春颖 注译

中州古籍出版社
·郑州·

图书在版编目(CIP)数据

文中子中说 /（隋）王通著；郑春颖注译. —郑州：中州古籍出版社，2024.3
（家藏文库）
ISBN 978-7-5738-1251-3

Ⅰ.①文… Ⅱ.①王…②郑… Ⅲ.①古典哲学–中国–隋代 Ⅳ.① B241.14

中国国家版本馆 CIP 数据核字（2024）第 014944 号

JIACANG WENKU：WENZHONGZI ZHONGSHUO

家藏文库：文中子中说

出 版 人	许绍山
选题策划	卢欣欣
约稿统筹	卢欣欣
责任编辑	翟　楠
责任校对	张　颖
美术编辑	王　歌
版式设计	曾晶晶

出 版 社	中州古籍出版社（地址：郑州市郑东新区祥盛街 27 号 6 层 邮编：450016　电话：0371-65723280）
发行单位	河南省新华书店发行集团有限公司
承印单位	河南新华印刷集团有限公司
开　　本	640 mm×960 mm　1/16
印　　张	26
字　　数	333 千字
版　　次	2024 年 3 月第 1 版
印　　次	2024 年 3 月第 1 次印刷
定　　价	65.00 元

本书如有印装质量问题，请联系出版社调换。

前　言

一、生平家世

王通，字仲淹，生于隋开皇四年（584），又有生于北周静帝大象二年（580）、开皇元年（581）说。① 隋河东郡龙门县万春乡（今山西省万荣县通化镇）人。② 少年早慧，十五岁为人师，十八岁有四方之志，游学六年，增长见闻，仁寿元年（601）秀才及第。仁寿二年，经薛道衡介绍，任蜀郡司户书佐、蜀王侍读。仁寿三年（603）赴长安见隋文帝，上《太平十二策》，虽博得赞誉，但未被重用，遂作《东征之歌》而归。自大业元年（605）始，回乡潜心著述。历经九年艰辛，完成《王氏六经》，又称《续六经》。效孔子聚众讲学，授徒于河汾之间。③ 朝廷先后于仁寿三年，大业元年、十年、十一年征召，杨玄感也曾有意重用王通，均推辞

---

① 刘宽亮通过分析《文中子世家》认为出生时间应在584年。刘宽亮. 王通生年考［J］. 晋阳学刊, 1987（4）；张新民. 文中子事迹考辨［J］. 文献, 1995（2）.
② 王通的故里，有河津说，赵维勇，刘益令. 王通故里考［J］. 山西地方志, 1990（4）；通化说，吉炳南，苏振宏. 王通故里考辨析［J］. 运城高专学报, 1991（3）.
③ 王通讲学地，有万荣说、河津说、稷山说、沁县说四种观点。王向明. 王通讲学地之沁县考［J］. 文史月刊, 2015（9）.

不就。大业十三年（617）五月甲子，病逝于家，终年三十三岁，弟子私谥为"文中子"（《文中子世家》）。

王通门人众多，正式入门弟子，有薛收、温彦博等；受教，但未正式入门，有魏徵、王珪等；偶尔受教，有房玄龄、杜如晦等人。① 由于其思想超前，与初唐重道、盛唐崇佛风尚相悖，以及王凝获罪于长孙无忌致使《隋书》不载等诸多原因，曾有学者怀疑历史上并不存在此人。宋代学者根据两《唐书》王绩、王勃等传记，以及杨炯、刘禹锡、皮日休、陆龟蒙等唐人文集，证明确有其人其事，后遂成定论。②

王氏先祖为太原祁人。永嘉之乱时，随晋室南迁，侨居江左（今江苏、安徽中部一带）。王通六世祖王玄则，仕宋，历任太仆、国子博士等职，人称"王先生"，曾作《时变论》六篇"言化俗推移之礼"。五世祖王焕，曾任江州刺史，著《五经决录》五篇"言圣贤制述之意"。四世祖王虬，因南齐萧道成代宋，于建元元年（479）奔至北魏，曾著《政大论》八篇"言帝王之道"。三世祖王彦，仕至同州刺史，曾著《政小论》八篇"言王霸之业"。祖父王一，曾任济州刺史，又称安康献公，受田于龙门，始定居，著有《皇极谠义》九篇"言三才之去就"。③ 父亲王隆，字伯高，隋开皇初，以国子博士待诏云龙门，曾向隋文帝奏《兴衰要论》七篇"言六代之得失"，后出任忻州铜川县令等职。

王通兄弟三人，其为长子，二弟王凝，三弟王绩。王凝，字叔恬，仕至太原县令，后因侯君集事得罪权贵，出为姑苏令。解印后回乡，整理王通遗稿。王绩，字无功，自号东皋子，两《唐书》有传，吕才《东皋子

---

① 徐朔方. 王通门人辨疑 [J]. 浙江大学学报, 1999 (4).
② 张新民. 文中子事迹考辨 [J]. 文献, 1995 (2); 罗维明. 王通及其《文中子》辨析 [J]. 台州学院学报, 2006 (1); 郭丽. 王通生平事迹辨疑 [J]. 名家欣赏, 2014 (26).
③ 一说名杰，见司马光《文中子补传》："彦生杰，官至济州刺史。"邵博. 邵氏闻见后录 [M]. 北京：中华书局, 1983：28.

集序》及《王无功文集》五卷本均载有王绩生平事迹。又有记载将叔伯兄弟囊括在内，称王通兄弟七人，分别为王度、兄某、王通、王凝、王绩、弟某、王静。王度曾任芮城县令，著有《春秋》，记载北魏北周历史，陈叔达赞其为"良史"。王静，字保名，曾任唐高祖千牛卫。王通有子三人，王福郊（福奖）、王福祚、王福畤。王福畤之子史载六人，王勔、王勮（励）、王勃、王助、王劼、王勋（劝），三子王勃是"初唐四杰"之一。

二、著作及思想

王通作品有《十二策》《王氏六经》《中说》等。《十二策》是王通见隋文帝时所陈之策，后编为四卷本，早已散佚。《王氏六经》包括《续诗》十卷、《续书》二十五卷、《礼论》十卷、《乐论》十卷、《赞易》十卷及《元经》十五卷，共八十卷，均已失传，仅见他书征引片段。其中，《续诗》宗旨与其六世祖王玄则《时变论》相一致，分化、政、颂、叹四部分，体现美、勉、伤、恶、诫五种情志。《续书》宗旨与其四世祖王虬《政大论》相一致，目的在于明"帝王之道"，收录西汉至晋代的诏命。《元经》宗旨与其祖王杰《皇极谠义》一致，主要说明天、地、人三才，在历史发展中的地位、作用和相互关系。王通的《续六经》，除《元经》外，其他五部在五代时已全部散佚。《元经》两《唐书》均未收入，《崇文总目》亦未载，今所传本学界多视为伪本，伪造者可能就是刊印者阮逸本人。① 《中说》非王通自著，是在门人记录和后人追记的基础上整理而成，与《论语》成书相似。

王通政治思想的核心是"王道"。他渴望尧舜在世，实现天下统一、

---

① 邵博. 邵氏闻见后录 [M]. 北京：中华书局，1983：36；李光地. 榕村语录·容村续语录 [M]. 陈祖武，点校. 北京：中华书局，1995：349；章太炎. 国学讲演录 [M]. 上海：华东师范大学出版社，1995：149；陈启智. 王通生平著述考 [J]. 东岳论丛，1996（6）.

社会安定；提出"仁政"，认为行政宽仁、官吏勤勉、赏罚分明、爱惜民力是实现大同世界的基本措施。①魏晋南北朝以来，儒、释、道三教斗争激烈，王通认为，三者都有助于辅政，但各有缺陷，应以"儒"为中心，将佛道融入其中，即调和三教矛盾，实现三教合一。②在处理民族关系方面，主张民族平等，有限度地消除"华夷之别"。③教育上，强调国家兴衰在于人，教育得失和人才培养是关系国家命运的大事。教学以"申先师（孔子）之旨"为始，以"居近识远，处今知古"为途，以培养治国安邦的优秀人才为终极目标。他注重德育，认为培养人才必须修德为先，君子应讲诚信，去私欲，志向远大。讲授内容兼容并包，讲学形式灵活多样，不被传统的名物训诂所限，鼓励学生自主思考，巧妙对答，因势利导、因材施教。其教学实践经验对于完善现代教育体系、实现教育目标，具有重要的参考价值。④文学思想上，主张"文以明道"，文学创作应以说明事理，服务于国家社会为要务，反对奢靡冶艳之风，以抒发情感、畅达易晓、言简意赅为旨趣。所倡导的具有"文儒"特征的"河汾之学"，本乎道、重政教、宗经复古，对扭转隋代文风和促进初唐文学发展起到了

---

① 刘宽亮. 王通政治思想简论 [J]. 运城高专学报, 1993（2）；刘宽亮. 从《中说》看王通的思想体系 [J]. 运城高专学报, 1997（1）；李小成. 论王道思想及其现代意义——以文中子为例 [J]. 社会科学家, 2012（1）；冀英俊. 试论王通的君臣民观 [J]. 山西档案, 2013（4）；刘璞宁. 王通的政治道统论 [J]. 北京行政学院学报, 2014（3）；韩宏韬. 王霸之间：论王通的功业史观 [J]. 学术界, 2015（8）.

② 郭齐家. 中国教育思想史 [M]. 教育科学出版社, 1987：73；李晓洁, 李婧涵. 浅析王通的"三教可一"思想 [J]. 商业文化, 2012（1）；王彬、王美力. 王通"三教可一"思想简论 [J]. 学理论, 2013（9）；李海燕. 王通与"三教合一"论 [J]. 运城学院学报, 2015（4）.

③ 尹协理. 王通的民族平等观 [J]. 中央民族学院学报, 1985（3）；朱卫. 论王通的儒家民族思想 [J]. 青海民族大学学报, 2011（4）.

④ 黎顺清. 文中子的教育方法 [J]. 人民教育, 1983（10）；高坤让. 王通"河汾设教"初探 [J]. 运城师专学报, 1988（3）；卢开万. 文中子王通的私学教育思想及其源流 [J]. 魏晋南北朝隋唐史资料, 2004；李海燕. 王通对现代高等教育的两点启示 [J]. 中国劳动关系学院学报, 2009（4）.

积极的促进作用，也为唐代文学的发展奠定了基础。①

哲学思想上，关注人同世界的关系，认为天、地、人三才同等重要，不能替代，人作为核心不可任意妄为，要"以性情制情"。事物对立面互相利用、互相制约，事物不断发展变化，必然性与偶然性都受到客观规律的支配，其天人观与发展观具有朴素的唯物主义倾向和辩证法思想。认识论上，他肯定人具有一定的认识能力，任何知识、学问都是后天学习的结果。认为认识的目的不是为了功名利禄，也不是为了辞章出众，而是为了"讲道""明道"，从而把认识纳入修养轨道。历史发展观上，认为尧舜之时与后世情况不同，各有长短，提出"来者胜昔"的观点。强调道与德对社会发展的主导作用，并以之取代长期盛行的天人感应史观，提出尊道不尊帝的思想。伦理思想上，提出"穷理尽性"和"主静"的修养方法，认为"穷理尽性以至于命"分三步走，"知命"在先，再"穷理"，后"尽性"。认为伦理建设是维护社会秩序的有效措施之一。②强调在"穷理尽性"的同时，也要"正心""思过""寡言少语""终日乾乾""远利近义"，这些思想对于宋明理学的开启产生了重要影响，而宋明理学诸儒兼具经学的特点，或多或少皆源于此。③

---

① 刘宽亮. 略论王通的"文以明道"思想 [J]. 运城高等专科学校学报，2000 (2)；童岳敏. 河汾之学与初唐文学观的建构 [J]. 辽东学院学报，2007 (2)；李伟. 王通文学思想中的"文儒"特征 [J]. 青岛大学师范学院学报，2009 (2)；郭丽. 河汾之学几个问题新探 [J]. 文学遗产，2012 (3)；阮忠. 王通的尊孔崇儒及其文学观念 [J]. 新东方，2013 (1)；李海燕. 论王通的文学伦理学批评 [J]. 求是学刊，2014 (4).
② 尹协理，魏明. 论王通的伦理思想 [J]. 浙江学刊，1986 (3).
③ 尹协理，魏明. 王通论 [M]. 北京：中国社会科学出版社，1984：150；李邦国. 王通的"通变"哲学 [J]. 湖北师范学院学报，1990 (3)；景云. "中道"——王通哲学的基石 [J]. 船山学刊，2000 (4)；景云. 论王通哲学对宋明理学的开启 [J]. 晋阳学刊，2004 (2)；李小成. 文中子研究述论 [J]. 唐都学刊，2009 (1)；范赟. 论王通思想对儒家心性学说的推进 [J]. 广西社会科学，2011 (12)；黄玉桃，张培高. 王通的知行观解析 [J]. 宜春学院学报，2015 (7)；张凯. 王通心性论浅析 [J]. 读天下，2016 (11).

三、《中说》的编撰与版本

《中说》,又作《文中子》《文中子中说》,所载为王通与弟子之间的问答之辞。在其众多弟子中,程元、仇璋、董常和薛收四人用力最勤,王凝曾言"对问之作,四生之力也"。根据《王氏家书杂录》所载,"(王凝)退而求之,得《中说》一百余纸,大抵杂记,不著篇目,卷首及序则蠹绝磨灭,未能诠次",可知《中说》初编由王凝整理,完成时间在贞观五年(631)之前。在贞观十九年(645)至二十三年(649)之间,王福畤再次重新修订,"辨类分宗,编为十篇,勒成十卷",刊行于世。①

《中说》是否为伪书,自北宋而来争论不休。宋咸最早认定《中说》是伪书,因其书失传,论据不得而知。南宋洪迈认为《中说》由"阮逸所作",从门人、时间等方面提出四点依据。明初宋濂提出《中说》为王通之子王福郊、王福畤伪造。清人俞正燮曾指出《中说》所记"家庙必东南向""朝服祭器不假""躬耕"三件事情不合情理。梁启超别出心裁地认为,《中说》伪造者是王通本人。近人余嘉锡《四库提要辩证》卷十的《中说》条,对其真伪亦多有探讨,其结论认同《四库提要》中所谓"福郊、福畤纂述遗言,虚相夸饰"之说。诚然,《中说》由王凝、王福畤编订而成,其中虽有夸张不实之言,但其基本思想应属王通本人。今本《中说》尚有附录六篇:《叙篇》《文中子世家》《录唐太宗与房魏论礼乐事》《东皋子答陈尚书书》《录关子明事》和《王氏家书杂录》。后四篇为王福畤撰述先人闻见及整理王通著述的

---

① 张沛.斯文在中:王通《文中子》大义抉要[J].晋阳学刊,2009(6).

过程，基本可信。

据两《唐书》记录，唐末五代时期存《中说》五卷本，已失传。北宋出现两个注本：一为阮逸刊印的《中说注》，现存；另一个为龚鼎臣注本《中说解》，南宋时犹存，后佚。宋人王观国曾批评阮逸对《文中子》篇名处理不当："阮氏不察，乃以《文中子》十篇作《叙篇》，曲折附会而为之说，则误矣。"① 龚鼎臣注本以甲乙冠篇，与阮本有别。南宋初年，陈亮参校阮、鼎两本作类编本，曾言"参取阮氏、龚氏本，正其本文，以类相从，次为十六篇，其无条目可入，与凡可略者，往往不录，以为王氏正书"。② 可惜此本亦不存。陈振孙《直斋书录解题》记有："《中说注》十卷，正议大夫淄川龚鼎臣辅之撰，自甲至癸为十卷，而所谓前后序者，在十卷之外，亦颇有所删取。李格非跋云：龚自谓明道间得唐本于齐州李冠，比阮本改正二百余处。"③ 若此言非虚，则龚本优于阮本。

《中说》传世版本众多，可分为三大系统：其一，宋初通行白文本系统，十卷十篇，传布在阮逸注本刊行之前，篇名次第与阮本相同，但内容不同，无阮本卷十《关朗篇》后半及附录六种，并以杜淹所撰《世家》为《中说》序，如明嘉靖六年丁亥（1527）许宗鲁、王莹樊川别业刻《六子书》本，清光绪元年（1875）湖北崇文书局辑刻《子书百家：一百一种》本等。其二，北宋阮逸注本系统，十卷十篇，刊行于仁宗景祐四年（1037）之前，比白文本完备，多出卷十《关朗篇》后半、附录六种和阮逸序，为后世《中说》的主流版本。又可分为四个子系统：北宋阮逸注原本系统、宋元纂图音注本系统、明清删注白文本系统、元明选本系统。其中，北宋阮逸注原本系统有的增有北宋国子监所加注音，有的不

---

① 王观国. 学林 [M]. 北京：中华书局，1988：48.
② 陈亮. 陈亮集 [M]. 北京：中华书局，1974：249.
③ 马端临. 文献通考·经籍考 [M]. 上海：华东师范大学出版社，1985：854.

加，如宋孝宗隐士王氏取瑟堂刊本、明嘉靖四年（1525）郑庆云刻本、清乾隆文渊阁《钦定四库全书》抄本、朝鲜成宗十五年（1484）铜活字印本、日本元禄八年（1695）刊本等；宋元纂图音注本系统卷首增加河汾肄子王壬《文中子纂事》，包括《世系》《年表》两种图表，如南宋建阳坊刊巾箱本、元刻《纂图互注六子》本、明中叶刻《六子全书》本等；明清删注白文本系统如明万历新安吴勉学辑刻《二十子全书》本、清乾隆王谟辑刻《增订汉魏丛书》本等；元明选本系统如明钮氏世学楼抄本、万历四十四年（1616）刻本等。其三，宋明改编本系统，打破《中说》原本编次，从文献学角度看价值不大，从学术史角度看可备一说，如《中说考》七卷，明崔铣撰，明嘉靖河汾书院刻本。三个系统中，以北宋阮逸注本系统尤其阮逸注原本系统为最佳，阮逸注宋仁宗时期刻十四行大字本为第一善本。①

　　20世纪以来，常见版本有1912年扫叶山房发行的《新式标点文中子》；1923年上海商务印书馆出版的《续古逸丛书》之十六《宋本文中子中说》，此本据傅氏双鉴楼藏本影印而成；1929年商务印书馆出版的《四部丛刊初编》二次影印本收录《文中子中说》，此本以常熟瞿氏铁琴铜剑楼藏宋刊本影印而成；1959年商务印书馆出版《丛书集成初编（补印本）》第0534册收录《中说》，此本据《汉魏丛书》本排印而成；1990年上海古籍出版社出版的《诸子百家丛书》收录《文中子中说》，此本以浙江书局本为底本，加上断句影印而成；2003年北京图书馆出版社发行《中华再造善本》，据中国国家图书馆馆藏宋刻本影印《中说》；等等。新式注释本有郑春颖《文中子中说译注》，②周庆义、金梦茵《文中子中说

---

① 邓小军.《中说》版本源流考［J］. 文献，2017（1）.
② 郑春颖. 文中子中说译注［M］. 哈尔滨：黑龙江人民出版社，2003.

新注》，① 张沛《中说译注》与《中说校注》，② 王路曼、池桢《文中子》，③ 秦跃宇《文中子中说》，④ 李小成《中说校释》⑤。本书以《续古逸丛书》收录的《宋本文中子中说》为底本，此本即被称为第一善本的阮逸注宋仁宗十四行大字本，对勘《四部丛刊初编》本、《汉魏丛书》本和浙江书局本，参校上述各家注释，并结合《文中子真伪汇考》⑥《文中子考信录》⑦《王通论》⑧《文中子研究》⑨《文中子考论》⑩《中说解理》⑪等相关研究著作整理而成。如本书最后一篇《王氏家书杂录》，据《四部丛刊》补入。务求注释精当，译文准确。但因才疏学浅，难免疏漏，敬请方家不吝赐教。

郑春颖

2020 年 4 月

---

① 周庆义，金梦茵. 文中子中说新注［M］. 北京：中华书局，2006.
② 张沛. 中说译注［M］. 上海：上海古籍出版社，2011；张沛. 中说校注［M］. 北京：中华书局，2013.
③ 王路曼，池桢. 文中子［M］. 开封：河南大学出版社，2016.
④ 秦跃宇. 文中子中说［M］. 南京：凤凰出版社，2018.
⑤ 李小成. 中说校释［M］. 北京：科学出版社，2018.
⑥ 王立中. 文中子真伪汇考［M］. 上海：商务印书馆，1938.
⑦ 汪龙吟. 文中子考信录［M］. 北京：商务印书馆，1973.
⑧ 尹协理，魏明. 王通论［M］. 北京：中国社会科学出版社，1984.
⑨ 骆建人. 文中子研究［M］. 北京：商务印书馆，1990.
⑩ 李小成. 文中子考论［M］. 上海：上海古籍出版社，2008.
⑪ 张沛. 中说解理［M］. 北京：北京大学出版社，2013.

目 录

《文中子中说》序 ……………………………… 阮 逸 1
卷第一　王道篇 ……………………………………… 4
卷第二　天地篇 ……………………………………… 49
卷第三　事君篇 ……………………………………… 94
卷第四　周公篇 ……………………………………… 134
卷第五　问易篇 ……………………………………… 176
卷第六　礼乐篇 ……………………………………… 219
卷第七　述史篇 ……………………………………… 257
卷第八　魏相篇 ……………………………………… 288
卷第九　立命篇 ……………………………………… 327
卷第十　关朗篇 ……………………………………… 355
《中说》外一篇 ……………………………………… 374
叙篇 …………………………………………………… 380
文中子世家 …………………………………… 杜 淹 381
录唐太宗与房魏论礼乐事 …………………………… 386
东皋子答陈尚书书 …………………………… 王福畤 388

录关子明事 ………………………………………………… 390

附

王氏家书杂录 ……………………………………… 王福畤　396

《文中子中说》序

阮　逸[①]

　　周公，圣人之治者也。后王不能举，则仲尼述之，而周公之道明。仲尼，圣人之备者也，后儒不能达，则孟轲尊之，而仲尼之道明。文中子，圣人之修者也，孟轲之徒欤，非诸子流矣。盖万章、公孙丑不能极师之奥，尽录其言，故孟氏章句略而多阙。房、杜诸公不能臻师之美，大宣其教，故王氏《续经》抑而不振。

　　《中说》者，子之门人对问之书也，薛收、姚义集而名之。

　　唐太宗贞观初，精修治具，文经武略，高出近古。若房、杜、李、魏、二温、王、陈辈，迭为将相，实永三百年之业，斯门人之功过半矣。贞观二年，御史大夫杜淹始序《中说》及《文中子世家》。未及进用，为长孙无忌所抑，而淹寻卒。故王氏经书，散在诸孤之家，代莫得闻焉。二十三年，太宗没，子之门人尽矣。惟福畤兄弟，传授《中说》于仲父凝，始为十卷。今世所传本，文多残缺，误以杜淹所撰《世家》为《中说》之序。又福畤于仲父凝得《关子明传》，凝因言关氏卜筮之验，且记房、魏与太宗论道之美，亦非《中说》后序也。盖同藏缃帙[②]，卷目相乱，遂误为序焉。

　　逸家藏古编，尤得精备，亦列十篇，实无二序。以意详测，《文中子世家》乃杜淹授与尚书陈叔达，编诸《隋书》而亡矣。关子明事，具于裴晞《先贤传》，今亦无存。故王氏诸孤，痛其将坠也，因附于《中说》两间，且曰："同志沦徂，帝阍悠邈，文中子之教，郁而不行，吁，可悲矣！"此有以知杜淹见抑，而《续经》不传；诸王自悲，而遗事必录。后人责房、魏不能扬师之道，亦有由焉。

夫道之深者，固当年不能穷；功之远者，必异代而后显。方当圣时，人文复古，则周、孔至治大备，得以隆之。昔荀卿、扬雄二书尚有韩愈、柳宗元删定，李轨、杨倞注释，况文中子非荀、扬比也？岂学者不能伸之乎？是用覃研蕴奥，引质同异，为之注解，以翼斯文。

夫前圣为后圣之备，古文乃今文之修，未有离圣而异驱，捐古而近习，而能格于治者也。皇宋御天下，尊儒尚文，道大淳矣；修王削霸，政无杂矣。抑又跨唐之盛，而使文中之徒遇焉。彼韩愈氏力排异端，儒之功者也，故称孟子能拒杨、墨而功不在禹下。孟轲氏，儒之道者也，故称颜回，谓与禹、稷同道。愈不称文中子，其先功而后道欤？犹文中子不称孟轲，道存而功在其中矣。唐末司空图③嗟功废道衰，乃明文中子圣矣。五季经乱，逮乎削平，则柳仲涂④宗之于前，孙汉公广之于后，皆云圣人也，然未及盛行其教。

噫，知天之高，必辩其所以高也。子之道其天乎！天道则简而功密矣。门人对问，如日星丽焉，虽环周万变，不出乎天中。今推策揆影，庶仿佛其端乎。大哉，中之为义！在《易》为二五，在《春秋》为权衡，在《书》为皇极，在《礼》为中庸。谓乎无形，非中也；谓乎有象，非中也。上不荡于虚无，下不局于器用，惟变所适，惟义所在，此中之大略也。《中说》者，如是而已。李靖问圣人之道，子曰："无所由，亦不至于彼。"又问彼之说，曰：

"彼,道之方也,必也无至乎!"魏徵问圣人忧疑,子曰:"天下皆忧疑,吾独不忧疑乎?"退谓董常曰:"乐天知命,吾何忧?穷理尽性,吾何疑?"举是深趣,可以类知焉。或有执文昧理,以模范《论语》为病,此皮肤之见,非心解也。

逸才微志勤,曷究其极,中存疑阙,庸俟后贤。仍其旧篇,分为十卷。谨序。

【注释】

①阮逸:字天隐,建阳崇化里(今福建南平市建阳区书坊乡)人。宋仁宗天圣五年(1027)进士。精通经学,擅长词赋。景祐二年(1035),典乐事。后以诗得罪,除名贬窜远州。皇祐中,特迁户部屯田员外郎。

②缃帙:包在书卷外的浅黄色封套,也作书的代称。南朝梁萧统《文选序》:"词人才子,则名溢于缥囊;飞文染翰,则卷盈乎缃帙。"

③司空图(837—908):字表圣,自号知非子,又号耐辱居士,河中(治今山西永济西)人。晚唐诗人、诗论家。唐懿宗咸通十年(869)应试,擢进士上第。懿宗朝时曾被召为殿中侍御史。天复四年(904),朱全忠召为礼部尚书,佯装老朽不任事,被放还。后梁开平二年(908),唐哀帝被弑,绝食而死,终岁七十二岁。著有《诗品》二十四则。

④柳仲涂(947—1000):柳开,宋大名(今属河北)人。仰慕韩愈、柳宗元,取名肩愈,字绍元。后自以为能开圣道之途,改名开,字仲涂。开宝六年进士,历官知常州、润州、贝州,拜殿中侍御史。五代宋初文格浅弱,柳开以复兴古道、述作经典自命。反对宋初的华靡文风,为宋代古文运动倡导者。诗作现存八首。著《河东集》。

卷第一　王道篇

文中子曰："甚矣，王道难行也！吾家倾铜川①六世矣，未尝不笃于斯②，然亦未尝得宣其用③。退而咸有述焉，则以志④其道也。盖先生⑤之述曰《时变论》六篇，其言化俗推移之礼竭矣。江州府君⑥之述曰《五经决录》五篇，其言圣贤制述之意备矣。晋阳穆公⑦之述曰《政大论》八篇，其言帝王之道著矣。同州府君⑧之述曰《政小论》八篇，其言王霸之业尽矣。安康献公⑨之述曰《皇极谠义》九篇，其言三才之去就深矣。铜川府君⑩之述曰《兴衰要论》七篇，其言六代之得失明矣⑪。余小子获睹成训，勤九载矣⑫。服先人之义，稽仲尼之心，天人之事，帝王之道，昭昭乎⑬！"

【注释】

①铜川：阮逸注"上党有铜堤县"，释"铜川"为"铜堤"。龚鼎臣注云，隋初置铜川县，今忻州秀容是。王应麟《困学纪闻》据《隋书》卷三十《地理志中》所记："定襄郡秀容县，开皇初，置新兴郡铜川县。郡寻废。十年废平寇县。十八年置忻州，大业初州废，又废铜川。"认为龚注正确。

②斯：指王道。阮逸注云："斯文。"

③然亦未尝得宣其用：施展抱负。阮逸注云："不遇时。"

④志：记录。阮逸注云："志记。"

⑤先生：王通六世祖，名王玄则，字彦法。《文中子世家》记："秀

生二子，长曰玄谟，次曰玄则。玄谟以将略升，玄则以儒术进。玄则字彦法，即文中子六代祖也。仕宋，历太仆、国子博士，常叹曰：'先君所贵者礼乐，不学者军旅，兄何为哉？'遂究道德，考经籍，谓'功业不可以小成也'，故卒为洪儒；'卿相不可以苟处也'，故终为博士；曰'先师之职也，不可坠'，故江左号'王先生'，受其道曰'王先生业'，于是大称儒门，世济厥美。"

⑥江州府君：王通五世祖，名王焕。

⑦晋阳穆公：王通四世祖，名王虬（428—500）。因南齐萧道成代宋，于齐高帝建元元年（479年，即北魏孝文帝太和三年）奔至北魏，任并州刺史，始定居河汾。《文中子世家》记："先生生江州府君焕，焕生虬。虬始北事魏，太和中为并州刺史，家河汾，曰晋阳穆公。"《录关子明事》记："先是穆公之在江左也，不平袁粲之死，耻食齐粟，故萧氏受禅而穆公北奔，即齐建元元年，魏太和三年也，时穆公春秋五十二矣。奏事曰：'大安四载，微臣始生。'盖宋大明二年也。既北游河东，人莫之知，惟卢阳乌深奇之曰：'王佐才也。'太和八年，征为秘书郎，迁给事黄门侍郎，以谓孝文有康世之意，而经制不立，从容闲宴，多所奏议，帝虚心纳之。迁都洛邑，进用王萧，由穆公之潜策也。又荐关子明，帝亦敬服。谓穆公曰：'嘉谋长策，勿虑不行。朕南征还日，当共论道，以究治体。'穆公与朗欣然相贺曰：'千载一时也。'俄帝崩。穆公归洛，逾年而薨。"

⑧同州府君：王通三世祖，名王彦。《文中子世家》记："穆公生同州刺史彦，曰同州府君。"王绩《游北山赋序》："同州悲永安之事，退居河曲。"（《全唐文》卷一三一）言其后迁家至黄河边的龙门。

⑨安康献公：王通祖父，名王一（？—581），又有"王杰"说，见《邵氏闻见后录》卷四引司马光《文中子补传》："彦生杰，官至济州刺

史。"曾任济州刺史,受田于龙门,始定居。王一(杰)精于礼,曾作龙门禹庙碑。贞观年间,绛州刺史杜之松请王绩讲礼乐,王绩曾在信中以王一(杰)所述家礼以对。《文中子世家》记:"彦生济州刺史一,曰安康献公。"《录关子明事》记:"开皇元年,安康献公老于家。"王绩《游北山赋序》:"始则晋阳之开国,终乃安康之受田。"

⑩铜川府君:王通父亲,名王隆,字伯高,曾教授弟子千余人。隋代开皇初,以国子博士待诏云龙门,曾向隋文帝奏《兴衰要论》七篇,"言六代之得失",帝称善。后出为舞阳郡昌乐县(今河南南乐县)县令,再迁忻州铜川(今山西忻州市西)县令,故被称为铜川府君。《文中子世家》记:"安康献公生铜川府君,讳隆,字伯高,文中子之父也。传先生之业,教授门人千余。隋开皇初,以国子博士待诏云龙门。时国家新有揖让之事,方以恭俭定天下。帝从容谓府君曰:'朕何如主也?'府君曰:'陛下聪明神武,得之于天,发号施令,不尽稽古,虽负尧舜之姿,终以不学为累。'帝默然曰:'先生朕之陆贾也,何以教朕?'府君承诏著《兴衰要论》七篇。每奏,帝称善,然未甚达也。府君出为昌乐令,迁猗氏、铜川,所治著称,秩满退归,遂不仕。"

⑪其言六代之得失明矣:论述晋、宋、后魏、北齐、后周、隋六个朝代的成就与败绩。阮逸注云:"自先生至铜川《文中子世家》言之备矣;《时变论》至《兴衰要论》今皆亡;六代,晋、宋、后魏、北齐、后周、隋也。"

⑫勤九载矣:王通于大业初年(605)始作《续六经》,历时九年完成。阮逸注云:"大业九年自长安归,著六经,至九年,功毕。"《文中子世家》记:"大业元年,一征又不至,辞以疾,谓所亲曰:'我周人也,家于祁。永嘉之乱,盖东迁焉。高祖穆公始事魏,魏、周之际,有大功于生人,天子锡之地,始家于河汾,故有坟陇于兹四代矣。兹土也,其人忧

深思远，乃有陶唐氏之遗风，先君之所怀也。有敝庐在，茅檐土阶，撮如也。道之不行，欲安之乎？退志其道而已。'乃续《诗》《书》，正《礼》《乐》，修《元经》，赞《易》道，九年而《六经》大就。"

⑬昭昭乎：指明亮、光明。语出《楚辞·九歌·云中君》："烂昭昭兮未央。"王逸注："昭昭，明也。"阮逸注云："因祖德考圣师而明。"

【译文】

文中子说："王道太难推行了！我家从先生至铜川府君六代人，无不致力于此，却从来没有机会施展抱负。他们隐居后皆有著述，用来记录其思想。先生著有《时变论》六篇，论述移风易俗的道理已很详尽。江州府君著有《五经决录》五篇，论述圣贤编修和传述礼乐的意图已很完备。晋阳穆公著有《政大论》八篇，言帝王之道已很明白。同州府君著有《政小论》八篇，言王霸之业已很透彻。安康献公著有《皇极谠义》九篇，言天、地、人三才的关系已很深入。铜川府君著有《兴衰要论》七篇，论述晋、宋、北魏、北齐、后周、隋六个朝代的成就与败绩已很明了。我有机会看到先人著述，勤勉钻研已有九年了。领会先人的思想，考求孔子的心意，于是天人之事、帝王之道，都通达明晓了！"

子谓董常①曰："吾欲修《元经》②，稽诸史论③，不足征也，吾得《皇极谠义》焉④。吾欲续《诗》⑤，考诸集记⑥，不足征也，吾得《时变论》焉⑦。吾欲续《书》⑧，按诸载录⑨，不足征也，吾得《政大论》焉⑩。"董常曰："夫子之得，盖其志⑪焉？"子曰："然。"

【注释】

①董常：又名董恒，字履常，王通门人，早卒。《文中子世家》记：

"门人自远而至,河南董常、太山姚义、京兆杜淹、赵郡李靖、南阳程元、扶风窦威、河东薛收、中山贾琼、清河房玄龄、巨鹿魏徵、太原温大雅、颍川陈叔达等,咸称师北面,受王佐之道焉。"《中说·关朗篇》末章记太原府君曾言:"夫子得程、仇、董、薛而《六经》益明。对问之作,四生之力也。董、仇早殁,而程、薛继殂,文中子之教,其未作矣。呜呼,以俟来哲。"王绩《游北山赋序》自注:"此溪之集门人常以百数,唯河南董恒、南阳程元、中山贾琼、河南(当为河东)薛收、太山姚义、太原温彦博、京兆杜淹等十余人,称为俊颖。"阮逸注云:"董常,字履常,弟子亚圣者。"

②《元经》:王通《续六经》之一,仿《春秋》而作,共五十篇,分为十五卷,记事起于晋惠帝永熙元年(290),迄于隋开皇九年(589)灭陈之岁,共三百年。书早已亡佚,今存宋本《元经》多被视为伪书。《文中子世家》记:"开皇九年,江东平。铜川府君叹曰:'王道无叙,天下何为而一乎!'文中子侍侧,十岁矣,有忧色,曰:'通闻古之为邦,有长久之策,故夏殷以下数百年,四海常一统也。后之为邦,行苟且之政,故魏晋以下数百年,九州无定主也。上失其道,民散久矣。一彼一此,何常之有?夫子之叹,盖忧皇纲不振,生人劳于聚敛而天下将乱乎?'铜川府君异之曰:'其然乎!'遂告以《元经》之事。文中子再拜受之。"陈叔达《答王绩书》:"恐后之笔削陷于繁碎,宏纲正典,暗而不宣,乃兴《元经》,以定真统。"(《全唐文》卷一三三)阮逸注云:"《元经》,《春秋》异名也,义包五始,故曰《元经》。"

③史论:纪传正文之后,史家所写"赞""论"之类的短评。阮逸注云:"史论,谓历代史臣于纪传后赞论之类是也。"

④吾得《皇极谠义》焉:阮逸肯定《皇极谠义》的学术价值"去就适中,权衡褒贬"。

⑤续《诗》：王通《续六经》之一，即《续诗》，凡三百六十篇，分为十卷，收录晋、宋、北魏、北齐、北周、隋六代诗歌，分化、政、颂、叹四类，体现美、勉、伤、恶、诫等"五志"（五种情志）。《中说·事君篇》王通自云《续诗》："有四名焉，有五志焉。何谓四名？一曰化，天子所以风天下也；二曰政，蕃臣所以移其俗也；三曰颂，以成功告于神明也；四曰叹，以陈诲立诫于家也。凡此四者，或美焉，或勉焉，或伤焉，或恶焉，或诫焉，是谓五志。"《中说·天地篇》又言："汝不为《续诗》乎？则其视七代损益，终懑然也。""《续诗》可以讽，可以达，可以荡，可以独处；出则悌，入则孝；多见治乱之情。"杨炯《王勃集序》称："睹隋室之将散，知吾道之未行……甄正乐府，取其雅奥。"

⑥考诸集记：考查历代文集记录。阮逸注云："前贤文集所记。"

⑦吾得《时变论》焉：阮逸总结《时变论》的学术价值"化俗推移，以正风雅"。

⑧续《书》：王通《续六经》之一，即《续书》，凡一百五十篇，分二十五卷，收录汉晋朝廷各种文件文书，包括制、诏、志、策、命、训、赞、议、诫、谏等。

⑨按诸载录：查考史家记录的文字。阮逸注云："史官载言所录。"

⑩吾得《政大论》焉：阮逸总结《政大论》的学术价值"王言大道，其制明白"。

⑪志：意志。阮逸注云："非以文体。"

【译文】

先生对董常说："我想编修《元经》，考察历代史论，不足以征引，而于《皇极谠义》有所得。我想续编《诗经》，考查历代文集记录，不足以征引，而于《时变论》有所得。我想续编《尚书》，查看历代载记实录，不足以征引，而于《政大论》有所得。"董常说："先生所得是作者的意志吧?"文中子回答:"是的。"

子谓薛收①曰:"昔圣人②述史三焉:其述《书》也,帝王之制备矣,故索焉而皆获③;其述《诗》也,兴衰之由显,故究焉而皆得④;其述《春秋》也,邪正之迹明,故考焉而皆当⑤。此三者同出于史而不可杂也,故圣人分焉⑥。"

【注释】

①薛收(591—624):字伯褒,蒲州汾阴人,隋内史侍郎薛道衡之子。大业末年,秦王府记室房玄龄荐之于李世民,授秦府主簿,判陕东道大行台金部郎中。薛收文思敏捷,秦王征讨檄书布告多出其手。隋亡,授天策府记室参军,封汾阴县男。武德六年以本官兼文学馆学士。次年卒。有文集十卷。(《旧唐书》卷七十三、《新唐书》卷九十八)在《中说》中,薛收、董常、仇璋、程元同为王通得意门生。阮逸注云:"薛收,字伯褒,隋内史道衡之子。"

②昔圣人:指孔子。阮逸注云:"昔圣谓孔子。"

③故索焉而皆获:检索而有所得。阮逸注云:"史有记言求言,则制度得矣。"

④故究焉而皆得:探究而有所得。阮逸注云:"史有明得失穷政化,则诗明矣。"

⑤故考焉而皆当:考察而有所得。阮逸注云:"史有记事稽邪正,则法当矣。"

⑥故圣人分焉:指《尚书》《诗经》《春秋》承载性质不同。阮逸注云:"载言、载事、明得失,皆史职也,职同体异故曰分。"

【译文】

先生对薛收说:"昔日孔子著述史书三种:其著《尚书》,具载三皇五帝之制,因此检索它即可获悉相关制度;其著《诗经》,使王朝兴衰的缘由显露,因此探究它可以通晓兴衰之因;其著《春秋》,明确邪正之分野,因此以其考察行事可使行为得当。这些著述同出于史而各有不同,因此孔子将它们分为三种。"

文中子曰:"吾视迁、固而下述作何其纷纷乎①!帝王之道其暗而不明乎!天人之意其否②而不交乎!制理者参③而不一乎!陈事者乱而无绪乎④!"

【注释】

①述作何其纷纷乎:指许多著作形式相仿,但无内涵。阮逸注云:"《史记》《汉书》而下,文体相模无经制,纷纷多且乱。"迁、固,即司马迁与班固。

②否:《易经》卦名,卦象坤下乾上,表示闭塞不通。

③参(cēn):参差不齐。

④陈事者乱而无绪乎:陈述史实杂乱无头绪。阮逸注云:"四者由纷乱故。"

【译文】

文中子说:"我看司马迁、班固以来的历史著作是多么纷乱啊!帝王之道晦暗不明!天人之意闭塞不通!修治理则的著作混乱不一!陈述史实杂乱无头绪!"

子不豫①，闻江都有变②，泫然而兴③曰："生民厌乱久矣④，天其或者将启尧舜之运，吾不与焉，命也。⑤"

【注释】

①豫：愉悦，快乐。《诗经·小雅·白驹》："尔公尔侯，逸豫无期。"不豫，阮逸注云"属疾"，指疾病、生病。

②闻江都有变：阮逸认为所指为"大业十三年，炀帝幸江都宫，宇文化及弑逆"。弑逆事发生在隋义宁二年三月，即大业十四年三月，而王通在大业十三年已经去世，显然有误。或云"江都有变"当为"太原有变"，指大业十三年五月李渊在太原起兵。

③泫（xuàn）然而兴：流着泪起身。泫，水珠下滴，引申为流泪。兴，起来。

④生民厌乱久矣：从汉末至隋纷乱已久。阮逸注云："自汉末乱至隋。"

⑤天其或者将启尧舜之运……命也：文中子预感天下将启尧舜之运，感叹无缘参与。阮逸注云："唐太宗行尧舜之道，而文中子已死。"

【译文】

先生病了，听说李渊在太原起兵，流着泪站起来说："百姓厌恶战乱已经很久了，苍天或许要开启尧舜那样的时代，而我却不能参与其中，这是命呀。"

文中子曰："道之不胜时久矣①，吾将若之何？"董常曰："夫子自秦归晋②，宅居汾阳③，然后三才五常④各得其所。"

【注释】

①道之不胜时久矣：道得不到推行的时间已经很久。阮逸注云："自孔子孟轲已来不胜时，故曰久矣。"

②自秦归晋：仁寿三年，王通自蜀郡还乡，过长安见隋文帝，知无法施展抱负，归隐乡里。阮逸注云："秦长安，隋都也。晋汾阳，子乡也。"

③汾阳：指王通的家乡河东龙门郡（今山西河津）。

④五常：仁、义、礼、智、信。董仲舒《举贤良对策一》："夫仁谊（义）礼知（智）信五常之道，王者所当修饬也。"（《汉书·董仲舒传》）阮逸注云："三才五常，谓《续经》。"

【译文】

文中子说："道不逢时已久，我又能怎样？"董常说："先生从秦地回到汾阳，定居家乡，此后三才五常都各得其所。"

薛收曰："敢问《续书》之始于汉，何也？"子曰："六国①之弊，亡秦②之酷，吾不忍闻也，又焉取皇纲③乎？汉之统天下也，其除残秽，与民更始④，而兴其视听⑤乎！"

【注释】

①六国：战国时的齐、楚、燕、韩、赵、魏六国。阮逸注云："六国，燕王喜、魏王假、齐王建、楚王负刍、韩王安、赵王嘉也。"

②亡秦：为什么称"亡秦"，阮逸注云："亡秦始皇也，秦窃皇之名，无纲纪之实。"

③皇纲：王道。

④更始：重新开始。汉司马相如《上林赋》："出德号，省刑罚，改制度，易服色，革正朔，与天下为更始。"

⑤兴其视听：兴，振起。视听，耳目。《尚书·蔡仲之命》："详乃视听，罔以侧言改厥度。"阮逸注云："变民耳目，使知有王道兴。"俞樾《诸子平议补录·文中子》曰："'兴'，犹动也，发也。……'兴其视听'，谓发动民之耳目也。"

【译文】

薛收说："请问《续书》始自汉代，这是为何？"先生说："六国政治的腐败，秦朝政治的暴虐，我不忍听到，又怎会以之为王道标准呢？汉朝统一天下，是要除去残暴与污秽，与百姓重建伟业，以汉为始，是为了宣扬汉的功绩，使天下人都看到、听到！"

薛收曰："敢问《续诗》之备六代①，何也？"子曰："其以仲尼《三百》②始终于周乎？"收曰："然。"子曰："余安敢望仲尼？然至兴衰之际，未尝不再三焉，故具六代始终，所以告③也。"

【注释】

①六代：晋、宋、北魏、北齐、北周、隋。阮逸注云："六代，注见上。"

②《三百》：指《诗经》，收诗三百零五篇。阮逸注云："《三百篇》周一代。"

③告：提供，呈上。阮逸注云："告，犹贡也，贡其俗于时君。"

【译文】

薛收问："《续诗》具述六代诗歌，这是为何？"先生说："你这样问，是因为孔子所撰《诗经》收录的诗歌仅限于周代吧？"薛收说："是的。"

先生说:"我怎敢与孔子相比?但是看到王朝更迭,未尝不感叹再三,因此记录六代诗歌,以昭示世人。"

文中子曰:"天下无赏罚三百载①矣。《元经》可得不兴乎②?"薛收曰:"始于晋惠③,何也?"子曰:"昔者明王在上,赏罚其有差乎④?《元经》褒贬,所以代赏罚者也,其以天下无主而赏罚不明乎⑤!"薛收曰:"然则《春秋》之始,周平⑥、鲁隐⑦,其志亦若斯乎?"子曰:"其然乎!而人莫之知也⑧。"薛收曰:"今乃知天下之治,圣人斯在上矣;天下之乱,圣人斯在下矣。⑨圣人达而赏罚行,圣人穷而褒贬作。皇极所以复建,而斯文⑩不丧也。不其深乎?"再拜而出,以告董生。董生曰:"仲尼没而文在兹乎⑪?"

【注释】

①三百载:《元经》记述自晋惠帝永熙元年(290)至隋开皇九年(589)三百年间的历史。阮逸注云:"自晋惠帝永平元年,至隋开皇十年,凡三百载。"

②《元经》可得不兴乎:反问句。阮逸注云:"言必兴"。

③晋惠:晋惠帝,名司马衷,武帝之子。阮逸注云:"政由贾后,天下大乱,故《元经》起于此。"

④赏罚其有差乎:反问句。阮逸注云:"言不差。"

⑤其以天下无主而赏罚不明乎:若帝王无德,形同无主。阮逸注云:"晋惠犹无王。"

⑥周平:指周平王,东迁于洛邑。阮逸注云:"周平王,幽王之子。王室衰微,东迁居洛。"

⑦鲁隐：指鲁隐公，名息姑，鲁惠公庶子，于周平王四十九年（前722）继任鲁国第十三代国君，是年为《春秋》之始。阮逸注云："鲁隐公，惠公之平（应为'子'），平王同时。"

⑧而人莫之知也：后人不知内因。阮逸注云："后人不知代行衰周之法，谓东周始王让国贤君，非也。"

⑨圣人斯在上矣……圣人斯在下矣：在上圣人指周公，在下圣人指孔子。阮逸注云："周公上，仲尼下。"

⑩斯文：指礼乐制度，代指人文之道。《论语·子罕》："子畏于匡，曰：'文王既没，文不在兹乎！天之将丧斯文也，后死者不得与于斯文也；天之未丧斯文也，匡人其如予何？'"阮逸注云："春秋无经行礼法之皇极。"

⑪文在兹乎：语出《论语·子罕》："文王既没，文不在兹乎！"阮逸注云："前圣后圣一也。"

【译文】

文中子说："天下无赏罚已三百年了，能不作《元经》吗？"薛收问："为什么《元经》始记于晋惠帝？"先生说："昔日明君在上，赏罚有偏差吗？《元经》以褒贬代替赏罚，是因为天下无贤君而赏罚不明啊！"薛收问："那么《春秋》起于周平王和鲁隐公，其意也在于此吧？"先生答道："是呀！但人们不知这一点。"薛收说："现在我知道了，天下太平政治清明，则圣人高居在上；天下大乱，则圣人隐居于民间。圣人得志则赏罚得以推行，圣人不得志则褒贬之作出。皇极因此得以重建，礼乐制度因此不会沦丧，它的意义难道不深远吗？"薛收再拜而出，把对话的内容告诉董常。董常说："孔子谢世，其思想之精髓不就在先生这里吗？"

文中子曰："卓哉！周孔①之道，其神之所为乎②？顺之则吉，逆之则凶。③"

【注释】

①周孔：周公和孔子。

②其神之所为乎：语出《易·系辞上》："知变化之道者，其知神之所为乎。"阮逸注云："孟子曰大而化之谓圣，而不可知之谓神。"

③顺之则吉，逆之则凶：阮逸注云："神在易中。"

【译文】

文中子说："周孔之道真是高明啊！这是神的作为吧？按其行事则大吉，违反它则有凶险。"

子述《元经》皇始①之事，叹焉，门人未达。叔恬②曰："夫子之叹，盖叹命矣。《书》云：天命不于常，惟归乃有德。③戎狄④之德，黎民怀之⑤，三才其舍诸⑥？"子闻之曰："凝，尔知命哉！"

【注释】

①皇始（396—398）：北魏道武帝拓跋珪（371—409）的第二个年号。皇始二年，拓跋珪灭后燕，统一黄河以北地区，次年建都平城（今山西大同市东北）。阮逸注云："后魏初年。"

②叔恬：王通之弟，王绩之兄，名王凝，字叔恬。生于开皇二年至四年（582—584），卒年不详。贞观初年任监察御史，因弹劾侯君集被黜为姑苏令。后又起为洛州录事，仕至太原县令，故又称太原府君。王凝师从王通学习《元经》，回乡后整理《续六经》和《中说》。阮逸注云："王凝，字叔恬，子之弟也。为御史，弹侯君集为长孙无忌所恶，出为太原令。《王氏家书》称太原府君。"

③天命不于常，惟归乃有德：出自《尚书·商书·咸有一德》。伊尹说："天难谌，命靡常。常厥德，保厥位。……非天私我有商，惟天佑于一德；非商求于下民，惟民归于一德。"

④戎狄：北方和西方的少数民族。出自《诗经·鲁颂·閟宫》："戎狄是膺，荆舒是惩。"这里代指建立北魏政权的鲜卑族拓跋氏。

⑤黎民怀之：百姓爱戴他。《尚书·虞书·大禹谟》："皋陶迈种德，德乃降，黎民怀之。"

⑥三才其舍诸：天地人三才怎会舍弃它？参见《论语·雍也》："犁牛之子骍且角，虽欲勿用，山川其舍诸？"阮逸注云："后魏德被黎民，亦天地命之也，人其舍之乎？"

【译文】

先生讲述《元经》所载北魏道武帝皇始年间事时，感叹不已，门人未解其中缘由。王凝说："先生是在感叹天命吧。《尚书》说：天命无常，只归属有德的人。拓跋氏有德，人心归向于它，三才怎会舍弃他呢？"先生听到王凝这番话后，说："王凝，你懂天命啊！"

子在长安，杨素①、苏夔②、李德林③皆请见④。子与之言，归而有忧色。门人问子，子曰："素与吾言，终日言政而不及化⑤；夔与吾言，终日言声而不及雅⑥；德林与吾言，终日言文而不及理⑦。"门人曰："然则何忧？"子曰："非尔所知也。二三子皆朝之预议者⑧也，今言政而不及化⑨，是天下无礼也；言声而不及雅⑩，是天下无乐也；言文而不及理⑪，是天下无文也。王道从何而兴乎？吾所以忧也⑫。"门人退，子援琴鼓《荡之什》⑬，门人皆沾襟焉⑭。

【注释】

①杨素（？—606）：字处道，弘农华阴人。仕周时，为车骑大将军、仪同三司。入隋为御史大夫，数进攻陈之策。伐陈时，为行军元帅。江南平，与高颎专政。累加上柱国，封越国公。晋王广卑躬以交，及为太子，素之谋也。大业元年，迁尚书令，寻拜太子太师。明年，拜司徒，改封楚公，其年卒官。史称："专以智诈自立，不由仁义之道，阿谀时主，高下其心。营构离宫，陷君于奢侈。谋废冢嫡，致国于倾危。终使宗庙丘墟，市朝霜露，究其祸败之源，实乃素之由也。"（《隋书·杨素传》）阮逸简而言之注云："杨素，字处道，炀帝时为司徒，专朝政。"

②苏夔：字伯尼，苏威之子，善钟律，著《乐志》十五篇。隋炀帝时曾历任至鸿胪少卿。（《隋书·苏威传》附苏夔事迹）阮逸注云："苏夔，字伯尼，善钟律，隋乐多从夔议。"

③李德林：字公辅，博陵安平人。入隋为内史令，文帝禅代，诏策鉴表玺书皆出其手。后与高颎同修律令。敕撰《齐史》未成。阮逸注云："李德林，字公辅，佐命掌军书，为仪同，颇自负。"

④皆请见：都来请求接见。阮逸注云："三人知文中子贤，来请谒见。"王通生于北周大象二年（580），李德林卒于开皇十一年（591），"时年六十一"。（《隋书·李德林传》）李德林卒时，王通才十一二岁。"李德林请见"事可能是后代整理《中说》时妄增的内容。

⑤言政而不及化："政"与"化"二字有别。阮逸注云："上正下曰政，下从上曰化。"

⑥言声而不及雅："声"与"雅"二字有别。"雅"是表现王化的音乐。阮逸注云："知音为声，知德为雅。"

⑦言文而不及理："文"与"理"二字有别。理，实理、道理。阮逸

注云："修词为文，知道为理。"《申鉴·俗嫌》："内有顺实，外有顺文。文实顺，理也。"

⑧预议者：干预或左右朝政的人。阮逸注云："预朝政。"

⑨言政而不及化：谈政治但不讲教化百姓。阮逸注云："知正人，不知使人从。"

⑩言声而不及雅：谈音律但不讲雅乐对德的熏陶。阮逸注云："知文音，不知和德。"

⑪言文而不及理：谈修辞但不讲思想道理。阮逸注云："知华辞，不知实道。"

⑫吾所以忧也：上述"化""雅""理"缺失，导致礼崩乐坏、王道不行，所以担心。阮逸注云："礼坏乐崩，文丧天下，可忧。"

⑬《荡之什》：《诗经·大雅》篇名，由十一篇构成，第一篇为《荡》。《毛诗序》云："《荡》，召穆公伤周室大坏也。厉王无道，天下荡荡，无纲纪文章，故作是诗也。"阮逸注引此说："《荡》，伤周室大坏之诗也，天下荡荡，无纲纪文章。"

⑭门人皆沾襟焉：沾，浸润。阮逸注云："哀隋将亡。"

【译文】

先生在长安时，杨素、苏夔、李德林都请求接见。先生与他们交谈，回来后面带忧色。弟子问其中缘故，先生说："杨素与我交谈，整日只谈政事不谈教化；苏夔与我交谈，整日只谈音律不谈雅乐；李德林与我交谈，整日只谈虚文不谈实理。"弟子问："那么，您忧虑什么呢？"先生说："这不是你们能知道的。此三人都是参与议政、左右决策的人，只谈政事不谈教化，天下就没有礼制了；只谈音律不谈雅乐，天下就没有乐教了；只谈虚文不谈实理，天下就没有真正的文章了。这样，王道如何能兴盛呢？我因此而担忧。"门人告退，先生取琴弹奏《诗经·大雅·荡之什》，弟子听到都感动得落泪。

子曰："或安而行之①，或利而行之②，或畏而行之③，及其成功一也，稽德④则远。"

【注释】

①安而行之：从本性出发做事。阮逸注云："圣人，安仁。"以"仁"作为标准，本心向"仁"者为"圣人"。

②利而行之：从利益出发做事。阮逸注云："贤人，利仁。"以"仁"作为标准，积极倡导"仁"者为"贤人"。

③畏而行之：因畏惧不得不做事。阮逸注云："中人，强仁。"以"仁"作为标准，强力推行"仁"者为"中人"。

④稽德：稽，考察。以德来考察。阮逸注云："功则同，而圣、贤、中人之德异。"

【译文】

先生说："或发自本心做事，或为牟利做事，或因畏惧做事，最后成就的功业一样，但以德行来考察，彼此间则相去甚远。"

贾琼①习《书》②至《桓荣③之命》，曰："洋洋乎，光、明之业④！天实监⑤尔，能不以揖让⑥终乎？"

【注释】

①贾琼：中山人，王通门人"七俊颖"之一，从其习《礼》学，曾仕杨玄感。阮逸注云："门人，未见。"

②《书》：指王通的《续书》。

③桓荣：字春卿，沛郡龙亢人，习《欧阳尚书》。汉光武帝建武十九年，辟大司徒府，补博士，授太子经，进太子少傅，拜太常。明帝永平初年卒。（《后汉书·桓荣传》）阮逸注云："《续书》有《桓荣之命》篇。荣，字春卿，汉光武太子傅。"

④光、明之业：汉光武帝和汉明帝的功业。阮逸注云："光武、明帝。"

⑤监：看顾。《诗经·大雅·烝民》："天监有周，昭假于下。"

⑥揖让：指汉光武帝太子刘强让位于弟刘庄（原名刘阳）。《后汉书·光武十王传》："建武二年，立母郭氏为皇后，强为皇太子。十七年而郭后废，强常戚戚不自安，数因左右及诸王陈其恳诚，愿备蕃国。光武不忍，迟回者数岁，乃许焉。十九年，封为东海王，二十八年，就国。……强临之国，数上书让还东海，又因皇太子固辞。帝不许，深嘉叹之，以强章宣示公卿。"建武十九年，诏曰："《春秋》之义，立子以贵。东海王阳，皇后之子，宜承大统。皇太子强，崇执谦退，愿备藩国。父子之情，重久违之。其以强为东海王，立阳为皇太子，改名庄。"（《后汉书·光武帝纪下》）阮逸注云："初，光武立东海王强为太子，强让其弟阳，阳立，是谓明帝。盖天命授阳而使荣传之，所以终让成美也。"

【译文】

贾琼读《续书》至《桓荣之命》篇，感动地说："汉光武帝和汉明帝的功业多么伟大啊！实乃上天的安排，最后能不拱手相让吗？"

繁师玄①将著《北齐录》②，以告子。子曰："无苟作也③。"

【注释】

①繁师玄：隋唐间人，曾任文林郎，以辞学闻名，"陈留八俊"之

一。《旧唐书·岑文本传》附《格辅元传》记:"格辅元者,汴州浚仪人也。伯父德仁,隋剒县丞,与同郡人齐王文学王孝逸、文林郎繁师玄、罗川郡户曹靖君亮、司隶从事郑祖咸、宣城县长郑师善、王世充中书舍人李行简、处士卢协等八人,以辞学擅名,当时号为'陈留八俊'。"阮逸注云:"未见。"

②《北齐录》:繁师玄在前人相关著述基础上编修的史书。阮逸注云:"李德林父子俱有《北齐书》,王邵有《北齐志》,师玄撮其要为录。"

③无苟作也:不要只作文辞功夫,随意完成。阮逸注云:"勿苟且,表文词而已。"

【译文】

繁师玄准备写《北齐录》,把这件事告诉了先生。先生说:"不要轻易动笔啊。"

越公①以《食经》②遗③子,子不受,曰:"羹藜含糗④,无所用也。"答之以《酒诰》⑤及《洪范》"三德"⑥。

【注释】

①越公:杨素。阮逸注云:"越公,杨素也。"

②《食经》:《隋书·经籍志三》医方类载有崔氏《食经》四卷、《食经》十四卷(梁有《食经》二卷,又《食经》十九卷)、马琬《食经》三卷。《大业拾遗记》记隋炀帝尚食直长谢讽著有《淮南玉食经》,已亡佚。阮逸注云:"淮南王撰,卢仁宗、崔浩亦有之。"

③遗:赠送。

④羹藜(lí)含糗(qiǔ):藜、糗代指粗陋的饮食。藜,一年生草本植物,开黄绿色花,嫩叶可吃,茎长老了可以做成拐棍。糗,干粮或炒

面。《论语·述而》:"饭疏食,饮水,曲肱而枕之,乐亦在其中矣。不义而富且贵,于我如浮云。"

⑤《酒诰》:武王作,告诫康叔不要酗酒。阮逸注引《酒诰》原文:"越小大邦用丧,亦罔非酒惟辜。"

⑥《洪范》"三德":武王克商,访问于箕子,箕子陈《洪范》,云五行、八政、三德诸事。"三德:一曰正直,二曰刚克,三曰柔克。……惟辟作福,惟辟作威,惟辟玉食。臣无有作福、作威、玉食。臣之有作福、作威、玉食,其害于而家,凶于而国。"(《尚书·洪范》)阮逸注引《洪范》"三德"云:"臣无有作福、作威、玉食,其害于而家,凶于而国,时素专政,故因答《食经》以戒之。"

【译文】

越国公杨素赠送先生《食经》,先生没有接受,说:"我吃野菜、啃干粮,用不着它。"回赠越国公以《酒诰》和《洪范》"三德"。

子曰:"小人不激不励①,不见利不劝②。"

【注释】

①励:勤勉。

②劝:努力。阮逸注云:"励、劝皆勉也。"

【译文】

先生说:"小人不受激励不会勤勉,看不到利益就不会努力。"

靖君亮①问辱,子曰:"言不中②,行不谨③,辱也④。"

【注释】

①靖君亮：隋唐间人，曾任罗川郡户曹，"陈留八俊"之一。阮逸注云："门人，未见。"

②言不中：说话不客观。中，中肯。阮逸注云："不中节。"

③行不谨：做事不周密。谨，严谨。阮逸注云："不谨密。"

④辱也：辱，耻辱。言行不当，招致受辱。阮逸注云："言行，荣辱之主也。"

【译文】

靖君亮问何谓耻辱，先生说："言语不当，行为不谨慎，这就是耻辱。"

子曰："化至九变①，王道其明乎？故乐至九变②，而淳气恰矣③。"裴晞④曰："何谓也？"子曰："夫乐，象成者也。⑤象成莫大于形而流于声，王化始终所可见也⑥。故《韶》⑦之成也，虞氏⑧之恩被动植矣，乌鹊之巢可俯而窥也⑨，凤皇何为而藏乎？"⑩

【注释】

①九变：变化的极致。《列子·天瑞》："视之不见，听之不闻，循之不得，故曰易也。易无形埒，易变而为一，一变而为七，七变而为九。九变者，穷也，乃复变而为一。"阮逸注云："变，变于道也。孔子曰：三年有成，九成二十七年，仅必世之仁矣，故曰王道明。"

②乐至九变：乐曲演奏九次。《周礼·春官·大司乐》："若乐九变，则人鬼可得而礼矣。"郑玄注："变，犹更也。乐成则更奏也。"一段乐曲

演奏完毕换另一首乐曲为"一变"。所谓"九变",是演奏九首乐曲的一套组曲,一般用于祭祖或祭祀神灵,用以烘托隆重的氛围。

③淳气洽矣:淳气,中和之气。洽,融合,融洽。《荀子·乐论》:"故乐者,天下之大齐也,中和之纪也,人情之所必不免也。"《礼记·乐记》:"乐者,天地之和也。"阮逸注云:"乐,仁之声也。"

④裴晞:王通之舅。《新唐书·刘黑闼传》载,武德四年八月"饶阳贼崔元逊攻陷深州,杀刺史裴晞应之",疑为此人。阮逸注云:"晞,子之舅,传未见。"

⑤夫乐,象成者也:象,模拟。象成,表现王化成德。《礼记·乐记》:"乐者,所以象德也。"

⑥王化始终所可见也:王化始终可以看到。阮逸注云:"象成功而形容其德一,而变九而成,见王化之然。"

⑦《韶》:舜时乐名。《尚书·舜典》《尚书·益稷》记舜命夔典乐,箫韶九成,凤凰来仪,百兽率舞。

⑧虞氏:指舜,舜号有虞氏。

⑨乌鹊之巢可俯而窥也:人不害鸟雀,故鸟雀不畏人,不在高险处结巢,人可俯视。《荀子·哀公》:"古之王者,有务而拘领者矣,其政好生而恶杀焉,是以凤在列树,麟在郊野,乌鹊之巢可俯而窥也。"

⑩夫乐……凤皇何为而藏乎:句末阮逸注云"引古验今"。

【译文】

先生说:"变化到极限,王道就会明晓于天下了吧?因此,乐曲变化多次之后,将充满淳厚祥和之气。"裴晞问:"为什么这样说?"先生说:"乐,是用来表现德的。没有比音乐更好的方式来表现德,王道教化的过程自始至终可以见到。所以,《韶》乐成,舜帝的恩泽便波及动物和植物。乌鹊的巢可以俯视,凤凰又有什么理由隐藏呢?"

子曰："封禅之费非古也①，徒以夸天下，其秦、汉之侈心乎？②"

【注释】

①封禅之费非古也：封禅，古代帝王祭拜天地的仪式。因封泰山、禅梁甫（父）而得名。封，封土为坛；禅，除地为墠；梁甫，泰山旁的小山。应劭《风俗通义·山泽第十·五岳》："王者受命易姓，改制应天，功成封禅，以告天地。"自秦至宋，先后有秦始皇、汉武帝、汉光武帝、唐高宗、武则天、唐玄宗、宋真宗七位帝王举行过封禅。阮逸认为："费，费耗国用也。三代巳（以）前无此礼。齐桓公欲封太（泰）山、禅梁甫（父），管仲言：七十二君须得远方珍贡，乃可封禅。特设词谏止耳，非典礼所载之实。"

②徒以夸天下，其秦、汉之侈心乎：阮逸赞同王通的说法，注云："始皇东巡，上太（泰）山，立石封祠，下禅梁甫（父），以颂秦德。汉武帝用齐人公孙卿言，封禅登仙，遂升中岳，又上太（泰）山封土，有玉牒，使方士求神仙千数，无验而回。此皆夸侈以欺天下，非事天致诚之本。"王应麟《困学纪闻·诸子》也引《中说》此观点："封禅，秦、汉之侈心。"

【译文】

先生说："古时并没有封泰山、禅梁甫（父）这种铺张浪费的做法，这不过是向天下夸耀罢了，大概是秦、汉两代帝王的自大心理在起作用吧？"

子曰："易乐者必多哀，轻施者必好夺。①"

【注释】

①易乐者……必好夺：施，施与。阮逸句末加注，云："家、国皆然。"家和国都是这样。《老子》云："将欲夺之，必固与之。"

【译文】

先生说："容易快乐的人往往容易哀伤，随便施舍的人往往喜欢夺取。"

子曰："无赦之国，其刑必平；①多敛之国，其财必削。②"

【注释】

①无赦之国，其刑必平：平，公平。《管子·法法》："赦出则民不敬，惠行则过日益。"阮逸注云："无幸免，则不深犯。"

②多敛之国，其财必削：削，减少。阮逸注云："既富侈，则用益耗。"

【译文】

先生说："不赦免罪犯的国家，刑罚必定公正；征敛多的国家，财政必定亏空。"

子曰："廉者常乐无求，贪者常忧不足。①"

【注释】

①廉者……不足：阮逸注云"相反"，清廉的人和贪婪的人的生活状态正好相反。

【译文】

先生说:"清廉的人无所求而常感快乐,贪心的人不知足而多忧虑。"

子曰:"杜如晦①若逢其明王,于万民其犹天乎②!"董常、房玄龄③、贾琼问曰:"何谓也④?"子曰:"春生之,夏长之,秋成之,冬敛之;⑤父得其为父,子得其为子,君得其为君,臣得其为臣,⑥万类咸宜,百姓日用而不知者⑦。杜氏之任,不谓其犹天乎⑧?吾察之久矣:目恍惚然⑨,心神忽然,此其识时运者,忧不逢真主以然哉⑩!"

【注释】

①杜如晦(585—630):字克明,京兆杜陵人。唐初名相,与房玄龄合称"房杜"。初仕隋,寻弃官归。李世民入长安,引为秦王府兵曹参军,俄迁陕州总管府长史,累迁陕东道大行台司勋郎中,寻兼文学馆学士。玄武门之变后,擢拜太子左庶子,俄迁兵部尚书,封蔡国公。贞观二年,以本官检校侍中,摄吏部尚书,后代长孙无忌为尚书右仆射。贞观四年卒。(《旧唐书·杜如晦传》)阮逸注云:"杜如晦,字克明。唐太宗时,朝政、典章、文物,皆杜所定。"

②于万民其犹天乎:《论语·泰伯》有"大哉尧之为君也!巍巍乎!唯天为大,唯尧则之。荡荡乎,民无能名焉。巍巍乎其有成功也,焕乎其有文章"之语。

③房玄龄(579—648):名乔,齐州临淄人。年十八,举进士,授羽骑尉,隋文帝仁寿年间任隰城(今山西汾阳)尉,大业元年坐事,除名徙上郡。李世民入长安,署渭北道行军记室参军,随府迁授秦王府记室,

兼陕东道大行台考功郎中,加文学馆学士。玄武门之变后,进爵邢国公。贞观元年为中书令,三年摄太子詹事,兼礼部尚书,四年代长孙无忌为尚书左仆射,十三年加太子少师,十六年进拜司空,十八年与司徒长孙无忌等名列"凌烟阁二十四功臣"。二十二年卒。(《旧唐书·房玄龄传》)

④何谓也:为什么这么说?阮逸注云:"疑称'天'太过。"

⑤春生之……冬敛之:《礼记·乐记》载有"春作,夏长,仁也;秋敛,冬藏,义也"。

⑥父得其为父……臣得其为臣:《论语·颜渊》:"齐景公问政于孔子,孔子对曰:'君君,臣臣,父父,子子。'"

⑦百姓日用而不知者:语出《易·系辞上》:"一阴一阳之谓道,继之者善也,成之者性也。仁者见之谓之仁,知者见之谓之知,百姓日用而不知,故君子之道鲜矣。"

⑧不谓其犹天乎:为什么像"天"一样,阮逸解释为:"用无迹,物自化,天也。太宗治平,岁断死罪二十余人,几乎刑厝。粟斗三文,行道千里不赍粮。王道盛矣,非如天之效欤?"

⑨目恍惚然:恍惚,阮逸注云:"恍惚忧貌。"

⑩忧不逢真主以然哉:真主,真命天子。阮逸注云:"知隋运亡,又未遇太宗,所以恍惚忧也。"

【译文】

先生说:"杜如晦如果遇到明君,对于百姓来说就会像天一样吧!"董常、房玄龄、贾琼问:"为什么这样说呢?"先生说:"春天萌芽,夏天生长,秋天收获,冬天聚藏;父得以处父之位,子得以处子之位,君得以处君之位,臣得以处臣之位,天地万物各得其所,百姓平时每天用到却意识不到。任用杜氏施政的结果,难道不像天一样吗?我觉察到此点已经很久了:他目光迷离,神志恍惚,这是明察时势者,担忧自己不能遇到真命天子所导致的吧！"

叔恬曰："舜一岁而巡五岳^①，国不费而民不劳，何也？"子曰："无他道也，兵卫少而征求寡也^②。"

【注释】

①舜一岁而巡五岳：《尚书·舜典》："岁二月，东巡守，至于岱宗，柴。望秩于山川，肆觐东后。协时月正日，同律度量衡。修五礼、五玉、三帛、二生、一死贽。如五器，卒乃复。五月南巡守，至于南岳，如岱礼。八月西巡守，至于西岳，如初。十有一月朔巡守，至于北岳，如西礼。归，格于艺祖，用特。五载一巡守，群后四朝。"据此，舜一岁巡四岳。《礼记·王制》："天子五年一巡守。"阮逸解释为："《书》称四岳，此言五，举成数欤。"

②兵卫少而征求寡也：王通此句用意为托古讽今，用舜来对比隋炀帝。阮逸注云："简，则用省。"

【译文】

叔恬问："舜帝一年中巡查五岳，并没有劳民伤财，这是为什么呢？"先生答："没有其他原因，（因为）兵役少又不多收赋税。"

子曰："王国之有《风》^①，天子与诸侯夷乎^②！谁居乎^③？幽王^④之罪也。故始之以《黍离》^⑤，于是雅^⑥道息矣。"

【注释】

①《风》：《诗经·国风》收录十五国《风》（民歌），其六为《王

风》。"王"指周朝东都王城畿内之地（今河南洛阳一带）。

②夷：等同。阮逸注云："《黍离》列于国风。夷，等也。"

③居（jī）：表语气，同"乎"。阮逸注云："居，音姬。《礼记》曰何居。"

④幽王：指周幽王。《毛诗正义·王黍离诂训传》："十一世幽王嬖褒姒，生伯服，废申后，太子宜咎奔申。申侯与犬戎攻宗周，杀幽王于戏。晋文侯、郑武公迎宜咎于申而立之，是为平王。以乱，故徙居东都王城。于是王室之尊与诸侯无异，其诗不能复雅，故贬之，谓之王国之《变风》。"阮逸注云："幽王惑褒姒，废申后，申侯弑之，周遂微。"

⑤《黍离》：《王风》第一篇。《毛诗正义·王黍离诂训传》："《黍离》，闵宗周也。周大夫行役至于宗周，过故宗庙宫室，尽为禾黍。闵周室之颠覆，彷徨不忍去，而作是诗也。"阮逸注云："《王国》十篇，《黍离》为始。"

⑥雅：正。

【译文】

先生说："王国之诗而称《风》，天子与诸侯一样！是谁造成的？是周幽王的罪过啊。因此，《王风》以《黍离》篇为始，从此王道衰亡了。"

子曰："五行不相沴①，则王者可以制礼矣②；四灵③为畜，则王者可以作乐矣④。"

【注释】

①五行不相沴（lì）：五行，金、木、水、火、土。沴，水流不畅，天地四时之气不和而生的灾害。《庄子·大宗师》："阴阳之气有沴。"《释文》："云陵乱也。"五行如相沴说，见萧吉《五行大义·论相克》："至如

山崩川竭，木石为灾，天火下流，人火上燎，水旱氤并，风霜为害，此并失政于人，天地作谴，为五行相沴者。乖沴不和之义，以其气冲相沴，不名克也，沴亦废也。于木则南宫极震，于水则三川竭，于火则宫室灾，于金则九鼎震，于土则齐楚山崩；木金水火俱沴土者，地动分拆是也。故五行气冲而有六沴，大概如斯。"

②王者可以制礼矣：此句阮逸注云："治臻皇极，则五行各叙。故礼行，皇极也。"

③四灵：龟、龙、麟、凤。《礼记·礼运》："何谓四灵？麟凤龟龙谓之四灵。故龙以为畜，故鱼鲔（wěi）不淰（shěn）；凤以为畜，故鸟不獝；麟以为畜，故兽不狘（xuè）；龟以为畜，故人情不失。"

④王者可以作乐矣：句末阮逸注云："仁及飞、走，则龟、龙、麟、凤在沼薮，故乐形仁声也。"

【译文】

先生说："金、木、水、火、土五行通畅，则帝王可以制礼了；龟、龙、麟、凤四灵驯服，则帝王可以作乐了。"

子游孔子之庙①，出而歌曰："大哉乎！君君臣臣，父父子子，兄兄弟弟，夫夫妇妇，夫子之力也。②其与太极合德，神道并行乎？③"王孝逸④曰："夫子⑤之道岂少是乎？"子曰："子未三复白圭⑥乎？天地生我而不能鞠我⑦，父母鞠我而不能成我，成我者夫子也。道不啻⑧天地父母，通于夫子受罔极⑨之恩，吾子汩彝伦⑩乎！"孝逸再拜谢之，终身不敢臧否⑪。

【注释】

①子游孔子之庙：汉以后，郡国立孔子祠，用于拜祭。阮逸注云：

"汉以后,郡国立孔子祠。"

②君君臣臣……夫子之力也:《论语·颜渊》记为:"齐景公问政于孔子,孔子对曰:'君君、臣臣、父父、子子。'"《易·家人·彖》:"父父、子子、兄兄、弟弟、夫夫、妇妇,而家道正。正家而天下定矣。"阮逸注云:"《春秋》行法,君父尊诗,序人伦,夫妇正。"

③其与太极合德,神道并行乎:《易·乾·文言》记为:"夫大人者,与天地合其德,与日月合其明,与四时合其序,与鬼神合其吉凶。先天而天弗违,后天而奉天时。天且弗违,而况于人乎?"阮逸注云:"言无穷。"

④王孝逸:名贞,陈留人,少聪慧,善属文词,与繁师玄等号为"陈留八俊"。开皇初为汴州主簿,后举秀才,授县尉,谢病于家,为齐王杨暕礼遇,未几卒。(《隋书·苏威传》《旧唐书·王珪传》)《中说》称其"白首北面",视其为王通弟子,其事迹未必可信。

⑤夫子:指王通。阮逸注云:"夫子谓文中子也。"

⑥三复白圭:三复,反复吟咏,借指谨慎。白圭,白玉。《论语·先进》:"南容三复白圭,孔子以其兄之子妻之。"《诗经·大雅·抑》:"白圭之玷,尚可磨也;斯言之玷,不可为也。"阮逸注云:"责言玷。"

⑦天地生我而不能鞠我:鞠,养育、抚养。《诗经·小雅·蓼莪》:"父兮生我,母兮鞠我。抚我畜我,长我育我,顾我复我,出入腹我。欲报之德,昊天罔极!"

⑧不啻(chì):不止,无异于。《尚书·泰誓》:"不啻若自其口出。"

⑨罔极:无穷尽。《诗经·小雅·蓼莪》:"欲报之德,昊天罔极!"后常称父母之恩为罔极之恩。阮逸注云:"诗云'欲报之德,昊天罔极',言孔子生民之师,大于生我鞠我者之恩。"

⑩汨(gǔ)彝伦:汨,扰乱、弄乱。《尚书·洪范》:"我闻在昔,鲧

埋洪水，汨陈其五行。"阮逸注云："拟人，必于其伦不可汨乱，谦也。"彝伦，伦常。《尚书·洪范》："惟天阴骘下民，相协厥居，我不知其彝伦攸叙。"

⑪臧否：褒贬，评论。

【译文】

先生游孔庙，出来唱道："伟大啊，君君臣臣，父父子子，兄兄弟弟，夫夫妇妇，这些伦理，都是孔子的功绩啊。它可以与太极一致，和天地神明并行不悖吗？"王孝逸说："先生的思想难道不如孔子吗？"先生答："你没有反复读过'白圭'之诗吗？天地生我却不能养育我，父母养育我却不能成就我，成就我的是孔子啊！道无异于天地父母，在孔夫子那里我受到了无穷的恩泽。你想扰乱伦常吗？"孝逸再次拜谢离开，从此再也不敢妄加品评。

韦鼎①请见，子三见而三不语②，恭恭若不足③。鼎出谓门人曰："夫子得志于朝廷，有不言之化④，不杀之严矣⑤。"

【注释】

①韦鼎：字超盛，京兆杜陵人。高祖玄，隐于商山，因而归宋。祖睿，梁开府仪同三司。父正，黄门侍郎。鼎少通脱，博涉经史，明阴阳逆刺，尤善相术。仕梁，起家湘东王法曹参军。父忧服阕，为邵陵王主簿，累官至中书侍郎。入陈为黄门郎，累官至太府卿。及陈平，上驰召之，授上仪同三司，待遇甚厚。开皇十二年，除光州刺史。年七十九卒。(《隋书·韦鼎传》)

②三见而三不语：三次见面，都没有说话。阮逸注云："不言谓目击道存。"

③恭恭若不足：参见《论语·乡党》："孔子于乡党，恂恂如也，似不能言者。其在宗庙朝廷，便便言，唯谨尔。……入公门，鞠躬如也，如不容。立不中门，行不履阈。过位，色勃如也，足躩如也，其言似不足者。"

④有不言之化：参见《论语·阳货》："天何言哉？四时行焉，百物生焉，天何言哉？"《礼记·中庸》："君子不动而敬，不言而信……君子笃恭而天下平。"

⑤不杀之严矣：杀，消减。严，庄重。《易·系辞上》："古之聪明睿知，神武而不杀者夫。"《礼记·中庸》："君子不赏而民劝，不怒而民威于铁钺。"阮逸注云："不得其言，而得其志。"

【译文】

韦鼎请求接见，三次见先生，先生都不说话，神色恭敬，似不善言谈。韦鼎出来后对王门弟子说："先生若被朝廷重用，不假言辞即可教化四方，不动声色而威严自生。"

杨素谓子曰："天子求善御边者，素闻惟贤知贤，敢问夫子。"子曰："羊祜①、陆逊②，仁人也，可使。"素曰："已死矣，何可复使？③"子曰："今公能为羊、陆之事，则可；如不能，广求何益？通闻：迩者悦，远者来，④折冲樽俎⑤可矣，何必临边也？"

【注释】

①羊祜（221—278）：字叔子，泰山南城（今山东平邑南）人。博学能文，清廉正直，娶夏侯霸之女为妻。魏末任相国从事中郎。晋代魏后，羊祜坐镇襄阳，都督荆州诸军事。在任十年里，屯田兴学，以德怀柔，深得军民之心；又缮甲训卒，广为戒备，做好伐吴的军事和物资准备。咸宁

四年（278），抱病回洛阳，于同年十一月病故，临终前举杜预自代。死后追赠侍中、太傅，谥号"成"。（《晋书·羊祜传》）阮逸注云："祜，字叔子。晋欲平吴，以祜督荆州。祜绥怀吴人，吴之降者欲去则听之。"

②陆逊（183—245）：字伯言，吴郡吴县华亭（今上海市松江区）人，孙策婿。建安八年（203）入孙权幕府，历任海昌屯田都尉、定威校尉、帐下右部督。建安二十四年（219），陆逊参与袭取荆州（今湖北江陵）。蜀汉章武二年（222），孙权以陆逊为大都督，在夷陵之战中火烧连营击败刘备。吴黄武七年（228），陆逊取得石亭之战的胜利。黄龙元年（229），孙权称帝后，以陆逊为上大将军右都护辅佐太子孙登并掌管陪都武昌事宜。赤乌七年（244）拜为丞相，总领三公事务。因太子事受牵连，愤恚而卒，终年六十三岁，追谥"昭"。（《三国志·陆逊传》）阮逸注云："逊，字伯言，为吴大将军，攻晋襄阳，获生口即还之。"评价羊、陆两人，"二贤皆仁"。

③已死矣，何可复使：这里指杨素没有明白王通所言之意。阮逸注云："不悟讽己。"

④迩者悦，远者来：迩，近。《论语·子路》："近者说，远者来。"

⑤折冲樽俎：折冲，使敌人战车后撤，即击退敌军。冲，战车的一种。《吕氏春秋·召类》："夫修之于庙堂之上，而折冲乎千里之外者，其司城子罕之谓乎？"后也指外交谈判。樽俎，盛酒肉的器皿。樽以盛酒，俎以盛肉。借指宴席、宴会。汉刘向《新序·杂事》："夫不出于樽俎之间，而知千里之外，其晏子之谓也。"阮逸注云："折，横也；冲，直也。縻兵横直，犹辩纵横，晏子用此。"

【译文】

杨素对先生说："天子寻求善于防御边疆的人，我听说只有贤人才了解贤人，因此向您请教。"先生说："羊祜、陆逊，是仁爱之人，可以派他们去。"杨素说："他们都已死去，又怎能派遣？"先生说："如果您能像羊、陆二人，就可以；如果不能，广求他人又有什么用呢？我听说：实行仁政就会使近者喜悦，让远者闻讯而来。外交手段便可解决问题，又何必要去边疆上动武呢？"

子之家《六经》毕备，朝服祭器不假①。曰："三纲五常②自可出也③。"

【注释】

①朝服祭器不假：《礼记·曲礼》："问大夫之富，曰，有宰食力，祭器衣服不假。"阮逸注云："不假借。"

②三纲五常：三纲，君臣、父子、夫妇之间的纲纪，即"君为臣纲，父为子纲，夫为妻纲"。（《白虎通·三纲六纪·总论纲纪》）五常，仁、义、礼、智、信。

③自可出也：俞樾《诸子平议补录·文中子》认为："'自可出也'，文不成义。本作'所自出也'，'所''自'二字传写误倒，有草书相似，误'所'为'可'耳。下文曰：'大哉神乎！所自出也。'与此正同。"阮逸注云："正家以正天下。"

【译文】

先生家里《六经》齐备，朝服、祭器不假借他人，他说："三纲五常自可由此而出。"

子曰："悠悠素餐①者天下皆是②，王道从何而兴乎③？"

【注释】

①素餐：无功受禄。语出《诗经·魏风·伐檀》："不稼不穑，胡取禾三百廛兮？不狩不猎，胡瞻尔庭有悬貆兮？彼君子兮，不素餐兮！"注云："伐檀，刺贪也。在位贪鄙，无功而受禄，君子不得进仕尔。""素餐"本意是不吃荤食肉，讽刺不劳而食者。引申为"白吃"，即白受朝廷俸禄而不尽职。

②天下皆是：《论语·微子》："滔滔者天下皆是也，而谁以易之？"《史记·孔子世家》："悠悠者天下皆是也，而谁以易之？"

③王道从何而兴乎：王道如何兴盛呢？阮逸注云："隋多无功食禄。"

【译文】

先生说："到处都是尸位素餐的人，王道如何能兴盛呢？"

子曰："七制之主①，其人可以即戎矣②。"

【注释】

①七制之祖：指西汉高祖、文帝、武帝、宣帝，东汉光武帝、明帝、章帝七代君王。阮逸注云："《续书》有《七制》，皆汉之贤君，立文武之功业者：高祖、孝文、孝武、孝宣、光武、孝明、孝章是也。"

②其人可以即戎矣：人，即"民"，避唐太宗李世民讳。即戎，用兵。《易·夬》："告自邑，不利即戎。"《论语·子路》："善人教民七年，亦可以即戎矣。"

【译文】

先生说："西汉的高祖、文帝、武帝、宣帝，东汉光武帝、明帝、章帝，他们的人民可以从容打仗。"

董常死,子哭于寝门之外①,拜而受吊②。

【注释】

①子哭于寝门之外:寝门,古礼天子五门,诸侯三门,大夫二门,最内之门曰寝门,即路门。后来泛指内室门。阮逸注云:"不可视犹子也,哭寝则太亲;不可视犹朋友也,哭野则太疏;故折中于寝门之外。"

②拜而受吊:对有丧事或受到灾祸的人表示哀悼、慰问。阮逸注云:"知生者吊,彼吊我;失其助,故拜之。"

【译文】

董常去世,先生在内室门外哭泣,叩拜哀悼。

裴晞问曰:"卫玠①称人有不及,可以情恕;非意相干,可以理遣,何如?"子曰:"宽矣②。"曰:"仁乎③?"子曰:"不知也④。""阮嗣宗⑤与人谈,则及玄远,未尝臧否人物,何如?"子曰:"慎矣⑥。"曰:"仁乎⑦?"子曰:"不知也⑧。"

【注释】

①卫玠(286—312):字叔宝,晋安邑人。风姿秀异,有玉人之称。好谈玄理,官至太子洗马。后避乱移家建邺。人闻其名,围观如堵。永嘉六年(312)去世,时年二十七岁,葬于南昌,后迁葬江宁。时人谓"看杀卫玠"。(《晋书·卫玠传》)阮逸注云:"玠,字叔宝,善谈玄理,有情恕理遣之论。"

②宽矣:宽厚。阮逸注云:"量宽而已。"

③仁乎：指仁不只是宽厚。阮逸注云："宽似仁。"

④不知也：与下句"不知也"意义相同。文中子并非真的不知何为"仁"，而是表示不赞同。阮逸注云："仁道至大，非但宽。"

⑤阮嗣宗（210—263）：名籍，阮瑀之子，三国陈留尉氏（今河南开封）人。曾为步兵校尉，世称阮步兵。能长啸，善弹琴，博览群书，尤好老庄。或闭户视书，累月不出；或登临山水，经日忘归。生活于魏、晋易代之际，不满现实，因此纵酒谈玄，不评论世事，不臧否人物，以求自全。"竹林七贤"之一。阮逸注云："籍，字嗣宗，口不论人之过。"

⑥慎矣：阮逸注云："慎言而已。"

⑦仁乎：阮逸注云："慎似仁。"

⑧不知也：指仁不仅是言慎。阮逸注云："仁非止慎。"

【译文】

裴晞问："卫玠说，人行事有不当的地方，可依情理体谅他，如果不是有意冒犯，可依事理不予追究。此话如何？"先生说："这是宽厚。"裴晞问："是仁吗？"先生说："不知道。"裴晞又问："阮嗣宗与人交谈，话题玄远，从不品评人物，此种行为怎样？"先生说："这是谨慎。"裴晞问："是仁吗？"先生说："不知道。"

子曰："恕哉，凌敬①！视人之孤犹己也②。"

【注释】

①凌敬：隋唐间人，曾为窦建德国子祭酒。（《旧唐书·窦建德传》）阮逸注云："凌敬，未见。"

②视人之孤犹己也：把孤儿视为自己的孩子。阮逸注云："以己心为人之心曰恕。孟子曰：幼吾幼，以及人之幼，是恕也。"

【译文】

先生说:"凌敬真体恤人啊,对待遗孤如同己出。"

子曰:"仁者吾不得而见也,得见智①者斯可矣;智者吾不得而见也,得见义②者斯可矣。③如不得见,必也刚介④乎?刚者好断,介者殊俗。⑤"

【注释】

①智:智慧,见识。《孟子·告子上》:"是非之心,智也。"《春秋繁露·必仁且智》:"其动中伦,其言当务。如是者,谓之智。"

②义:正当,适宜。《孟子·离娄上》:"仁,人之安宅也;义,人之正路也。"

③仁者吾不得而见……斯可矣:阮逸认为,"仁""智""义"三者,"仁无为而理,智达于未乱之前,义制于已然之后"。

④刚介:刚,坚强。《易·中孚·象》:"柔在内而刚得中。"介,孤独、耿直。《易·豫卦·六二》:"介于石,不终日,贞吉。"

⑤刚者好断,介者殊俗:阮逸注云:"刚必果,介自异。"

【译文】

先生说:"我见不到仁者,能见到智者也行;我见不到智者,能见到义者也可以。如若也见不到,就见刚强和耿直的人。刚强的人有决断力,耿直的人不同于流俗。"

薛收问至德要道①。子曰:"至德,其道之本乎?要道,其德之行乎?《礼》不云乎:至德为道本②。《易》不云乎:显道神德行③。"

【注释】

①至德要道：至德，最高尚的道德。《论语·泰伯》："泰伯其可谓至德也已矣。"要道，立身行道、经世致用的根本。《孝经·开宗明义章》："先王有至德要道，以顺天下。"阮逸注云："行成德，德成道，德行成身，道施天下。"

②至德为道本：《周礼·地官司徒·师氏》："以三德教国子：一曰至德，以为道本；二曰敏德，以为行本；三曰孝德，以知逆恶。"唐贾公彦释："至德以为道本者，至德为至极之德，以为行道之本也。"阮逸注云："《周礼·师氏三德》云。"

③显道神德行：显示道，德得以妙用流行。《易·系辞上》："显道神德行，是故可与酬酢，可与佑神矣。"阮逸注云："《系辞》云。"

【译文】

薛收问何为至德要道。先生说："至德，是道的根本吧？要道，是德的行动吧？《周礼》说：至德为道之本。《易经》说：显道神德行。"

子曰："大哉神乎！所自出也①。至哉《易》也！其知神之所为乎②！"

【注释】

①所自出也：指天地万物之变化。阮逸注云："本诸身，曰自出。"

②其知神之所为乎：语见《易·系辞上》："知变化之道者，其知神之所为乎？"阮逸注云："无体，则无方。"

【译文】

先生说："变化之道真是伟大啊！一切都由此产生。《易经》无以复加!它明晓万物变化之道!"

子曰:"我未见嗜义如嗜利者也①。"

【注释】

①义、利:阮逸注云:"和而有宜曰义,反是曰利。"

【译文】

先生说:"我没有见过好义像好利一样的人。"

子登云中①之城,望龙门②之关,曰:"壮哉,山河之固!"贾琼曰:"既壮矣,又何加焉?"子曰:"守之以道③。"降而宿于禹庙,观其碑首曰:"先君④献公之所作也。其文典⑤以达。"

【注释】

①云中:秦汉云中郡,郡治云中(今内蒙古托克托东北古城镇),东汉末郡废。北魏云中郡,郡治盛乐(今内蒙古和林格尔西北土城子)。唐云中郡即云州,治定襄,后改云中(今山西大同)。此处似指龙门(今山西河津)。阮逸注:"汉云中县郡,唐延州。"

②龙门:黄河龙门,位于山西河津与陕西韩城交界处。阮逸注云:"河中有龙门县。"

③守之以道:以道来守卫。阮逸注云:"险不可恃。"

④先君:称自己的祖父,安康献公。

⑤典:雅正。《尔雅》:"典,经也。"句末阮逸注云:"文未见。"

【译文】

先生登上云中的城楼,遥望龙门关,说:"壮丽呀,山河稳固。"贾琼说:"山河雄壮,又当如何呢?"先生说:"用道来守卫它。"下来后在禹庙停留,观赏碑首文字,说:"这是先祖献公所作,文辞典雅而通达。"

子见刘孝标①《绝交论》②,曰:"惜乎,举任公③而毁也。任公于是乎不可谓知人矣。"见《辨命论》④,曰:"人道⑤废矣。"

【注释】

①刘孝标(462—521):名峻,南朝梁平原人。家贫,好学。人有异书,必往借读,有"书淫"之称。天监初,召入西省,典校秘书。安城王秀引为荆州户曹参军,复以疾去。后居东阳紫岩山(今浙江金华市金华山),筑室而居,著《山栖志》。梁武帝招文学之士,峻率性而为,故不任用,乃著《辨命论》寄怀。普通二年卒,年六十,门人谥为"玄靖先生"。(《梁书·刘峻传》)

②《绝交论》:东汉朱穆著《绝交论》,刘孝标所著应称《广绝交论》。梁时任昉好结交,奖进士友,多所汲引,及卒,诸子皆幼,人罕瞻恤之。《广绝交论》以主客问答的形式对南朝士大夫阶层的人情世态予以揭露和鞭挞。阮逸注:"刘峻,字孝标,性率多毁,时任昉死,有子东里冬衣葛裘,孝标作《绝交论》以讥任公之友,然又彰任公不知人耳。"

③任公:指任昉(460—508),字彦昇,乐安郡博昌(今山东寿光北)人,"竟陵八友"之一。年幼好学,才华横溢,知名乡里。年十六,被刘宋丹阳尹刘秉聘为主簿,后朝廷征召,任太常博士、征北行参军。齐永明二年(484),被丹阳尹王俭聘为主簿。后进京官拜尚书殿中郎,调任竟陵王记室参军。服父丧期满后被任为太子步兵校尉,掌管东宫书记。永元末年,任司徒右长史。梁高祖即位后,命任昉为黄门侍郎,又升任吏部郎中。天监二年(503),出任义兴太守。此后出任吏部郎中、御史中

丞、秘书监、领前军将军。天监六年（507）春，出任宁朔将军、新安太守。天监七年（508），任上去世，终年四十九岁。追赠太常卿，谥号"敬子"。（《梁书·任昉传》）

④《辨命论》：《辨命论》的主旨是，人的穷通都由天命决定，既非人事，也不是鬼神所能影响的。阮逸注："峻又有《辨命论》，言管辂才高不遇，乃谓穷达由天，殊不由人。是不知命，废人道也。"

⑤人道：人伦纲常，伦常。

【译文】

先生读刘孝标《绝交论》后，说："可惜啊！推举任昉又诋毁他。不可说任昉识人呀！"读《辨命论》后，说："人伦纲常废弃了。"

子曰："使诸葛亮而无死，礼乐其有兴乎？①"

【注释】

①使诸葛亮而无死，礼乐其有兴乎：诸葛亮可以复兴礼乐。《二程会书》卷二十四："孔明有王佐之心，道则未尽。……孔明庶几礼乐。"阮逸注云："孔明言'普天之下，莫非汉民'，志在天下，非蜀而已。亮未死，必可功成治定。"

【译文】

先生说："假使诸葛亮没死，礼乐也许能复兴吧？"

子读《乐毅论》①，曰："仁哉，乐毅②！善藏其用。智哉，太初③！善发其蕴。"

【注释】

①《乐毅论》：魏时夏侯玄因"世人多以乐毅不时拔莒、即墨为劣，是以叙而论之"，称乐毅不求欲速之功，有"仁心""至德"，"夫兼并者，非乐生之所屑，强燕而废道，又非乐生之所求也"。(《全三国文》卷二十一)

②乐毅：生卒年不详，字永霸，中山国灵寿人。魏将乐羊后裔，拜燕上将军，受封昌国君，辅佐燕昭王振兴燕国。前284年，他统帅燕国等五国联军攻打齐国，连下70余城，创造以弱胜强的著名战例。后因受燕惠王猜忌，投奔赵国，被封于观津，号为望诸君。燕军败于田单，惠王悔，欲召回乐毅。乐毅报书云："夫免身全功，以明先王之迹者，臣之上计也；离毁辱之非，堕先王之名者，臣之所大恐也。临不测之罪，以幸为利者，义之所不敢出也。"终不还，后卒于赵。

③太初：夏侯玄（209—254），字太初，沛国谯县（今安徽亳州）人。夏侯尚之子，右将军夏侯霸之侄，大将军曹爽表弟。魏文帝时世袭其父爵位，明帝时任散骑黄门侍郎、羽林监。少帝曹芳继位后，拜为散骑常侍、中护军。后外放任征西将军。高平陵之变后，入朝任大鸿胪、太常等职。嘉平六年（254）被司马师杀害，夷灭三族。临死时，年四十六。阮逸注云："夏侯玄，字太初，著《乐毅论》，言：'不拔即墨及莒二城者，其志以天下为心，非兼并齐国而已。仁哉！夫毅不屠城，善藏用也，智哉！'夫太初能发明毅之仁也。"

【译文】

先生读《乐毅论》，说："仁爱啊，乐毅！能有所不为。睿智啊，太初！能发现他的隐衷。"

子读《无鬼论》^①，曰："未知人，焉知鬼？"^②

【注释】

①《无鬼论》：晋阮瞻作，一说宋岱作。阮瞻，字千里，陈留尉氏人。"竹林七贤"之一阮咸之子，生年不详，卒于晋怀帝永嘉年间（307—313）。阮瞻生性清心寡欲，善弹琴，好辩理。东海王司马越镇守许昌时，任记室参军。永嘉年间，任太子舍人。在职一年多后，病死于仓垣，终年三十岁。阮瞻"素执无鬼论，物莫能难，每自谓此理可以辨正幽明"。（《晋书·阮瞻传》）

②未知人，焉知鬼：阮逸注云："阮瞻作《无鬼论》，谓可以辩幽明，盖不知圣人不语之旨。"

【译文】

先生读《无鬼论》，说："不知道人，怎能知道鬼？"

卷第二　天地篇

子曰："圆者动，方者静，①其见天地之心乎②！"

【注释】

①圆者动，方者静：圆者指天，方者指地。《易·说卦》："乾为天，为圆。"《淮南子·天文训》："天圆地方。"

②其见天地之心乎：参见《易·复卦·彖》："复，其见天地之心乎！"复，循环往复。阮逸注云："天圆动，地方静，人动静之中也。中也者，心可见矣。"

【译文】

先生说："圆者动，方者静，动静往来，这体现了天地的本性啊！"

子曰："智者乐，其存物之所为乎！①仁者寿②，其忘我之所为乎③！"

【注释】

①智者乐，其存物之所为乎：阮逸注云："物之所存，我从而利之，故乐。"

②仁者寿：参见《论语·雍也》："知者动，仁者静；知者乐，仁者寿。"

③其忘我之所为乎：阮逸注云："我忘厥功，物将自化，故寿。"

【译文】

先生说:"智者快乐,是因为他可包容万物!仁者长寿,是因为他忘却了私欲!"

子曰:"义也,清而庄;①靖也,惠而断;②威也,和而博;③收也,旷而肃;④琼也,明而毅;⑤淹也,诚而厉;⑥玄龄,志而密;⑦徵也,直而遂;⑧大雅,深而弘;⑨叔达,简而正。⑩若逢其时,不减卿相,然礼乐则未备。⑪"

【注释】

①义也,清而庄:义,指姚义,太山人,王通门中俊颖之一,《中说》的编订者之一。阮逸注云:"姚义,传未见,清洁而端庄。"

②靖也,惠而断:靖,指李靖(571—649),本名药师,京兆三原人。少有文武才略,其舅韩擒虎每与论兵,未尝不称善。入隋为长安县功曹,大业末累除马邑郡丞相。隋亡,李世民召入幕府,军功卓著。贞观元年任刑部尚书,二年兼检校中书令。三年任兵部尚书,后又拜尚书右仆射,以功封卫国公,开府仪同三司。二十三年卒,年七十九。(《旧唐书·李靖传》)阮逸注云:"李靖,本名药师,其舅韩擒虎伏其善论兵,惠物而勇断。"

③威也,和而博:威,指窦威(?—618),字文蔚,扶风平陵(今陕西咸阳市平陵乡)人,窦炽之子,窦后从兄,太穆皇后堂叔。雅好文史,诸兄谓之"书痴"。早年出仕隋朝,历任秘书郎、蜀王杨秀府记室、内史舍人、考功郎中,后坐事免职。唐高祖太原起兵后,补任大丞相府司录参军,参与制定朝廷典制。武德元年(618),窦威任内史令。同年病逝。追赠同州刺史、延安郡公,谥号为靖。(《旧唐书·窦威传》)阮逸

注云:"窦威,字文蔚,窦后从兄也,和容而博识。"

④收也,旷而肃:收,指薛收。阮逸注云:"薛收,体旷而志肃。"

⑤琼也,明而毅:琼,指贾琼。阮逸注云:"贾琼,通明而果毅。"

⑥淹也,诚而厉:淹,指杜淹(?—628),字执礼,杜如晦之叔。聪辩多才艺,弱冠有美名。隋开皇中,与其友韦福嗣相谋,扬言隐居太行山,邀求时誉,隋文帝恶之,谪戍江表,不久遇赦回乡。后来被雍州司马高孝基荐为承奉郎,官至御史中丞。唐初,拜御史大夫,又迁吏部尚书,参议朝政。杜淹身兼二职,却无清廉之誉,又和勋臣长孙无忌不和,因此受到舆论的非议。贞观二年卒,追赠尚书右仆射,谥号为襄。(《旧唐书·杜如晦传》)阮逸注云:"杜淹,字执礼,隋隐太白山,来学于子,诚悫而威厉。"

⑦玄龄,志而密:玄龄,指房玄龄。阮逸注云:"房乔,字玄龄,隋彦谦之子也,志精而用密。"

⑧徵也,直而遂:徵,指魏徵(580—643),字玄成,魏郡馆陶(今属河北)人。早年跟随魏公李密,参加瓦岗起义,不得重用。武德元年(618),归降唐朝,劝降英国公李勣,授太子洗马。先辅佐李建成,后事太宗李世民。贞观元年(627),授谏议大夫、检校尚书左丞,安抚河北地区。迁秘书监,参与朝政,校定古籍。贞观七年,迁侍中。史成,又迁左光禄大夫,进封郑国公。十六年拜太子太师,知门下省事。十七年卒,追赠司空、相州都督,谥号文贞。魏徵直言进谏,推行王道,辅佐唐太宗共创"贞观之治",名列凌烟阁二十四功臣第四位。(《新唐书·魏徵传》)阮逸注云:"魏徵,字玄成,直道而遂行。"

⑨大雅,深而弘:大雅,指温大雅,字彦弘,唐并州祁人。性至孝,少好学,与弟大临(字彦博)、大有(字彦将)俱知名。初任东宫学士、长安尉,因父去世,解职归家奔丧。大业十三年(617),李渊太原起兵,

为大将军府记室参军，专门典掌机要。次年（618），李渊自立为帝，为黄门侍郎。武德二年（619），调任工部侍郎。不久，调任陕东道大行台工部尚书。李世民与李建成争夺皇位，李世民表推大雅出镇洛阳，以为外应。武德九年（626），李世民即位，升任礼部尚书，封黎国公。贞观三年（629），去世，时年五十七岁，谥号孝。永徽五年（654），追赠尚书右仆射。撰《大唐创业起居注》，记高祖起事经过。与正史所载多有出入。新、旧《唐书》皆有传。阮逸注云："温大雅，字彦弘，量深而宽弘。"

⑩叔达，简而正：叔达，指陈叔达（？—635），字子聪，陈宣帝第十六子。善容止，颇有才学。陈时封义阳王，历侍中、丹阳尹、都官尚书。隋大业中，拜内史舍人，出为绛郡通守。李渊兵至绛郡，陈叔达响应，授丞相府主簿，封汉东郡公。武德四年任侍中，贞观年间任礼部尚书。后坐闺庭不理，以散秩归第。九年卒。阮逸注云："陈叔达，字子聪，陈宣帝之幼子也，简静中正。"

⑪若逢其时，不减卿相，然礼乐则未备：减，少于、不及。阮逸注云："靖、彦博皆为仆射，威为内史令，淹为御史大夫，玄龄为司空，徵为太师，大雅、叔达皆为尚书，是皆卿相也。然各有二德而未成全才，故曰'礼乐未备'。"

【译文】

先生说："姚义，清高而庄重；李靖，仁惠而决断；窦威，温和而博识；薛收，旷达而整肃；贾琼，明智而果毅；杜淹，诚恳而严正；房玄龄，志精而谨密；魏徵，率直而通达；温大雅，深远而恢宏；陈叔达，简静而中正。如遇良机，职位不会低于卿相，然而还不足以制礼作乐。"

或曰："董常何人也？"子曰："其动也权①，其静也至②。其颜氏之流乎③！"

【注释】

①其动也权:权,权变。阮逸注云:"权变,才也。"

②其静也至:阮逸注云:"至极,性也。"

③其颜氏之流乎:颜氏,指颜回。阮逸注云:"动之微者,其庶几乎?静之极者,其屡空乎?"

【译文】

有人问:"董常是怎样的人?"先生说:"他动能权变,静能达性,是像颜回那样的人吧?"

叔恬曰:"山涛①为吏部,拔贤进善,时无知者。身殁之后,天子出其奏于朝,然后知群才皆涛所进。如何?"子曰:"密②矣。"曰"仁乎③?"子曰:"吾不知也。"

【注释】

①山涛(205—283):字巨源,晋河内怀人。好老庄,与嵇康、阮籍等作竹林之游,为"竹林七贤"之一。四十岁,任郡主簿。司马师执政,被举为秀才,累迁尚书吏部郎。西晋建后,升任大鸿胪。历任侍中、吏部尚书、太子少傅、左仆射等职,封新沓伯。选用官吏,各为品题,时人称之为"山公启事"。太康三年(282),升为司徒,以老病归家。次年去世,年七十九,谥号"康"。

②密:缜密。阮逸注云:"山涛,字巨源,为吏部,典选十余年,天下称为得士。然吏非吏,隐非隐,是密而已。"

③仁乎:是仁吗?阮逸注云:"似忘所为。"

【译文】

叔恬问:"山涛任吏部尚书时,选拔贤能,当时无人知晓,去世之后,天子在朝中出示他的奏章,人们才知道群才皆山涛举荐。此事怎样评价?"先生说:"算是慎密。"问:"能称为'仁'吗?"先生说:"这我就不知道了。"

李密①见子而论兵,子曰:"礼、信、仁、义,则吾论之;孤、虚②、诈、力,吾不与也。"

【注释】

①李密(582—619):字玄邃,一字法主。先世为辽东襄平人,后迁居京兆长安。少好读书,常以蒲鞍骑牛背,挂《汉书》于角上,且行且读。大业九年杨玄感起兵,密为谋主。玄感败死,密被捕,中途逃脱。大业十二年,参加翟让瓦岗起义,攻克荥阳等地,被推为主,称魏公,改元永平。武德元年,为世充所败,入关归唐,拜光禄卿,封邢国公。后又叛走,兵败被杀,时年三十七。(《旧唐书·李密传》)阮逸注云:"密,字法主,袭爵为公,与杨玄感谋乱,自谓能兵。"

②孤、虚:孤,背恩负义;虚,虚伪。阮逸注云:"孤、虚,兵家之术。"

【译文】

李密拜会先生谈用兵之道,先生说:"如果是礼、信、仁、义,我可以谈;背恩、虚伪、欺骗、暴力之事,我不赞成。"

李伯药①见子而论《诗》,子不答。伯药退谓薛收曰:"吾上陈应刘②，下述沈谢③，分四声八病④，刚柔清浊⑤，各有端序，音若埙篪⑥，而夫子不应我，其未达欤？"薛收曰："吾尝闻夫子之论诗矣：上明三纲，下达五常，⑦于是征存亡，辩得失；故小人歌之以贡其俗，君子赋之以见其志，⑧圣人采之以观其变⑨。今子营营驰骋乎末流⑩，是夫子之所痛也。不答则有由矣。"

【注释】

①李伯药（565—648）：李百药，李德林之子，字重规，唐定州安平人。能诗文，长于五言。初仕隋朝，拜太子舍人，因忤炀帝，贬为桂州司马，后迁建安郡丞。卷入兵乱，辗转沈法兴、李子通、杜伏威等处。武德年间，归顺唐朝，因谏言流放泾州。贞观元年，征为中书舍人，参与修订五礼律令，迁礼部侍郎，转太子右庶子，辅佐太子李承乾。作《封建论》，撰写《北齐书》。以修史之功，迁散骑常侍、太子左庶子，转宗正卿，封安平县公。二十二年，去世，享年八十四，谥号康公。（《旧唐书·李百药传》）阮逸注云："伯药，字重规，德林子也，论南朝诗。"

②应刘：应玚和刘桢。应玚（？—217），字德琏，东汉汝南南顿（今河南省项城南顿镇）人，应劭从子（父之兄弟之孙）。"建安七子"之一。初被魏王曹操任命为丞相掾属，后转为平原侯庶子。曹丕任五官中郎将时，应玚为将军府文学。建安二十二年（217），卒于疫疾。擅长作赋，有文赋数十篇。诗歌亦见长，与其弟应璩齐名。刘桢（？—217），字公幹，东汉东平宁阳（今山东宁阳北）人，"建安七子"之一。博学多才，警悟辩捷，以文学见贵。被曹操召为丞相掾属，与魏文帝兄弟几人友善。因平视丕妻甄氏，以不敬之罪服劳役，后又免罪署为小吏。建安二十二年，与陈琳、徐幹、应玚等同染疫疾而亡。（《三国志·魏志·王粲传》）阮逸注云"魏应璩、刘公幹"，应玚与刘桢同是"建安七子"之一，应璩

不是。"应刘"在唐诗中已极为常见，如韦庄《过樊川旧居》："应刘去后苔生阁，嵇阮归来雪满头。"阮逸注有误。

③沈谢：沈约和谢朓。沈约（441—513），字休文，吴兴郡武康（今浙江德清）人。"竟陵八友"之一。少时孤贫，笃志好学。南朝宋，起家奉朝请。南齐任征虏记室、太子家令、著作郎。隆昌元年（494），任国子祭酒。后协助梁武帝萧衍即位，任尚书仆射，封建昌县开国侯。天监二年（503），任尚书左仆射、中书令、前将军。不久又提升为尚书令，兼太子少傅。天监九年（510），改任左光禄大夫、侍中、太子少傅。天监十二年（513），于任上去世，终年七十三岁，谥号为隐。（《梁书·沈约传》）谢朓（464—499），字玄晖，陈郡阳夏（今河南太康）人。少好学，有美名，文章清丽，长五言诗。与"大谢"谢灵运同族，世称"小谢"，"竟陵八友"之一。年十九，解褐豫章王太尉行参军。永明十一年（493），为骠骑咨议、领记室。建武二年（495），出为宣城太守。两年后，复返京为中书郎。又出为南东海太守，寻迁尚书吏部郎，又称谢宣城、谢吏部。东昏侯永元元年（499）遭始安王萧遥光诬陷，死于狱中，时年三十六岁。阮逸注云"梁沈约、谢灵运"，有误。

④四声八病：四声指平、上、去、入。八病指南齐沈约、周颙等提出的五言诗创作时四声方面存在的八种弊病，包括平头（五言诗上下两句的第一、二字声调相同）、上尾（五言诗的出句最后一字与对句最后一字声调相同）、蜂腰（五言诗一句内第二字与第四字的声调相同，或第二字与第五字同是浊音声母而第三字是清音声母）、鹤膝（五字句若首尾皆清音，中一字独浊）、大韵（五言诗两句之内有与韵脚同一韵部的字）、小韵（五言诗两句之间有同属一个韵部的字）、旁纽（五言诗两句中有相同韵母声调相同的字）、正纽（五言诗两句内杂用声母、韵母相同的四声各字）等。阮逸注云："四声韵起自沈约，八病未详。"

⑤刚柔清浊：阮逸注云："语健为刚，旨远为柔，标逸则清，质实则浊。"

⑥埙篪（chí）：埙，古代的一种吹奏乐器，陶土烧制，圆形或椭圆形，六孔。篪又作箎、箎，古代用竹管制成的乐器，八孔、横吹。埙篪，比喻声音和谐动听。《诗经·大雅·板》："如埙如篪。"阮逸注云："埙，土音，刚而浊；篪，竹音，柔而清。《周礼》：小师掌埙，锐上平底、六窍；篪，横吹，七孔。"

⑦上明三纲，下达五常：阮逸注云："风化夫妇，三纲之首也；吟咏情性，五常之本也。"

⑧故小人歌之以贡其俗，君子赋之以见其志：贡，告诉。见，抒发。阮逸注云："贡，告也。歌《绿竹》则知卫风，歌《板屋》则知秦俗。郑六卿饯韩宣子，宣子曰：'吾以知郑志。'"

⑨圣人采之以观其变：阮逸注云："设采诗官。"

⑩今子营营驰骋乎末流：营营，忙碌状。末流，阮逸注云："齐、梁文弊之末也。"

【译文】

李百药求见先生，谈论《诗经》，先生默然不答。百药告退后对薛收说："我从应玚和刘桢，谈到沈约和谢朓，区分四声八病，刚柔清浊，各有其头绪，声音像埙篪一样动听，先生却没有反应，难道是他没听懂吗？"薛收说："我曾听先生谈诗：上可明确三纲，下可通达五常，可以用来验证存亡，辨明得失；因此百姓唱歌来讲述习俗，君子赋诗抒发志向，圣人采诗观察世道人心的变化。如今您所谈者皆限于文辞、形式等齐梁流弊，这正是先生痛心之处。他不回答是有原因的。"

子曰："学者，博诵云乎哉①？必也贯②乎道。文者，苟作云乎哉？必也济乎义③。"

【注释】

①云乎哉：《论语·阳货》载，子曰："礼云礼云，玉帛云乎哉？乐云乐云，钟鼓云乎哉？"与此处"云乎哉"皆为语气词，无义。

②贯：贯通。

③必也济乎义：济，有用，有助于。阮逸注云："学文本为道义。"

【译文】

先生说："学习，就是博览群书吗？一定要用道来统领。文章就是随意创作吗？一定要有助于义。"

内史薛公①见子于长安，退谓子收曰："《河图》《洛书》尽在是矣。汝往事之，无失也。"

【注释】

①内史薛公：指薛道衡。薛道衡（540—609），字玄卿，河东汾阴（今山西万荣西南）人。东魏薛孝通之子。六岁而孤，专精好学，与卢思道、李德林齐名。初仕北齐，授主客郎。再仕北周，拜内史舍人。入隋，拜内史侍郎、开府仪同三司。炀帝即位，出为番州刺史，迁司隶大夫，世称薛司隶。大业五年，上《高祖文皇帝颂》，炀帝大怒，令其自尽，时年七十岁，天下冤之。（《隋书·薛道衡传》）阮逸注云："薛道衡时为内史侍郎，知文中子圣人，谓八卦、九畴，尽则之矣。"

【译文】

内史薛道衡在长安见到先生，归来对其子薛收说："《河图》《洛书》

尽在他那里。你去向他学习，不会有错的。"

子曰："士有靡衣鲜食①而乐道者，吾未之见也②。"

【注释】

①靡衣鲜食：美衣美食。靡，奢华。《论语·里仁》："士志于道而耻恶衣恶食者，未足与议也。"

②吾未之见也：我没有看到。阮逸注云："奢，罕德。"

【译文】

先生说："士子锦衣玉食仍乐于向道的人，我还没有见过。"

子谓魏徵曰："汝与凝①皆天之直人也。徵也遂②，凝也挺③。若并行于时，有用舍焉④。"

【注释】

①凝：王凝。

②遂：通达，随顺。阮逸注云："遂，果行也。"

③挺：率直，倔强。阮逸注云："挺，谓挺特。"

④用舍：任用与舍弃。阮逸注云："遂行，挺执。"

【译文】

先生对魏徵说："你和王凝都是天生正直的人。你为人通达，王凝性格倔强。如果同时出来做事，一人会被任用，另一人则不会。"

子谓李靖曰："凝也，若容于时，则王法不挠①矣。"

【注释】

①挠：枉曲。意指敢对君王直谏。阮逸注云："不挠曲。"

【译文】

先生对李靖说："王凝若被任用，王法不会枉曲。"

李靖问："任①智如何？"子曰："仁以为己任②，小人任智而背仁为贼③，君子任智而背仁为乱④。"

【注释】

①任：专任，放任。

②仁以为己任：把仁作为自己的担当。《论语·泰伯》："士不可以不弘毅，任重而道远。仁以为己任，不亦重乎？死而后已，不亦远乎？"

③小人任智而背仁为贼：小人用巧智背弃仁义为贼。贼，伤害自己和他人。阮逸注云："盗亦有道。"

④君子任智而背仁为乱：君子用巧智背弃仁义为乱。乱，国家社会动荡不安。《论语·泰伯》："人而不仁，疾之已甚，乱也。"阮逸注云："攻异端，害也。"

【译文】

李靖问："专任巧智怎样？"先生说："应把仁义作为自己的责任。小人专任巧智背弃仁义会害人害己，君子专任巧智背弃仁义会制造祸乱。"

薛收问："仲长子光①何人也？"子曰："天人②也。"收曰："何谓天人？"子曰："眇③然小乎，所以属于人；旷④哉大乎，独能成其天。"⑤

【注释】

①仲长子光：字不耀，隐士，无妻子，结庐北渚，凡三十年，非其力不食。绩爱其真，徙与相近。子光喑，未尝交语，与对酌酒欢甚。（《新唐书·隐逸传》）阮逸注云："子光，字不耀，游于河东，人问者，书'老''易'二字为对，王绩有《仲长先生传》。"

②天人：参见《庄子·天地》："忘乎物，忘乎天，其名为忘己。忘己之人，是之谓入于天。"

③眇：微小。《庄子·德充符》："有人之形，无人之情。有人之形，故群于人；无人之情，故是非不得于身。眇乎小哉，所以属于人也；謷乎大哉，独成其天。"

④旷：空阔，开朗。《庄子·天地》："上神乘光，与形灭亡，此谓昭旷。"

⑤眇然……独能成其天：句末阮逸注云："以形言之则人，以道言之则天。礼曰：安则久，久则天。"

【译文】

薛收问："仲长子光是怎样的人？"先生说："是天人。"薛收又问："什么是天人？"文中子说："其形眇小，所以属于人；其道广大，不凭外力而性与天通。"

贾琼问君子之道。子曰："必先恕①乎！"曰："敢问恕之说。"子曰："为人子者，以其父之心为心②；为人弟者，以其兄之心为心③。推而达之于天下④，斯可矣。"

【注释】

①恕：推己及人，仁爱待物。《论语·卫灵公》："子贡问曰：'有一言而可以终身行之者乎？'子曰：'其恕乎！己所不欲，勿施于人。'"

②以其父之心为心：阮逸注云："孝则知父之慈。"

③以其兄之心为心：阮逸注云："弟则知兄之友。"

④推而达之于天下：阮逸注云："至孝近王，至悌近霸；推王道于天下，可谓君子。"

【译文】

贾琼问君子之道。先生说："首先一定是宽容吧！"问："宽容又作何解？"先生说："为儿子，应以父亲的心愿作为自己的心愿；为弟弟，应以兄长的心愿作为自己的心愿。以此类推，扩大到全天下，就可以了。"

子曰："君子之学进于道①，小人之学进于利②。"

【注释】

①君子之学进于道：阮逸注云："济天下。"

②小人之学进于利：《论语·里仁》："君子喻于义，小人喻于利。"阮逸注云："营一身。"

【译文】

先生说："君子学习的目的在于济世之道，小人学习的目的在于一己私利。"

楚难作①，使使召子。子不往，谓使者曰："为我谢楚公②：天下崩乱，非至公血诚③不能安；苟非其道，无为祸先。④"

【注释】

①楚难作：楚难，指大业九年（613），杨玄感于黎阳（今河南浚县）起兵，因玄感袭封楚国公，故名"楚难"。阮逸注云："杨玄感袭封楚国公，举黎阳叛，故曰'难作'。"

②楚公：指杨玄感（？—613），弘农华阴（今陕西华阴）人，隋司徒楚国公杨素长子。体貌雄伟，喜好读书，擅长骑射。以父勋劳，授柱国，拜郢、宋二州刺史。父忧去职，岁余，起拜鸿胪卿、袭封楚国公，迁礼部尚书。大业九年（613），隋炀帝二次出征高句丽时，趁机反叛，屯兵于黎阳，袭洛阳。为来护儿、宇文述所败，令其弟杨积善杀死自己，献首于朝廷。

③至公血诚：至公，大公无私。《吕氏春秋·孟春纪·去私》："尧有子十人，不与其子而授舜；舜有子九人，不与其子而授禹：至公也。"血诚，赤诚，发自内心的诚意。《晋书·谢玄传》上疏："臣之微身，复何足惜，区区血诚，忧国实深。"

④苟非其道，无为祸先：《淮南子·精神训》："与道为际，与德为邻；不为福始，不为祸先。"阮逸注云："非应天顺人，则祸而已。"

【译文】

杨玄感起兵，派人来召先生。先生不去，对使臣说："替我感谢楚公。天下大乱，除非大公无私和赤诚才能使之安定；如果不符合道义，不要引发祸端。"

李密问王霸①之略。子曰："不以天下易一民之命②。"李密出，子谓贾琼曰："乱天下者必是夫也③。幸灾而念祸，爱强而愿胜，神明不与也。"

【注释】

①王霸：王业与霸业。儒家称以德行仁政者为王，以假仁者为霸。

②不以天下易一民之命：见《孟子·公孙丑上》："杀一不辜而得天下，皆不为也。"阮逸注云："易为轻易之易。一民至细也，不可以天下之大轻小民之命。"

③乱天下者必是夫也：阮逸注云："竟叛，伏诛。"

【译文】

李密询问成就王霸之业的要略。先生说："不要因为天下之大而轻视一个百姓的生命。"李密走后，先生对贾琼说："将来扰乱天下之人必是他。此人唯恐天下不乱，争强好胜，上天不会佐助他的。"

子居家，虽孩孺必狎①；其使人也，虽童仆必敛容②。

【注释】

①狎（xiá）：亲近、亲密。阮逸注云："不威。"俞樾《诸子平议补录》疑"必狎"为"不狎"。

②敛容：严肃。阮逸注云："不慢。"

【译文】

先生在家闲居的时候，即便对待小孩儿也很亲近；支使他人的时候，即便对待年幼的仆从也很严肃。

子曰："我未见知命①者也。"

【注释】

①知命:知道天命。参见《论语·尧曰》:"不知命,无以为君子也。"阮逸注云:"命,天命也。德合于天而心复于性,是谓知命。孔子五十而知天命。孟子曰:'尽其心则知性,知性则知天。'《易》曰:'穷理尽性,以至于命。'是则命非性无能知者。文中子叹知性者尚少,故曰:'未见知命者也。'"

【译文】

先生说:"我没有见过知天命的人。"

子曰:"不就利、不违害、不强交、不苟绝,①惟有道者能之②。"

【注释】

①不就利……不苟绝:阮逸注云:"四者惟义所在。"违害,避害。
②惟有道者能之:只有有道之人能做到。阮逸注云:"有道义。"

【译文】

先生说:"不趋近利益、不避危害、不勉强交往、不轻易绝断,只有有道之人能做到。"

子躬耕①。或问曰:"不亦劳乎?"子曰:"一夫不耕,或受其饥,②且庶人之职也③。亡职者,罪无所逃,天地之间,吾得逃乎?④"

【注释】

①躬耕:亲治农事。《三国志·诸葛亮传》:"臣本布衣,躬耕于

南阳。"

②一夫不耕，或受其饥：参见《新书·无蓄》："一夫不耕，或为之饥。"

③且庶人之职也：阮逸注云："舜在畎亩，志存天下；圣贤躬耕，盖职其俗。"

④天地之间，吾得逃乎：逃于天地之间。《庄子·人间世》："子之爱亲，命也，不可解于心；臣之事君，义也，无适而非君也，无所逃于天地之间。"阮逸注云："不仕即农，四民何逃？"

【译文】

先生亲自耕种。有人问："这不是很辛苦吗？"先生说："一个人不耕种，就会有人挨饿，何况这是平民的职责。逃避责任的人，罪不可脱，苍茫天地之间，我能躲避吗？"

子艺黍①登场②，岁不过数石③，以供祭祀、冠婚、宾客之酒也，成礼则止。子之室，酒不绝。④

【注释】

①艺黍：种植黍。《诗经·唐风·鸨羽》："王事靡盬，不能蓺稷黍。"

②登场：谷物收获后运到晒场。

③石：重量单位，一百二十斤为一石。

④子之室，酒不绝：阮逸注云："用有节，礼不阙。"

【译文】

先生种黍晒晾，每年收获不过几石，用来做祭祀、冠礼、婚礼、宾客所需之酒，礼成后就不再喝了。先生家中，酒从未缺少过。

薛方士①问葬。子曰："贫者敛手足，富者具棺椁。②封域之制无广也③，不居良田④。古者不以死伤生，不以厚为礼⑤。"

【注释】

①薛方士：其人不详，可能是下文所说薛知仁。

②贫者敛手足，富者具棺椁：敛，又作"殓"，分大殓、小殓。大殓，将死者放入棺中；小殓，给死者穿上寿衣。阮逸注云："孔子谓子路曰'敛手足形而葬'，颜回'有棺无椁'。"

③封域之制无广也：阮逸注云："古不封不树。孔子谓'不可不志也'，故封之。后代因有丈尺之制。"

④不居良田：居，占用。阮逸注云："妨农。"

⑤不以厚为礼：指厚葬。阮逸注云："帝王陵唯汉文及唐太宗无珍宝，盗不发。"

【译文】

薛方士问葬礼。先生说："穷人蔽体即可，富人有棺有椁。墓地不要广阔，不要占用良田。古人不以死去的人去伤害活着的人，不以厚葬作为礼制。"

陈叔达问事鬼神之道。子曰："敬而远之①。"问祭。子曰："何独祭也，亦有祀焉，有祭焉，有享焉，三者不同②，古先圣人所以接三才之奥也。达兹三者之说，则无不至矣③。"叔达俯其首④。

【注释】

①敬而远之：参见《论语·雍也》："敬鬼神而远之。"阮逸注云：

"敬，谓不敢无之，远，谓不敢有之。"

②三者不同：《周礼·大宗伯》郑玄注："立天神、地祇（qí）、人鬼之礼者，谓祀之、祭之、享之。"贾公彦疏："祭天神曰祀，地祇曰祭，宗庙曰享。"阮逸注云："《周礼》：祭天曰祀，祭地曰祭，祭宗庙曰享。异其名，言神道幽奥，礼宜分也；分而接之，则配天而天人统和。"

③则无不至矣：阮逸注云："祭多名，不出三才之奥耳。"

④叔达俯其首：俯：低头。《左传·成公二年》："韩厥俯定其右。"阮逸注云："因问祭，得天人之道，故俯首思之甚。"

【译文】

陈叔达问侍奉鬼神的方法。先生说："恭敬而又远离它。"问祭礼。先生说："不是只有祭天之礼，还有祀地之礼，享宗庙之礼，此三者并不相同。古代圣人领悟三才的奥秘就在这里。通达此三者的真义，一切皆可迎刃而解。"叔达低下了头。

子曰："王猛①有君子之德三焉：其事上也密，其接下也温，其临事也断。"或问苏绰②。子曰："俊人也。"曰："其道何如？"子曰："行于战国可以强，行于太平则乱矣。"问牛弘③，子曰："厚人也。"

【注释】

①王猛（325—375）：字景略，北海剧县（今山东昌乐西北）人，家于魏郡。少贫，博学好兵书，隐居华阴山，后应苻坚召，相契如三国刘备之与诸葛亮。及坚即位，以王猛为中书侍郎，一岁五迁，权倾内外。临终，劝坚勿图晋，坚未从，终有淝水之败。(《晋书·苻坚载记》）阮逸注云："猛，字景略，为符（应为苻）坚相。议赦而青蝇泄之，密矣；兵

至邺，而远近恬然，温矣；先黜尸素，然后举贤，断矣。"文中子评论王猛，如孔子评论子产，见《论语·公冶长》："子产有君子之道四焉：其行己也恭，其事上也敬，其养民也惠，其使民也义。"

②苏绰（498—546）：字令绰，京兆郡武功（今陕西咸阳市杨陵区西南）人。西魏名臣，曹魏侍中苏则九世孙，与从兄苏亮并称为"二苏"。少好学，博览群书，尤善算术。深得宇文泰信任，拜为大行台左丞，参与机密。曾创制计账、户籍等法，精简冗员，设置屯田、乡官，增加国家赋税收入。累升大行台度支尚书兼司农卿，封美阳伯。大统十二年（546），因疾病逝，年四十九岁。周明帝二年（558），配享周太祖庙庭。开皇元年（581），追赠邳国公。（《周书·苏绰传》）阮逸注云："苏绰，字令绰。后周文帝时为尚书，掌机密，长于算术、申韩之学，俊于用法，非正道，故云'太平则乱'。"

③牛弘（545—610）：本姓䝨，字里仁，安定鹑觚（今甘肃灵台）人。少好学，博览群书。北周时，官至大将军。专掌文书，修"起居注"。隋文帝时，授散骑常侍、秘书监。进爵奇章郡公。开皇三年（583），拜礼部尚书，定礼乐制度。又奉敕修撰"五礼"，儒家文化得以复兴。后又任吏部尚书，掌选举用人，倡先德行而后文才，众咸服之，史称大雅君子。生活俭朴，事皇帝尽礼，对待下属以仁厚，不善言谈而恪尽职守。大业六年（610），死于江都，年六十六岁。（《隋书·牛弘传》）阮逸注云："牛弘，字里仁。隋文时作相，宣敕而口不能言，时称其质重，故曰厚人。"

【译文】

先生说："王猛有君子的三种品德：对待君王谨密，对待属下温和，处理事情果断。"有人问苏绰。先生说："是俊杰。"问："他的能力如何？"先生说："在战国时代可以使国家强大，在太平盛世则会祸乱天下。"问牛弘,先生说:"忠厚之人。"

子观田,魏徵、杜淹、董常至。子曰:"各言志乎?"徵曰:"愿事明王,进思尽忠,退思补过①。"淹曰:"愿执明王之法,使天下无冤人②。"常曰:"愿圣人之道行于时,常也无事于出处③。"子曰:"大哉!吾与常也④。"

【注释】

①退思补过:语见《孝经·事君》:"君子之事上也,进思尽忠,退思补过,将顺其美,匡救其恶,故上下能相亲也。"阮逸评价魏徵云:"直而遂,好谏。"

②使天下无冤人:语见《淮南子·泰族训》:"圣主在上,廓然无形,寂然无声,官府若无事,朝廷若无人。无隐士,无轶民,无劳役,无冤刑。"阮逸评价杜淹:"诚而厉,常好平刑。"

③愿圣人之道行于时,常也无事于出处:无事,人间无祸乱。参见《淮南子·诠言训》:"道胜,则人无事矣。"出处,出世和退隐。《易·系辞上》:"君子之道,或出或处,或默或语。"前半句阮逸注云"其动权",后半句注云"其静至"。

④吾与常也:阮逸注云:"可与权,可与至,其道入性命矣。"

【译文】

先生察看田事,魏徵、杜淹、董常三人到来。先生说:"你们各自说说志向?"魏徵说:"愿意事明君,进则尽忠尽职,退则自思补过。"杜淹说:"愿意执掌法纪,使天下没有蒙冤之人。"董常说:"愿圣人之道推行于天下,我不必出世或退隐。"先生说:"志向远大呀,我赞成董常。"

子在长安，曰："归来乎！今之好异轻进者率然而作，无所取焉①。"

【注释】

①无所取焉：《文中子世家》记："仁寿三年，文中子冠矣，慨然有济苍生之心，西游长安，见隋文帝。帝坐太极殿召见。因奏《太平策》十有二，策尊王道，推霸略，稽今验古，恢恢乎运天下于指掌矣。帝大悦，曰：'得生几晚矣，天以生赐朕也。'下其议于公卿，公卿不悦。时将有萧墙之衅，文中子知谋之不用也，作《东征之歌》而归，曰：'我思国家兮，远游京畿。忽逢帝王兮，降礼布衣。遂怀古人之心兮，将兴太平之基。时异事变兮，志乖愿违。吁嗟！道之不行兮，垂翅东归。皇之不断兮，劳身西飞。'帝闻而再征之，不至。"阮逸注："仁寿四年，在长安，谓文帝，见公卿异端，轻率文辞，不根道义，苟媚其主，使无所取治焉，遂归。"

【译文】

先生在长安，说："回去吧！现在的人喜好标新立异，贸然行事，无可取之处。"

子在绛①，程元②者因薛收而来，子与之言《六经》。元退，谓收曰："夫子载造彝伦③，一匡皇极④，微夫子，吾其失道左见矣⑤。"

【注释】

①绛：绛州，今山西新绛县。

②程元：王通弟子，南阳人。阮逸注云："元，门人。"

③彝伦：天地人之常理，大道。

④皇极：帝王统治的准则，最高原则。

⑤吾其失道左见矣：我将偏离正道。阮逸注云："晋尚虚言，至南朝淫靡，左道变雅，天下遂乱。《续经》既造，人文乃正。"

【译文】

先生在绛州时，程元通过薛收引荐来见先生。先生与他探讨《续六经》。程元告退后，对薛收说："先生承载大道，匡正帝王统治的准则。若没有先生，我将步入歧途。"

子曰："盖有慕名①而作者，吾不为也。"

【注释】

①慕名：求虚名，不务实。阮逸注云："虚名失实。"

【译文】

先生说："有贪慕虚名而行动的人，我不会这样做。"

叔恬曰："文中子之教兴，其当隋之季世，皇家①之未造乎！将败者②，吾伤其不得用；将兴者③，吾惜其不得见。其志勤，其言征，其事以苍生为心乎④！"

【注释】

①皇家：指唐室。

②败者：指隋。阮逸注云："隋败。"

③兴者：指唐。阮逸注云："唐兴。"

④其事以苍生为心乎：心系百姓。《老子》："圣人常无心，以百姓心为心。"阮逸注云："时门人千数，至卿相者十余人，盖苍生受赐多矣。"

【译文】

叔恬说："文中子教化的兴盛，正值隋朝衰亡、唐朝未兴之际！将要败亡的隋朝，我悲叹未能用他；将要兴起的唐朝，我惋惜他又见不到。他志向勤勉，言必有据，所作所为都为天下苍生着想！"

文中子曰："二帝三王①，吾不得而见也，舍两汉将安之乎②？大哉七制之主③！其以仁义公恕统天下乎！其役简④，其刑清⑤；君子乐其道⑥；小人怀其生⑦；四百年间⑧，天下无二志，其有以结人心乎？终之以礼乐，则三王之举也。⑨"

【注释】

①二帝三王：二帝为尧、舜，三王为禹、商汤和周文王。

②舍两汉将安之乎：除去两汉，将往哪里寻觅？阮逸注云："之，往也。"

③七制之主：西汉高祖、文帝、武帝、宣帝和东汉光武帝、明帝、章帝。阮逸注云："仁若文帝，感缇萦，去肉刑；义若武帝，杀钩弋，防后族之乱；公若明帝，不许管（应为馆）陶求郎；恕若章帝，赦楚王徙者是也！"

④其役简：减徭役。阮逸注云："仁也。"

⑤其刑清：法度清明。阮逸注云："义也。"

⑥君子乐其道：君子喜爱其治理的方式。阮逸注云："公也。"

⑦小人怀其生：百姓安居故地。《论语·里仁》："君子怀德，小人怀

土。"阮逸注云："恕也。"

⑧四百年间：从汉高祖至汉献帝。阮逸注云："高祖至献帝，四百一十六年。"

⑨终之以礼乐，则三王之举也：如果礼乐伴随始终，可等同于三王的功业。阮逸注云："礼乐者，王道淳则举。汉杂霸道，故不及三代。"

【译文】

文中子说："二帝三王，我没能见到，除了两汉，哪里还能找到足以效法的明王呢？伟大啊，汉代的七名贤君！他们用仁义公正来统治天下！减徭役，轻刑罚；君子爱其治道，小人安居乐业；四百年间，天下人同心同德，大概有用来凝聚人心的方法吧？如果始终崇尚礼乐，那就是三王的作为了。"

子曰："王道之驳①久矣，《礼》《乐》可以不正乎②？大义之芜甚矣③，《诗》《书》可以不续乎④？"

【注释】

①驳：杂乱，混杂。刘禹锡《天论上》："法小弛则是非驳。"阮逸注云："驳，杂。"

②《礼》《乐》可以不正乎：阮逸注云："《礼论》《乐论》，所以正之。"

③大义之芜甚矣：大义，《春秋》之义。芜，阮逸注云："荒芜。"

④《诗》《书》可以不续乎：《诗经》《尚书》需要续编。阮逸注云："《续诗》《续书》，所以明之。"

【译文】

先生说："王道混乱许久了，难道《礼》《乐》不需要匡正吗？大义荒废很严重了，难道《诗》《书》可以不续写吗？"

子曰："唐虞之道直以大，故以揖让终焉，①必也。有圣人承之，何必定法？②其道甚阔，不可格于后③。夏商之道直以简，故以放弑终焉，④必也。有圣人扶之，何必在我？⑤其道亦旷，不可制于下。⑥如有用我者，吾其为周公所为乎！⑦"

【注释】

①唐虞之道直以大，故以揖让终焉：唐虞，指尧舜。揖让，指尧禅位于舜，舜禅位于禹。阮逸注云："尧直让舜，大也。"

②有圣人承之，何必定法：参见阮逸注："以圣承圣，何其常法之有？"

③不可格于后：参见阮逸注："后若无圣，安能格及？"

④夏商之道直以简，故以放弑终焉：放，指成汤放桀于南巢。弑，指周武王伐纣。阮逸注云："汤直伐桀，简也。"

⑤有圣人扶之，何必在我：参见阮逸注："我谓我君。"

⑥其道亦旷，不可制于下：参见阮逸注："下若有奸臣，则无君之心难制矣。"

⑦如有用我者，吾其为周公所为乎：参见阮逸注："可以承则承，可以扶则扶，此周公之为。"

【译文】

先生说："尧舜之道正而广大，因此以禅让为结果，是必然的。有圣人来承继，又何必有一定的法则呢？尧舜之道过于广阔，难以被后世效仿。夏商之道正而简易，因此，以流放与杀戮为结果是必然的。有圣人来匡扶，何必由我来负责呢？禹汤之道过于宽旷，不可以用来统治天下。如果有人重用我，我会像周公那样行事吧！"

子燕居①，董常、窦威侍。子曰："吾视千载②已上，圣人在上者，未有若周公焉：其道则一，而经制大备，③后之为政，有所持循④。吾视千载而下，未有若仲尼焉⑤：其道则一，而述作大明，⑥后之修文者，有所折中矣。⑦千载而下，有申周公之事者，吾不得而见也⑧；千载而下，有绍宣尼之业者，吾不得而让也⑨。"

【注释】

①燕居：退朝而处，闲居。《论语·述而》："子之燕居，申申如也，夭夭如也。"

②千载：自孔子（前551—前479）至王通（584—617），时有千年之久。

③其道则一，而经制大备：参见阮逸注云："一，谓尧、舜、汤、武，一归于道也。《公羊传》曰：'周公何以不之鲁？欲天下之一乎周也。'大备，谓设官分职，制礼作乐也。《礼》曰：'礼器，是谓大备，大备，盛德也。'"

④持循：遵循。

⑤吾视千载而下，未有若仲尼焉：俞樾《诸子平议补录·文中子》："此本作'吾视千载已上，圣人在下者，未有若仲尼焉'，与上文'吾视千载已上，圣人在上者，未有若周公焉'两文一律。"可备一说。

⑥其道则一，而述作大明：参见阮逸注："谓'吾道一以贯之'是也。述《诗》《书》，作《春秋》，所以明周公也。《礼》曰：'述者之谓明。'"

⑦后之修文者，有所折中矣：折中，作为准则。《史记·孔子世家》：

"自天子王侯，中国言六艺者折中于夫子，可谓至圣矣！"阮逸注云："无位则修，而取中焉。"

⑧吾不得而见也：我没有看到。阮逸注云："时异事殊。"

⑨吾不得而让也：我不推让。阮逸注云："当仁。"

【译文】

先生闲居，董常、窦威侍立其旁。先生说："我看千年之前，在上的圣贤，没人比得了周公：他与尧舜汤武同归于道，设官分职，制礼作乐，使经制完备，使后世为政者有所遵循。我看千年以后，没人比得了孔子：他贯通尧舜之道，使道昌明于天下，使后代修史习文之人，有所比照。千年以来，发扬周公事业的人，我未能见到；千年以来，继承孔子事业的人，我当仁不让。"

子曰："常也，其殆坐忘①乎？静不证理而足用焉②，思则或妙③。"

【注释】

①坐忘：道家所追求的物我两忘、澹泊无思虑的精神境界。《庄子·大宗师》："颜回曰：'回益矣。'仲尼曰：'何谓也？'曰：'回忘仁义矣。'曰：'可矣，犹未也。'他日，复见，曰：'回益矣。'曰：'何谓也？'曰：'回忘礼乐矣。'曰：'可矣，犹未也。'他日，复见，曰：'回益矣。'曰：'何谓也？'曰：'回坐忘矣。'仲尼蹴然曰：'何谓坐忘？'颜回曰：'堕肢体，黜聪明，离形去知，同于大通，此谓坐忘。'仲尼曰：'同则无好也，化则无常也。而果其贤乎！丘也请从而后也。'"阮逸注云："颜子坐忘遗照。"

②静不证理而足用焉：参见阮逸注："静则本性也，本性则不待外征

物理而后致用也；知此则当其无，有证之用。"

③妙：神妙。《老子》："常无，欲以观其妙；常有，欲以观其徼。"阮逸注云："妙，谓几微也。知几其神，神妙万物。不思而得，坐忘是也。董生虽不证理，而未能无思，故曰'思则或妙'，以解上文'其殆'之义。"

【译文】

先生说："董常，大概能够达到坐忘的境界了吧？平静安然，虽不求用来证理，但已足够，如果能思变则更神妙了。"

李靖问圣人之道。子曰："无所由，亦不至于彼。①"门人曰："徼也至。"或曰："未也。"门人惑。子曰："徼也，去此矣，而未至于彼。②"或问"彼"之说，子曰："彼，道之方也③，必也无至乎④！"董常闻之，悦。⑤门人不达⑥。董常曰："夫子之道，与物而来，与物而去；⑦来无所从，去无所视。⑧"薛收曰："大哉，夫子之道，一而已矣⑨！"

【注释】

①无所由，亦不至于彼：无来处，也不到彼处。

②去此矣，而未至于彼：离开，却未达至。阮逸注云："已离中贤之见，然未至上哲之性。"

③彼，道之方也：运行的态势。阮逸注云："达者无方，未达者迷焉，故设之以方，使趋于彼也。"

④必也无至乎：参见阮逸注："待至彼然后见道，亦未为达者也。犹一隅以知三隅，是亦有隅也。大方无隅而神无方。圣人与神道并行，无所

至，无不至。"

⑤董常闻之，悦：董常高兴的原因，阮逸注云："知道自至。"

⑥不达：不懂。阮逸注云："若房、魏尚未至彼，安能无至，故不达。"

⑦与物而来，与物而去：参见阮逸注："致知在格物，物格然后知至。是以来则应之，若与俱来；去则忘之，若与俱去；道之应物如是。无方非至赜，惟几妙乎？万物则安能通其去来哉。"

⑧来无所从，去无所视：参见阮逸注："去来既通，则何有来，何有去。"

⑨一而已矣：参见阮逸注："无所来去，混然圆神，若大衍之一，不可得而见。"

【译文】

李靖问圣人之道。先生说："无来处，也不到彼处。"门人说："魏徵达到这个境界了。"有人说他未达到，门人疑惑不解。先生说："魏徵超越了'此'，但未达到'彼'的境界。"有人问"彼"怎么讲，先生说："彼是道运行的态势，必定是无所至吧！"董常听到这番话非常喜悦，门人则没听懂，董常说："夫子之道，与物俱来，与物俱去，来无踪迹，去无影像。"薛收感叹道："伟大啊，夫子的学说，浑然一体。"

  子谓程元曰："汝与董常何如？"程元曰："不敢企常。常也遗道德①；元也志仁义②。"子曰："常则然矣，而汝于仁义未数数③然也。其于彼有所至乎④！"

【注释】

①遗道德：参见阮逸注："遗，犹忘也。道大而无所道，德高而无所

德,是忘也。"

②志仁义:有志向做某事。《论语·述而》:"志于道,据于德,依于仁,游于艺。"阮逸注云:"志求仁则仁,志求义则义,无志则无得,是志矣。"

③数数:急迫,屡次。《庄子·逍遥游》:"彼其于世,未数数然也。"阮逸注云:"数数,频也。"

④其于彼有所至乎:参见阮逸注:"由专至一隅故也。"

【译文】

先生对程元说:"你和董常相比如何?"程元说:"我不敢企盼可与董常相比。他已经遗忘道德,而我仍志在仁义。"先生说:"董常是这样的,而你对仁义的追求不急迫,也不频繁。他达到从容中道的境界了吧!"

子曰:"董常时有虑焉①,其余则动静虑矣②。"

【注释】

①董常时有虑焉:虑,考虑,思索。阮逸注云:"时谓时中也。虽未能不思而得,不勉而中,然思则或妙,虑必时中。"

②其余则动静虑矣:动静,行为举止。《韩非子·解老》:"聪明睿智,天也;动静思虑,人也。"阮逸注云:"其余程、薛、房、魏辈,虑未时中,然会其有,动静则虑之耳,犹颜回三月不违仁,其余日月至焉而已。"

【译文】

先生说:"董常有时需要考虑对错,其余的人随时都需要判断对错。"

子曰:"孝哉,薛收!行无负于幽明①。"

【注释】

①幽明：人和鬼神。阮逸注云："收父道衡，非辜见戮，收遁于首阳山以免，此行全幽明矣。"

【译文】

先生说："孝子啊！薛收！他行事不负生者和死者。"

子于是日吊祭①，则终日不笑②。

【注释】

①吊祭：吊唁。祭，祭奠。

②终日不笑：阮逸注云："哀未忘。"

【译文】

先生如果于这一天吊唁或祭奠死者，整日不见笑容。

或问王隐①。子曰："敏人也。其器明②，其才富，其学赡③。"或问其道。子曰："述作多而经制浅④，其道不足称也⑤。"

【注释】

①王隐：字处叔，陈郡陈县（今河南淮阳）人。以儒素自守，博学多闻。父铨，有著述之志。受父遗业，留心晋代史事，西都旧事多谙熟。太兴初，元帝召隐及郭璞为著作郎，令撰晋史。豫平王敦之乱，赐爵平陵乡侯。年七十余，卒于家。著有《王隐文集》十卷，《晋书》九十三卷。（《晋书·王隐传》）阮逸注云："隐，字处叔，多知西都旧章，撰《晋

书》，文体混漫，义不可解，世不甚传。"

②器明：器识超群，才智过人。

③学赡：学识丰富。

④经制浅：规划浅薄。《新书·五美》："地制壹定，宗室子孙莫虑不王。"

⑤其道不足称也：阮逸注云："器谓才学而已，若加之识，则三长具，可以知道矣。"

【译文】

有人问到王隐。先生说："聪敏的人。他本领超群，才华宏富，学识丰饶。"又问他的思想。先生说："著作虽很多，但规划浅薄，其思想不足称道。"

子谓陈寿①"有志于史，依大义而削异端"，谓范宁②"有志于《春秋》，征圣经而诘③众传"。子曰："使陈寿不美于史，迁、固之罪也④；使范宁不尽美于《春秋》，歆、向之罪也⑤。"裴晞曰："何谓也？"子曰："史之失，自迁、固始也，记繁而志寡⑥；《春秋》之失，自歆、向始也，弃经而任传⑦。"

【注释】

①陈寿（233—297）：字承祚，西晋安汉人。少好学，师事同郡谯周。蜀汉时曾任卫将军主簿、东观秘书郎、观阁令史、散骑黄门侍郎等职。入晋历任著作郎、长广太守、治书侍御史、太子中庶子等职。晚年多次被贬，屡次受人非议。有《三国志》《益部耆旧传》等，时人称其善叙事，有良史之才。元康七年（297）病逝，年六十五。（《晋书·陈寿

传》）阮逸注云："寿，字永祚，著《三国志》，善叙事。初，王沈撰《魏书》，韦耀续成之，寿乃具吴、蜀二国，变'史'称'志'，大抵简略，存其大义。"

②范宁（339—401）：字武子，晋顺阳人，徐、兖二州刺史范汪之子，《后汉书》作者范晔的祖父。少好学，推崇儒学，反对王弼、何晏的玄学，以为二人之罪深于桀、纣。初为余杭令，迁豫章太守，封阳遂乡侯。所至兴学校，功用甚广。江州刺史王凝之劾其建筑奢费，免官。著有《春秋穀梁传集解》。年六十三，卒于家。（《晋书·范宁传》）

③诘（jié）：诘问。范宁《春秋穀梁传集解·序》："《左氏》艳而富，其失也巫；《穀梁》清而婉，其失也短；《公羊》辩而裁，其失也俗。"阮逸注云："范宁，字武子，为《穀梁集解》，谓《左氏》失诬，《公羊》失俗，《穀梁》失短，皆诘正于道耳。"

④迁、固之罪也：司马迁和班固的过错。阮逸注云："《史记》杂黄老之道，壮奸雄之词；《汉书》又模范纪传，愈加文饰，是史笔之罪也。"

⑤歆、向之罪也：刘歆和刘向的罪过。刘歆（？—23），字子骏，刘向之子。建平元年（前6）改名刘秀。少年通习今文《诗》《书》，后又治今文《易》和《穀梁春秋》等。成帝时为黄门郎。河平三年（前26），受诏与其父刘向共同领校中秘书，协助校理图书。建平元年（前6），刘向去世。刘歆任中垒校尉，继父未竟之业，部次群书，完成中国第一部目录书《七略》。刘歆在校勘学、天文历法学、史学、诗学等方面都取得令人瞩目的成就，他编制的《三统历谱》被认为是世界上最早的天文年历的雏形。刘歆与王莽关系密切，被推举为侍中太中大夫，又升为骑都尉奉车光禄大夫。后因与时人政见不合，请求外任。哀帝死后，王莽任刘歆为右曹太中大夫。后因谋诛王莽，事泄自杀。（《汉书·楚元王传》《汉书·王莽传》）刘向（约前77—前6），字子政，原名更生，世称刘中垒，祖

籍沛郡丰邑（今属江苏徐州）。刘邦异母弟刘交的后代，刘歆之父。汉宣帝时，为谏大夫。汉元帝时，任宗正。以反对宦官弘恭、石显下狱，旋得释。后又以反对恭、显下狱，免为庶人。汉成帝即位后，得进用，任光禄大夫，改名为"向"，官至中垒校尉，曾奉命领校秘书。所撰《别录》失传。今存《新序》《说苑》《列女传》《战国策》《列仙传》等书，其著作《五经通义》有清人马国翰辑本。向常讥讽宗室及在位大臣，居官三十余年不迁。年七十二卒。（《汉书·楚元王传》）阮逸注云："刘向理《穀梁》，刘歆好《左氏》，各守一家而不能贯圣经之本，是古学之罪也。"

⑥记繁而志寡：记录繁复但缺少思想。阮逸注云："但务广记，而不原圣人教化之志。"

⑦弃经而任传：摒弃原文专注研究传记。阮逸注云："但争众传，而不原圣人权衡之法。"

【译文】

先生说，陈寿有志著史书，依前人著述大义，削除异端邪说而成《三国志》。又说范宁有志于修《春秋》，根据经文考察诸家传记而成《集解》。先生说："陈寿的史书未臻完备，这要归罪于司马迁和班固；范宁对《春秋》的研究不完美，这要归罪于刘向和刘歆。"裴晞问："为什么这样说？"先生说："史书著述产生流弊，从司马迁和班固开始。他们的著述，材料广博但缺乏思想。《春秋》之学产生流弊，从刘向和刘歆开始，他们弃原经而专于传记。"

子曰："盖九师①兴而《易》道微，三传作而《春秋》散②。"贾琼曰："何谓也？"子曰："白黑相渝③，能无微乎？是非相扰，能无散乎？④故齐、韩、毛、郑⑤，《诗》之末也；大戴、小戴⑥，《礼》之衰也。《书》残于古今⑦，《论》失于齐、鲁⑧。汝知之乎？"贾琼曰："然则无师无传⑨可乎？"子曰："'神而明之，存乎其人'⑩，'苟非其人，道不虚行'⑪。必也传，又不可废也。⑫"

【注释】

①九师：淮南王刘安聘请九位通晓《易》的学者，撰《道训》二十篇，号"九师《易》"。《汉书·艺文志》："《淮南道训》二篇。淮南王安聘明《易》者九人，号九师说。"阮逸注云："淮南王聘九人明易者，撰《道训》二十篇，号'九师《易》'。"

②三传作而《春秋》散：《春秋》三传，《公羊传》《穀梁传》和《左传》。阮逸注云："公羊高、穀梁喜、左丘明，皆孔子门人。"

③白黑相渝（yú）：渝，变更，违背。阮逸注云："白黑渝正色。"

④是非相扰，能无散乎：是非混乱，干扰正道。阮逸注云："是非扰正道。"

⑤齐、韩、毛、郑：指西汉辕固生、韩婴、大小毛公（毛亨和毛苌）和东汉郑玄。《史记·儒林列传》："及今上即位，赵绾、王臧之属明儒学，而上亦乡之，于是招方正贤良文学之士。自是之后，言《诗》于鲁则申培公，于齐则辕固生，于燕则韩太傅。"《汉书·艺文志》："汉兴，鲁申公为《诗》训故，而齐辕固、燕韩生皆为之传。或取《春秋》，采杂说，咸非其本义。与不得已，鲁最为近之。三家皆列于学官。又有毛公之学，自谓子夏所传，而河间献王好之，未得立。"阮逸注云："后苍所传为《齐诗》；韩婴所传为《韩诗》；毛、郑《诗》，毛苌注，郑玄笺也。"

⑥大戴、小戴：汉礼经博士后仓的弟子戴德和戴圣。《汉书·艺文志》："汉兴，鲁高堂生传《士礼》十七篇。讫孝宣世，后仓最明。戴德、戴圣、庆普皆其弟子，三家立于学官。"阮逸注云："二戴因曲台记论于石渠，成《礼记》，戴德号'大戴'，戴圣号'小戴'。"

⑦《书》残于古今：古今，古文经学与今文经学。汉武帝时设立的五经博士都属于今文经学。所谓今文经学，是指用汉代隶书文字记录的儒家经典。据说，古文经出自孔子旧宅壁中，文字与篇章均不同于今文经。西汉末年在刘歆的推荐下立于学官，盛行于东汉。阮逸注云："孔安国家藏科斗《尚书》，以今文易之。刘歆别得古本，奏立古文《尚书》。"

⑧《论》失于齐、鲁：原文《诗》失于齐、鲁。北宋时流行的《中说》有两种版本，一是阮逸刊印、注释本，另一是龚鼎臣刊印、注释本。阮本与龚本各有异同。龚本作"《论》失于齐、鲁"。王应麟《困学纪闻》卷十《诸子》说，"《论》谓《论语》，上文已言'齐、韩、毛、郑，《诗》之末也'，不当重出'诗'字"，故此处当用"论"字。阮逸注云："齐辕固生治《诗》，为博士，齐人宗之；鲁申公汉初为儒学，鲁人宗之。于是有齐、鲁《诗》。"

⑨传（zhuàn）：解释《五经》的著述，如《春秋》三传。

⑩神而明之，存乎其人：了解某一事物的玄妙并能运用，关键在各人的领会。阮逸注云："圣性神授，天纵无师。"

⑪苟非其人，道不虚行：如果不是合适的人，道就不能弘扬。阮逸注云："人能弘道。"

⑫必也传，又不可废也：参见阮逸注："传之在师，得之在己；所传有限，所得无穷。故周公师天下，仲尼自得之；仲尼师万世，仲淹自得之。皆神契其道，不尽由师明矣。孟子曰：'君子之深造于道也，欲其自得之；自得之，则居之安；居之安，则取诸左右逢其原。'然学不可无师，而得之不由师也。"

【译文】

先生说："九师《易》兴起后，《易》道就衰微了，《春秋》三传出现后，《春秋》大义就散亡了。"贾琼问："为什么这么说？"先生说："黑白颠倒，能不衰微吗？是非混乱，能不涣散吗？所以说，齐诗、韩诗、毛诗、郑诗是《诗》学的末枝，大戴礼、小戴礼意味着礼学的衰亡。《尚书》因古今经学之争而残缺，《论语》因齐论、鲁论的不同而散失。你知道吗？"贾琼说："那么，无师教、无传承可行吗？"先生说："'神而明之，存乎其人'，'苟非其人，道不虚行'。传是必要的，不可偏废的。"

子谓叔恬曰："汝不为《续诗》乎？则其视七代损益，终懑①然也。"

【注释】

①懑（mèn）：烦闷、懵懂。刘知幾《史通·疑古》："目睹其事，犹怀愤懑。"阮逸注云："懑，昏也。"

【译文】

先生对叔恬说："你不读《续诗》吗？那么你看七代得失，终究不会很明白。"

子谓《续诗》"可以讽，可以达，①可以荡，可以独处；②出则悌，入则孝；③多见治乱之情④"。

【注释】

①可以讽，可以达：参见阮逸注："讽时政，达下情。"

②可以荡，可以独处：荡，抨击，谴责。阮逸注云："荡涤郁结，独处无邪。"

③出则悌，入则孝：语出《论语·学而》："弟子入则孝，出则弟，

谨而信,泛爱众,而亲仁。"阮逸注云:"上四德备矣,则孝悌动天地,感鬼神。"

④多见治乱之情:参见阮逸注:"治之情乐,乱之情哀。"

【译文】

先生说《续诗》"可以用来讽时政,达下情,荡涤郁结,也可用于独处;在外则能友爱,在家则能孝敬;其中可以看到盛世的欢乐和乱世的哀怨"。

文中子曰:"吾师也,词达而已矣①。"

【注释】

①词达而已矣:《论语·卫灵公》:"子曰:'辞达而已矣。'"阮逸注云:"圣人不烦文,惟达意而已。"

【译文】

文中子说:"我所师法的楷模,言辞达意就可以了。"

或问扬雄①、张衡②。子曰:"古之振奇人③也。其思苦,其言艰。④"曰:"其道何如?"子曰:"靖⑤矣。"

【注释】

①扬雄(前53—18):一作杨雄。字子云,蜀郡成都(今四川成都)人。少年好学,博览群书,长于辞赋。游历京师,任大司马王音门下史。成帝时,得到同乡杨庄推荐,入奏《甘泉》《河东》等赋。授给事黄门郎,修书于天禄阁。著《法言》《太玄》等。天凤五年(18)卒,年七十

一岁。（《汉书·扬雄传》）阮逸注云："扬雄作《太玄经》及《仓颉训纂》，沉默精思，好学奇字。"

②张衡（78—139）：字平子，南阳西鄂（今河南南阳石桥镇）人，与司马相如、扬雄、班固并称汉赋四大家。永元中，举孝廉不行，连辟公府不就。善属文，尝作《二京赋》。精于天文、阴阳、历算，作浑天仪，著《灵宪》《算网论》。在东汉历任郎中、太史令、侍中、河间相、尚书等职。永和四年（139）逝世，年六十二岁。北宋时被追封为西鄂伯。阮逸注云："张衡行浑天及地动仪。"

③振奇人：非凡的人。

④其思苦，其言艰：阮逸注云："如扬雄之学，大抵好奇，多艰苦。"

⑤靖：安定，清净。《国语·周语下》："自后稷之始基靖民。"阮逸注云："艰苦而奇，未足适变，盖守靖而已。"

【译文】

有人问扬雄和张衡。先生说："他们是非凡的古人。为其所研究的问题，费尽心思，斟字酌句。"问："他们的道怎样呢？"先生说："可谓清静。"

子曰："过而不文①，犯而不校②，有功而不伐③，君子人哉。"

【注释】

①过而不文：文，掩饰。《论语·子张》："子夏曰：'小人之过也必文。'"阮逸注云："不文过。"

②犯而不校：犯，欺侮。校，计较。《论语·泰伯》："曾子曰：'以能问于不能，以多问于寡；有若无，实若虚，犯而不校。'"

③有功而不伐：伐，夸耀。《论语·公冶长》："颜渊曰：'愿无伐善，

无施劳。'"

【译文】

先生说:"有过错但不加以掩饰,受到冒犯但不计较,有功绩但不夸耀,这是君子的作为。"

子曰:"我未见见谤而喜①,闻誉而惧者。"

【注释】

①谤而喜:谤,指责。《孟子·公孙丑上》:"子路,人告之以有过,则喜。"

【译文】

先生说:"我没有见过被人诽谤还高兴,听到赞誉反而恐惧之人。"

子曰:"富观其所与①,贫观其所取②,达观其所好③,穷观其所为④,可也⑤。"

【注释】

①富观其所与:与,给予。阮逸注云:"与贫则仁,与奸则贼。"
②贫观其所取:参见阮逸注:"取于义则安,取于利则危。"
③达观其所好:参见阮逸注:"好贤则治,好佞则乱。"
④穷观其所为:参见阮逸注:"为善则生,为恶则死。"
⑤可也:参见阮逸注:"四者可以知人,不须多察。"

【译文】

先生说:"如果一个人富有,就看他施与什么;如果一个人贫穷,就看他索取什么；如果一个人得志，就看他追求什么；如果一个人失意，就看他做什么，这样就可以了。"

或问魏孝文①。子曰："可与兴化②。"

【注释】

①魏孝文：魏孝文帝拓跋宏（467—499），献文帝拓跋弘的长子，北魏第七位皇帝。生母李夫人。由祖母文明太后抚养成人。五岁即位，文明太后临朝执政。太和十四年（490），孝文帝亲政，推行改革。整顿吏治，立三长制，实行均田制。太和十八年（494），以南伐为名，迁都洛阳，全面改革鲜卑旧俗。规定以汉服代替鲜卑服，以汉语代替鲜卑语，迁洛鲜卑人以洛阳为籍贯，改鲜卑姓为汉姓。鼓励鲜卑贵族与汉人士族联姻，参照南朝典章，改革北魏政治制度，镇压反对改革的守旧贵族，处死太子元恂。这一系列举动推动了北魏经济、文化、社会、政治、军事等方面的发展，缓解了民族隔阂，史称"太和改革"，对北方各民族人民的融合和发展，起到积极作用。太和二十三年（499），崩于谷塘原行宫，享年三十三，谥号孝文皇帝，庙号高祖，葬于长陵。

②可与兴化：参见阮逸注："后魏元氏，名宏，始都洛阳，修文物制度，太和诏册，帝自为之，斯可与兴文化矣。"

【译文】

有人问及北魏孝文帝。先生说："他可振兴文化。"

铜川夫人①好药，子始述方②。芮城府君③重阴阳，子始著历日。且曰："吾惧览者或费日也④。"

【注释】

①铜川夫人：王通的母亲裴氏。阮逸注云："子之母。"

②子始述方：参见阮逸注："伎术非事亲，不暇为也。"

③芮城府君：王通长兄，名王度，因做过芮城县令，故又称芮城府君，也略称为芮城。隋大业年间为御史，七年罢官回河东。八年在秘书台，兼著作郎，九年出兼芮城令，持节河北道，赈陕东。大业末年欲撰《隋书》，未成。约卒于唐武德初年。（陈叔达《答王绩书》）阮逸注云："子之兄也，为芮城令，陕州县名。"

④吾惧览者或费日也：参见阮逸注："圣人与天地合德，安在推步阴阳，盖以事兄之心，始著星历，恐门人拘忌，妄习灾福，故特云'惧费日'而已。"

【译文】

铜川夫人喜好服药，先生便着手整理药方。芮城府君重视阴阳历算，先生便著述星历。这样做的时候还说："我担心阅览这些会浪费时间。"

子谓薛知仁①善处俗②，以芮城之子妻之。

【注释】

①薛知仁：其人不详，可能是薛方士。

②处俗：与世俗相处。《庄子·天下》："独与天地精神往来而不敖倪于万物，不谴是非，以与世俗处。"阮逸注云："谓能随俗而处。"

【译文】

先生说薛知仁善于处世，把兄长芮城府君的女儿嫁给他为妻。

子曰："内难而能正其志①，同州府君以之②。"

【注释】

①内难而能正其志：国内发生灾祸能坚持操守。语出《易·明夷·象》："'利艰贞'，晦其明也；内难而能正其志，箕子以之。"阮逸注云："引《明夷》象辞。"

②同州府君以之：同州府君，王通高祖王彦。以，似。王绩《游北山赋序》："同州悲永安之事，退居河曲。"阮逸注云："文中子高祖，名彦，为同州刺史。'内难'未详。"

【译文】

先生说："国内发生灾祸能坚持操守，同州府君就是这样做的。"

子曰："吾于天下，无去也，无就也，惟道之从。①"

【注释】

①吾于天下……惟道之从：《论语·里仁》："君子之于天下也，无适也，无莫也，义之与比。"阮逸注云："从中道。"

【译文】

先生说："我对于天下，不趋近，不远离，唯道而行。"

卷第三　事君篇

房玄龄问事君之道。子曰："无私①。"问使人之道，曰："无偏②。"曰："敢问化人之道？"子曰："正其心③。"问礼乐。子曰："王道盛则礼乐从而兴焉，非尔所及也。④"

【注释】

①无私：意为忠心。《左传·成公九年》："无私，忠也。"

②无偏：偏，偏心，偏向。《尚书·洪范》："无偏无党，王道荡荡；无党无偏，王道平平。"

③正其心：纯正自己的思想。《礼记·大学》："古之欲明明德于天下者，先治其国；欲治其国者，先齐其家；欲齐其家者，先修其身；欲修其身者，先正其心；欲正其心者，先诚其意；欲诚其意者，先致其知，致知在格物。"

④王道盛则礼乐从而兴焉，非尔所及也：王道昌明则礼乐兴盛，不是你能掌控的事情。阮逸注云："仁义著则王道盛也。乐者，仁之声也；礼者，义之容也；必待明王乃可兴，非今尔所及。"

【译文】

房玄龄问事君主的方法。先生说："无私欲。"问用人的方法，先生说："不偏向。"房又问："教化人民的方法呢？"先生说："端正他们的思想。"问礼乐之事。先生说："如果王道昌明，礼乐会随之兴盛，这不是你的能力能办到的。"

或问杨素。子曰:"作福、作威、玉食①,不知其他也②。"

【注释】

①作福、作威、玉食:作威作福、锦衣玉食。《尚书·洪范》:"臣无有作福、作威、玉食。"

②不知其他也:别的不知道了。阮逸注云:"骄且吝,余不足观。"

【译文】

又问杨素怎样。先生说:"只知他作威作福、锦衣玉食,不知其他。"

房玄龄问郡县之治①。子曰:"宗周列国②,八百余年;皇汉杂建③,四百余载;魏晋已降④,灭亡不暇。吾不知其用也⑤。"

【注释】

①郡县之治:郡县制度,与分封建国制度相对。阮逸注云:"秦罢侯置守,郡县始于此。"

②宗周列国:宗周行分封制。阮逸注云:"列国,谓封建五等诸侯。"

③皇汉杂建:汉朝分封制和郡县制杂糅。阮逸注云:"汉监(应为鉴)秦亡之势,虽无五等,而杂封功臣宗室子弟。"

④魏晋已降:魏晋推行郡县制。阮逸注云:"魏晋亦有封爵,然虚名无实,故灭于权臣之手。"

⑤吾不知其用也:从国祚长短来看,郡县制效用不理想。阮逸注云:"观周、汉之永,魏、晋之促,其用可知矣。"

【译文】

房玄龄问郡县制。先生说:"周朝实行分封制,延续了八百余年;汉朝郡县制与分封制杂用，享国四百余载；魏晋以来各朝采用郡县制，朝代更替频繁。我不知道郡县制有何用。"

杨素使谓子曰："盍仕乎①?"子曰："疏属②之南，汾水之曲，有先人之敝庐③在，可以避风雨，有田可以具馔粥④，弹琴著书，讲道劝义，自乐也。愿君侯正身以统天下⑤，时和岁丰，则通也受赐多矣。不愿仕也⑥。"

【注释】

①盍仕乎：何不出仕？

②疏属：山名，在今山西省河津市东南吴村一带。《山海经·海内北经》："贰负之臣曰危，危与贰负杀窫窳。帝乃梏之疏属之山，桎其右足，反缚两手与发，系之山上木。"阮逸注："疏属，山名，《山海经》云：枕汾水，名管岑。"阮逸认为疏属就是管岑山，然据《山海经》可知两者不同。

③敝庐：谦称自己的居室。

④馔（zhān）粥：厚粥，稠粥。《礼·檀弓上》："馔粥之食。"

⑤愿君侯正身以统天下：君侯，汉代对列侯的尊称，后用为对地方大员的尊称。阮逸注云："素骄，故以正规之。"

⑥不愿仕也：不愿当官。阮逸注云："终巽词以拒之。"

【译文】

杨素使人对先生说："为什么不当官呢？"先生说："在疏属山以南，汾水的转弯处，有先人的居室，可以避风遮雨，有田地可以煮粥糊口，弹琴著书，讲习道义，悠闲自乐。愿君侯以身作则治理天下，政通人和，五谷丰登，这样我也会获得很多的恩惠。我不愿当官。"

子曰："古之为政者，先德而后刑，故其人悦以恕①；今之为政者，任刑而弃德，故其人怨以诈②。"

【注释】

①悦以恕：喜悦而宽厚。阮逸注云："悦，谓知德及我；恕，谓知刑不得已而行。"

②怨以诈：怨恨而狡诈。阮逸注云："怨，谓不教我而致我犯；诈，谓矫求苟免。"

【译文】

先生说："古人治国，先道德教化，次之刑罚，因此百姓心悦诚服，宽以待人；今人治国，滥用刑罚而放弃德育，因此百姓心怀怨恨且狡诈不实。"

子曰："古之从仕者养人，今之从仕者养己。"

【译文】

先生说："古人做官是为了奉养他人，今人做官是为了奉养自己。"

子曰："甚矣，齐文宣之虐也①！"姚义曰："何谓克终②？"子曰："有杨遵彦③者，寔④掌国命，视民如伤⑤，奚为不终⑥？"

【注释】

①齐文宣之虐也：齐文宣，高欢第二子高洋（529—559），东魏孝静

帝天平二年（535），拜散骑常侍、骠骑大将军等职，之后历任左仆射、尚书令等要职。武定七年（549），长兄高澄遇刺身亡，遂趁机执掌朝政，被魏帝封为丞相、齐王。武定八年（550），迫东魏孝静帝禅位，遂登基称帝，改国号为齐，史称北齐。在位初期，励精图治，厉行改革，后期纵欲酗酒，残暴滥杀，终年三十一岁。庙号显祖，谥号文宣皇帝。（《北齐书·文宣帝纪》）阮逸注云："北齐高洋，以峻法御下。"

②克终：善终。指高洋死后，北齐还能维持存在。《礼记·檀弓上》："子张病，召申祥而语之曰：'君子曰终，小人曰死，吾今日其庶几乎！'"

③杨遵彦：杨愔（511—560），字遵彦，小字秦王，弘农华阴（今陕西华阴）人。北魏司空杨津之子。风度深敏，言论高雅。建明二年，宗族为尔朱氏所灭，后投奔高欢，深受重用。起家行台郎中，累迁吏部尚书，迎娶太原公主，封华阴县侯。作为太原公属官，辅佐高洋建立北齐，历任侍中、尚书仆射，迁尚书令、骠骑大将军，封开封郡王。高洋临死时，选为少帝高殷的顾命大臣。乾明元年二月，为孝昭帝所诛，终年五十岁。（《北齐书·杨愔传》）阮逸注云："杨愔，字遵彦，文宣时为尚书，本史称'朝章国命，一人而已'。"

④寔（shí）：同"实"，即"实掌国命"。

⑤视民如伤：爱惜百姓。《孟子·离娄下》："文王视民如伤。"

⑥奚为不终：阮逸注云："言有贤臣，故不亡。"

【译文】

先生说："北齐文宣帝真是太暴虐了！"姚义问："为什么说他'克终'呢？"先生说："有杨遵彦执掌国政，体察百姓疾苦，怎么会不善终呢？"

窦威好议礼。子曰:"威也,贤乎哉?我则不敢。①"

【注释】

①威也……我则不敢:阮逸注云:"威所好者,礼之文耳;文中子不敢者,礼之情也。夫知礼乐之情者能作,识礼乐之文者能述。隋室礼坏,贤威有心,大抵治定而后议,今非其时,故曰'不敢'。"

【译文】

窦威喜好讨论礼制。先生说:"窦威啊,贤良吧?我不敢这样做。"

北山丈人①谓文中子曰:"何谓遑遑②者,无乃急欤?"子曰:"非敢急,伤时怠也。③"

【注释】

①北山丈人:丈人,老人。阮逸注:"《山海经》云:北山之首曰单狐,丈人无名氏。"

②遑遑:匆忙貌。《梁书·韦叡传》:"弃骐骥而不乘,焉遑遑而更索?"

③非敢急,伤时怠也:怠,没落。阮逸注云:"怠而不修,斯文丧矣。"

【译文】

北山丈人对先生说:"为何这样匆忙?是不是太急迫了?"先生说:"我不敢着急,只是感伤时代的没落啊。"

子曰:"吾不度不执①,不常不遂②。"

【注释】

①不度不执：度，尺度。执，把握。《孟子·梁惠王上》："权，然后知轻重；度，然后知长短。"阮逸注云："度德，执用。"

②不常不遂：常，常道。遂，行。《易·大壮·上六》："羝羊触藩，不能退，不能遂。"阮逸注云："得常，遂行。"

【译文】

先生说："不符合标准的观点，我不主张；不符合常道的事情，我不去做。"

房玄龄曰："《书》云霍光①废帝举帝，何谓也②？"子曰："何必霍光！古之大臣废昏举明，所以康天下也③。"

【注释】

①霍光（？—前68）：字子孟，河东平阳（今山西临汾市西南）人。霍去病之弟。去病死后，光为奉车都尉、光禄大夫、大司马将军等职，甚得亲信。昭帝年幼继位，光受武帝遗诏辅政。元平元年（前74），昭帝崩，无嗣，本应立武帝子刘胥，光以胥"行失道，先帝所不用"为由，废长立少，立武帝孙、昌邑王刘贺为帝。"既至，即位，行淫乱。"霍光又说服群臣废贺，更立小宗汉武帝曾孙病已（刘询）为帝。霍光把持朝政前后二十余年，地节二年薨。(《汉书·霍光传》)

②何谓也：参见阮逸注："《续书》有《霍光之命》，言废帝举帝之事。光，字子孟。先是武帝画周公相成王图以赐光，光尽忠辅之。昭帝崩，立昌邑王贺。贺有罪三千余，光废之，而立宣帝。《续书》云：大臣之义，载于业者有七，其一曰'命'。文中子曰：'书有命，邈矣，其有

成败于其间；天下悬之，不得已而临之乎？'"

③所以康天下也：康，安定。《诗经·周颂·天作》："天作高山，大王荒之。彼作矣，文王康之。"阮逸注云："古若伊尹。"

【译文】

房玄龄问："《续书》记霍光废除皇帝又拥立皇帝，这是何义？"先生说："不只霍光一人！古时大臣废除昏君、拥立贤主，因此天下才能安定。"

子游河间之渚①。河上丈人②曰："何居③乎，斯人也？心若醉《六经》，目若营四海④，何居乎，斯人也？"文中子去之。薛收曰："何人也？"子曰："隐者也。"收曰："盍从之乎⑤？"子曰："吾与彼不相从久矣⑥。""至人⑦相从乎？"子曰："否也⑧。"

【注释】

①河间之渚：河间，今山西河津一带。渚，水中小洲。阮逸注云："隋河间郡连涿水渚，今深州。"

②丈人：老人。阮逸注云："丈人，无名氏。"

③居：缘故。《庄子·齐物论》："何居乎？形固可使如槁木，而心固可使如死灰乎？"阮逸注云："居，音姬，发语之端。"

④目若营四海：营，经营，管理。《庄子·外物》："老莱子之弟子出薪，遇仲尼，反以告，曰：'有人于彼，修上而趋下，末偻而后耳，视若营四海，不知其谁氏之子。'"

⑤盍从之乎：阮逸注云："讶子去之。"

⑥吾与彼不相从久矣：阮逸注云："吾，吾道也。吾道自仲尼与荷蓧丈人已来不相从也，故曰'久矣'。"仲尼与荷蓧丈人事，见《论语·微

子》。

⑦至人：思想道德达到最高境界的人。《荀子·天论》："故明于天人之分，则可谓至人矣。"阮逸注云："收问至人无名，还从隐乎？"

⑧否也：不。阮逸注云："言至人有名而难名者也。今之隐者异于是，独善一身，不以天下为道。"

【译文】

先生在河间一带闲游。河上一位老人问："此人为何这样？一副醉于《六经》，放眼四海的样子，此人为何这样？"文中子不顾而去。薛收问："他是谁呀？"文中子说："是位隐士。"薛收问："为什么不和他交游？"先生说："我和他们不相往来很久了。"薛收问："与至人相互往来吗？"先生回答："不。"

子在河上曰："滔滔乎！昔吾愿止焉而不可得也，今吾得之止乎①？"

【注释】

①今吾得之止乎：因道不行于时，乃退居授徒。阮逸注云："圣人时行则行，时止则止。昔常欲止而心犹有为，故献策于长安；今道之不行，得以止矣，故退居于河曲。"

【译文】

先生站在黄河岸边感动："河水奔腾不息啊！当初我希望停留在这里却没有实现，今日我能在此止步吗？"

子见牧守①屡易，曰："尧舜三载考绩②，仲尼三年有成③。今旬月而易，吾不知其道。^④"薛收曰："如何？"子曰："三代^⑤之兴，邦家有社稷^⑥焉；两汉之盛，牧守有子孙焉^⑦。不如是之亟也^⑧。无定主而责之以忠，无定民而责之以化，虽曰能之，末由也已^⑨。"

【注释】

①牧守：州郡长官。州官称牧，郡官称守。

②三载考绩：考绩，考核政绩。《尚书·舜典》："三载考绩，三考黜陟幽明，庶绩咸熙。"

③三年有成：三年有成效。《论语·子路》："苟有用我者，期月而已可也，三年有成。"

④今旬月而易，吾不知其道：感叹更易频繁。阮逸注云："痛隋行秦苟且之政。"

⑤三代：夏、商、周。

⑥邦家有社稷：诸侯封域称邦，卿大夫封域称家。社稷，土神和谷神，代指国家。阮逸注云："诸侯称邦，卿大夫称家，立社稷，世奉其祀。"

⑦牧守有子孙焉：牧守如果有爵位，子孙可以荫袭。阮逸注云："袭爵通侯，无罪国不除。"

⑧不如是之亟（qì）也：亟，屡次，再次。阮逸注云："亟，犹遽也。"

⑨末由也已：末由，无从。《论语·子罕》："如有所立卓尔，虽欲从之，末由也已。"阮逸注云："末，莫也。"

【译文】

先生看到牧守屡次换任，说："尧舜时每三年考核政绩，仲尼说为政三年有所成就。如今十天半月就更换官员，我不知这是什么道理。"薛收问:"怎样讲?"先生说:"夏、商、周三代兴盛,是因为诸侯有邦、卿大夫有家,立社稷世奉其祀;两汉兴盛,是因为牧守的子孙可承袭爵位。不像今日这般屡次更替。没有固定的君主却要求臣子尽忠,没有固定的人民却要教化他们,嘴上说能做到,实际是做不到的。"

贺若弼①请射于子,发必中。子曰:"美哉乎,艺也!②古君子志于道,据于德,依于仁,而后艺可游也③。"弼不悦而退。子谓门人曰:"矜而愎,难乎免于今之世矣④。"

【注释】

①贺若弼(544—607):字辅伯,隋河南洛阳人。复姓贺若,鲜卑族。北周金州刺史贺若敦之子。少有大志,擅长骑射,博闻强识。初仕北周,追随齐王宇文宪,封当亭县公。跟随韦孝宽平定淮南,封襄邑郡公。入隋,拜吴州总管,参与灭陈有功,拜右武候大将军,封上柱国,进爵宋国公。与杨素不睦,一度免官除名,后复爵位。大业三年(607),以诽谤朝政之罪,为隋炀帝所杀,终年六十四岁。(《隋书·贺若弼传》)阮逸注云:"弼,字辅伯,平陈有武功,为总管。隋主宴突厥人使,命之射,一发中的;命弼射,一发亦中的。弼自矜善射,故请子观。"

②美哉乎,艺也:技艺高超。阮逸注云:"六艺次三曰射。"

③而后艺可游也:王通认为,道、德、仁是"游于艺"的先决条件。《论语·述而》:"志于道,据于德,依于仁,游于艺。"阮逸注云:"言艺成而下,君子游之而已。"

④难乎免于今之世矣:难免在今世遭到危机。阮逸注云:"弼竟诛死。"

【译文】

贺若弼为先生表演射箭,每发必中。先生说:"技艺高超啊!上古君子有志于道,以德为根据,依照仁义做事,而后可游憩于礼、乐、射、御、书、数六艺之中。"贺若弼面带不悦地离去。先生对弟子说:"此人自傲又刚愎自用,将来恐怕不得善终。"

子谓荀悦①,"史乎!史乎!"谓陆机②,"文乎!文乎!"——"皆思过半③矣"。

【注释】

①荀悦(148—209):字仲豫,颍川颍阴(今河南许昌)人。名士荀淑之孙,司空荀爽之侄,父荀俭早卒。灵帝时,隐居不出。献帝时,应召,任黄门侍郎,累迁至秘书监、侍中。侍讲于献帝左右,日夕谈论,深为献帝嘉许。后奉汉献帝命依《左传》体裁,为班固《汉书》作《汉纪》,写成《汉纪》三十篇;另著《申鉴》五篇。建安十四年(209)逝世,终年六十二岁。(《后汉书·荀悦传》)阮逸注云:"悦,字仲豫,汉献帝时侍讲禁中,依编年体著《前汉纪》三十篇,词约事详,申明制度。重言,美之也。"

②陆机(261—303):字士衡,吴郡人。祖陆逊、父陆抗,为吴将相。少有异才,文章冠世。吴灭,闭门读书。太康末年与弟陆云入洛阳,以文才名重一时。历任太子洗马、吴国郎中令、著作郎等职,与贾谧等结为"鲁公二十四友"。赵王司马伦掌权时,引为相国参军,封关中侯,于其篡位时受伪职。伦被诛后,险遭处死,赖成都王司马颖救免,委身依之,为平原内史,世称"陆平原"。太安二年(303),任后将军、河北大都督,率军讨伐长沙王司马乂,大败于七里涧,最终遭谗遇害,被夷三族,

时年四十三岁。其诗文辞藻宏丽，讲求排偶，开六朝文风之先。（《晋书·陆机传》）阮逸注云："机，字士衡，作《文赋》及《辩亡论》，盖有述作之志，复祖之风。"

③思过半：近乎道。《易·系辞下》："知者观其彖辞，则思过半矣。"王弼《周易正义》注："夫彖者，举立象之统，论中爻之义。约以存博，简以兼众，杂物撰德，而一以贯之。形之所宗者道，众之所归者一。其事弥繁，则愈滞乎形；其理弥约，则转近乎道。"

【译文】

先生说荀悦，"这才是史啊！"说陆机，"这才是文啊！"——"他们都近乎道了。"

子谓文士之行可见："谢灵运①，小人哉！其文傲，君子则谨。沈休文②，小人哉！其文冶，君子则典。鲍昭③、江淹④，古之狷者也，其文急以怨。吴筠⑤、孔珪⑥，古之狂者也，其文怪以怒。谢庄⑦、王融⑧，古之纤⑨人也，其文碎。徐陵⑩、庾信⑪，古之夸人也，其文诞。"或问孝绰兄弟⑫。子曰："鄙人也，其文淫。"或问湘东王兄弟⑬。子曰："贪人也，其文繁。""谢朓⑭，浅人也，其文捷⑮。江总⑯，诡人也，其文虚。皆古之不利人⑰也。"子谓颜延之⑱、王俭⑲、任昉⑳："有君子之心焉，其文约以则。"

【注释】

①谢灵运（385—433）：原名公义，字灵运，以字行于世，小名客儿，世称谢客，陈郡阳夏（今河南太康）人，生于会稽郡始宁县（今浙江上虞）。晋安帝元兴二年（403），继承祖父爵位，被封为康乐公。义熙

元年（405），出任司马德文的行参军。后任抚军将军记室参军、太尉参军等职。刘宋代晋后，降封康乐侯，历任永嘉太守、秘书监、临川内史。元嘉十年（433），被宋文帝以"叛逆"罪名杀害，时年四十九岁。谢灵运博览群书，工诗善文。与颜延之齐名，并称"颜谢"，有诗集传世，多山水诗。（《宋书·谢灵运传》）阮逸注云："灵运，玄之孙，袭爵康乐公。性奢豪，曾为永嘉太守，多游山，不听民讼；召为侍中，称疾不朝，此傲可见也。"

②沈休文：沈约。钟嵘《诗品》："词密于范（云），意浅于江（淹）。"阮逸注云："沈约，字休文，始制音韵，好艳冶之辞，梁朝士人宗之，益务妍侈，此冶可见矣。"

③鲍昭（约414—466）：鲍照，字明远，一云东海（郡治今山东郯城北）人，与北周庾信并称"鲍庾"，与颜延之、谢灵运并称"元嘉三大家"。少家贫，曾从事农耕。元嘉十二年（435），献诗言志，被刘义庆擢为临川王国侍郎，后依随宋孝武刘骏。大明五年（461），出任刘子顼前军参军，故世称"鲍参军"。泰始二年（466），刘子顼兵败，照于乱军中遇害，时年约五十一岁。（《宋书·鲍照传》）阮逸注云："昭，字明远，为宋临江王参军，有虚词而官不达，故多怨刺。"

④江淹（444—505）：字文通，济阳考城人。出身孤寒，沉静少交游，历仕南朝宋、齐、梁三代。梁时官至金紫光禄大夫，封醴陵侯。天监四年卒，终年六十二岁。以文章见称于世，晚年才思衰退，时人谓之江郎才尽。（《梁书·江淹传》）阮逸注云："淹，字文通，为宋建平王从事，有罪下狱，上书，其言急。皆狷可见矣。"狷，心胸狭窄，急躁。《论语·子路》："不得中行而与之，必也狂狷乎。狂者进取，狷者有所不为也。"

⑤吴筠：当为吴均，或王筠。吴均（469—520），字叔庠，吴兴故鄣

(今浙江安吉）人。出身贫寒，好学有俊才，文体清拔有古气，时谓"吴均体"。梁天监二年（503），吴兴太守柳恽召为主簿，常引与赋诗。建安王萧伟召均为记室，掌文翰。萧伟迁江州（今江西九江），补均为国侍郎，兼府城局。后受梁武帝赏识，任侍诏，累升至奉朝请。私撰《齐春秋》，武帝不悦，以"其书不实"为名下令焚之，并免其职。普通元年卒，终年五十二岁。（《梁书·吴均传》）王筠，字元礼，一字德柔，琅邪临沂（今属山东）人。侍中王僧虔之孙。曾任昭明太子萧统的属官。梁武帝中大通三年（531），统去世。筠出任临海太守。还京后，历任秘书监、太府卿、度支尚书、太子詹事。大宝元年，侯景之乱，遇盗，坠井而亡，终年六十九岁。阮逸注云："《南史》无吴筠，疑是吴均，文之误也。均，字叔庠，文体古怪。又疑是王筠，字元礼，为文好押强韵，多而不精，一官一集。"

⑥孔珪（447—501）：孔稚珪，字德璋，会稽山阴人。少有美誉，太守王僧虔引为主簿。萧道成为骠骑，以其有文翰，用为记室参军。与江淹共掌文书。道成称帝，稚珪官至南郡太守，都官尚书，迁太子詹事。（《南齐书·孔稚珪传》）《南史》作"孔珪"。阮逸注云："孔稚圭（珪），字德章（璋），与江淹对掌文翰，而不肯伏淹。皆狂可见矣。"

⑦谢庄（421—466）：字希逸，陈郡阳夏人。谢弘微之子。七岁能文，二十岁左右入仕。在东宫任洗马、中舍人。后在江州任庐陵王刘绍南中郎咨议参军。元嘉二十六年（449），又随雍州刺史随王刘诞去襄阳，领记室。历仕宋文帝、宋孝武帝、宋明帝三朝，官至中书令，加金紫光禄大夫，故世称"谢光禄"。泰始二年卒，终年四十六岁。（《宋书·谢庄传》）阮逸注云："庄，字希逸，善词赋，歌诗传于乐府。尝作《殷妃诔》，使尧门故事，宋帝深衔之。"

⑧王融（467—493）：字元长，琅邪临沂人。王僧达孙。举秀才，累

官中书郎。博涉有文才，辞藻富丽，当世名扬。自恃家世才望，欲求执政，与竟陵王萧子良友善。武帝病笃，融欲矫诏立子良，不成下狱，赐死，终年廿七。(《南齐书·王融传》) 阮逸注云："融，字元长，文辞辩捷，长于属缀，后坐罪诛。此纤碎可见矣。"

⑨纤：细小，吝啬。《史记·货殖列传》："周人既纤，而师史尤甚。"

⑩徐陵（507—583）：字孝穆，东海郯人。戎昭将军、太子左卫率徐摛之子。八岁能撰文，十二岁通"老庄"。及长，博涉史籍，有口才。初仕梁，为镇西湘东王中记室参军，梁武帝时，任东宫学士。入陈，历任尚书左仆射、中书监、太子少傅等职。至德元年卒，终年七十七岁。赠镇右将军、特进、侍中、左光禄大夫、鼓吹、建昌县侯如故，谥号为章。陵文辞绮艳，与庾信齐名，世称"徐庾"。(《陈书·徐陵传》) 阮逸注云："陵，字孝穆，陈后主诏册皆陵为之。好裁缉新意，自成文体。"

⑪庾信（513—581）：字子山，南阳新野人。善宫体诗，文章绮丽。初仕梁，奉使西魏，被留不放还。西魏亡，仕北周，官至骠骑大将军，开府仪同三司。虽居高位，然怀念南朝，常有乡土之思，《哀江南赋》为最著。大象初，以疾去职，卒。(《周书·庾信传》) 阮逸注云："信，字子山，与徐陵同为学士，文体相夸，时称'徐庾'。此诞可见矣。"

⑫孝绰兄弟：刘孝绰和刘孝威。刘孝绰（481—539）：本名冉，小字阿士，彭城人。年十四，代父起草诏诰。能文，尤工于书启，每成一篇，时人争相讽诵传写。又善草隶，自成一体，号"神童"。初为著作佐郎，后官秘书丞。迁廷尉卿，被到洽所劾，免职。后复为秘书监。大同五年卒，终年五十九岁。(《梁书·刘孝绰传》) 阮逸注云："刘绰，字孝绰，兄弟孝威、孝仪，俱以才名显。其舅王筠常称孝绰，云：'天下文章，若无我，当归阿士。'阿士，孝绰小名，盖淫词类舅。此鄙可见矣。"

⑬湘东王兄弟：梁简文帝萧纲和梁元帝萧绎。萧纲（503—551），字

世缵，小字六通，昭明太子萧统同母弟。初封晋安王，累迁骠骑将军、扬州刺史。中大通三年（531），立为皇太子。太清三年（549），侯景之乱，梁武帝死后，即位称帝。大宝二年（551），废黜为晋安王，幽禁永福省，被害，终年四十九岁，葬于庄陵，庙号太宗，谥号简文皇帝。好诗，风格冶艳，当时号曰宫体诗。（《梁书·简文帝纪》）萧绎（508—555），字世诚，小字七符，自号金楼子，简文帝萧纲之弟。早年封湘东王，因病导致一眼失明。526年出任荆州刺史、使持节、都督九州诸军事、镇西将军。梁武帝死后，萧绎命王僧辩率军东下消灭侯景。552年于江陵即帝位。承圣三年（554），西魏进攻江陵，萧绎战败投降，不久被萧詧以土袋闷死，终年四十七岁。后葬于颍陵。庙号世祖，谥号孝元皇帝。（《梁书·元帝纪》）阮逸注云："南齐世祖之子，湘东王名子建，与兄竟陵王子良及隋郡王子隆，皆好文章，有集传世，然志贪富贵，繁可见矣。"据《南齐书·武十七子传》可知，王子建十三岁时被杀，阮逸注不准确。"湘东王"当是梁元帝萧绎，"兄弟"指萧绎与简文帝萧纲等。萧纲为武帝第三子，萧绎为第七子，皆为帝，有文集传世。

⑭谢朓：钟嵘《诗品》："微伤细密，颇在不伦。"阮逸注云："朓，字玄辉，为齐新安王记室。笺词敏捷。此浅可见矣。"

⑮文捷：文辞旁逸斜出。捷，旁出。《左传·成公二十六年》："待我，不如捷之速也。"

⑯江总（519—594）：字总持，济阳考城（今河南民权东北）人。笃行义，宽和温裕。初任宣惠武陵王府法曹参军，又授何敬容府主簿，不久调任尚书殿中郎。侯景之乱平定后，诏命明威将军、始兴内史，逢江陵陷落，遂不成行，寄居岭南多年。陈天嘉四年（563），以中书侍郎征还朝，管辖侍中省。陈后主时，任宰相，不理政务，每天和后主在后宫饮酒作乐，以至于陈朝灭亡。入隋，为上开府。开皇十四年（594），死于江都，

终年七十六岁。(《陈书·江总传》) 阮逸注云："总，字总持，与陈后主为长夜之饮，相和为诗，不持政事，此诡佞可见矣。"

⑰不利人：不得善终之人。阮逸注云："或丧身，或乱国。"

⑱颜延之（384—456）：字延年，琅邪临沂（今属山东）人。曾祖含，右光禄大夫。祖约，零陵太守。父显，护军司马。少孤贫，居陋室，好读书，无所不览，文章之美，冠绝当时，与谢灵运并称"颜谢"。嗜酒，不护细行，年三十犹未婚娶。仕宋，徙尚书仪曹郎，太子中舍人。世祖登祚，以为金紫光禄大夫，领湘东王师。孝建三年卒，终年七十三岁。(《宋书·颜延之传》) 阮逸注云："词简约而理有法则，是君子用心也。延之，字延年，宋时为侍郎，常言'天下之务，当与天下共之'。平生不拘小节，不营财利。"

⑲王俭（452—489）：字仲宝。琅邪临沂（今属山东）人。王导五世孙、刘宋侍中王僧绰之子。自幼勤学，手不释卷。宋明帝时，娶阳羡公主，拜驸马都尉。历任秘书郎、秘书丞、义兴太守、太尉右长史等职。后辅佐齐太祖萧道成即位，礼仪诏策，皆出其手。南齐时，以佐命之功封南昌县公，升尚书左仆射，领吏部、兼丹阳尹。后升任太子少傅、中书监。永明七年（489），病逝，终年三十八岁。追赠太尉、侍中、中书监，谥号"文宪"。依据《七略》撰《七志》四十卷，又撰《宋元徽四年四部书目》。(《南齐书·王俭传》) 阮逸注云："俭，字仲宝，南齐时为尚书令，好礼学，文词风流，自比谢安。上宴，命群臣作乐，俭独念封禅文。"

⑳任昉：阮逸注云："昉，字彦昇，梁时掌文诰，累为太守。凡馈遗与亲戚，以俸米散荒民。当世士进无不历其门者，昉接引之，常言'忧人之忧，乐人之乐'。此心可见矣。"

【译文】

先生说文人的品行可以从其文章窥见："谢灵运，小人啊！他的文辞傲慢，君子则文辞严谨。沈休文，小人啊！他的文辞冶艳，君子则文辞典雅。鲍照和江淹是心胸狭窄之人，文辞急躁而多怨。吴筠和孔珪是狂妄之人，文风怪异而多怒气。谢庄和王融是吝啬之人，文辞琐碎。徐陵和庾信是浮夸之人，文辞荒诞。"有人问刘孝绰和刘孝威兄弟。先生说："他们是鄙陋之人，文辞淫逸。"有人问萧绎和萧纲兄弟。先生说："他们是贪求之人，文辞繁缛。""谢朓是浅薄之人，文辞急促。江总是诡佞之人，文辞虚空。这些人都是古代不祥之人。"先生说颜延之、王俭、任昉："有君子之心，他们的文辞简约而有法则。"

尚书召子仕①，子使姚义往辞焉。曰："必不得已，署我于蜀②。"或曰："僻。"子曰："吾得从严、扬③游泳以卒世，何患乎僻？"

【注释】

①尚书召子仕：尚书召先生做官。阮逸注云："隋尚书署天下吏。"

②署我于蜀：署，摄官，指代理、暂任或试充官职。阮逸注云："宁僻远以藏用。"

③严、扬：严指严君平，汉时隐者，蜀郡人，卜筮于成都，日得百钱。扬指扬雄，扬雄少时曾从严君平游。阮逸注："严君平、扬雄。"

【译文】

尚书召先生做官，先生派姚义前往推辞。说："实在不行，就派我到蜀地为官。"有人说："蜀地太偏僻了。"先生说："我能和严君平、扬雄这些先贤神交悠游，还担心地方偏僻吗？"

子曰："吾恶夫佞①者，必也愚乎，愚者不妄动；吾恶夫豪者，必也吝乎，吝者不妄散②。"

【注释】

①佞：巧言善辩。《论语·先进》："是故恶夫佞者。"

②吝者不妄散：吝，吝啬。阮逸注云："佞惑主，豪诱众，不若愚、吝守其分。"

【译文】

先生说："我厌恶巧言善辩的人，一定要选择，就要愚笨的人吧，愚笨的人不会轻举妄动；我厌恶奢侈的人，一定要选择，就选择吝啬的人吧，吝啬的人不会轻易浪费钱财。"

子曰："达人哉，山涛①也，多可而少怪。"或曰："王戎②贤乎？"子曰："戎而贤，天下无不贤矣。"

【注释】

①山涛：阮逸注云："宏达"。

②王戎（234—305）：字濬冲，琅邪临沂（今属山东）人。"竹林七贤"之一。长于清谈，以精辟的品评与识鉴而著称。初袭父爵贞陵亭侯，被司马昭辟为掾属。累官豫州刺史、建威将军。后参与晋灭吴之战，因功进封安丰县侯。历任侍中、光禄勋、吏部尚书、太子太傅、中书令、尚书左仆射等职，并领吏部事务。元康七年（297），升任司徒。张方劫持惠帝入长安，王戎逃奔郏县。永兴二年（305）卒，终年七十二岁，谥号"元"。（《晋书·王戎传》）阮逸注云："戎典选，未尝进寒素，近虚名，天下目为膏肓之疾，及愍怀之废，又无一言以谏，但苟且简静容身而已，实非贤。"

【译文】

先生说:"山涛是豁达之人啊!多宽容而少责异。"有人问:"王戎贤明吗?"先生说:"王戎如果是贤人,天下就没有不贤明的人了。"

子曰:"陈思王①可谓达理者也,以天下让,时人莫之知也。"子曰:"君子哉,思王也!其文深以典②。"

【注释】

①陈思王:指曹植(192—232),字子建,沛国谯县(今安徽亳州)人,生前为陈王,去世后谥号"思",因此又称陈思王。曹植是建安文学集大成者,与曹操、曹丕合称"三曹",代表作有《洛神赋》《白马篇》《七哀诗》等。因才学卓著,曾受曹操宠爱,一度欲立为世子。及曹丕、曹叡相继为帝,备受猜忌,郁郁而死。阮逸注云:"曹植,字子建,魏祖欲立为太子,植不自雕砺,饮酒晦迹;兄文帝矫情自饰,以求为嗣,人不知子建让兄耳。"

②其文深以典:参见阮逸注:"《亲亲表》典矣,《出师表》深矣。"

【译文】

先生说:"曹植可称得上通达事理的人,他将天下让给兄长,当时的人都不理解他。"先生说:"曹植是君子啊!他的文辞深厚而典雅。"

房玄龄问史。子曰:"古之史也,辩道①;今之史也,耀文②。"问文,子曰:"古之文也约以达,今之文也繁以塞③。"

【注释】

①辩道:辩,辨明。阮逸注云:"约理明变。"

②耀文：炫耀文辞。阮逸注云："空事词语。"

③繁以塞：繁缛而凝滞。阮逸注云："不通理曰塞。"

【译文】

房玄龄问史。先生说："古代的史书，用来辨明王道；今日的史书，只是炫耀文辞。"又问文辞，先生说："古代的文章言简而意赅，今日的文辞繁缛而凝滞。"

薛收问《续诗》。子曰："有四名焉，有五志焉。何谓四名？一曰化①，天子所以风天下也②；二曰政③，蕃臣所以移其俗也④；三曰颂⑤，以成功告于神明也⑥；四曰叹⑦，以陈诲立诫于家也⑧。凡此四者，或美焉⑨，或勉焉⑩，或伤焉⑪，或恶焉⑫，或诫焉⑬，是谓五志⑭。"

【注释】

①化：阮逸注云："续《大雅》也。"

②天子所以风天下也：风，教化。阮逸注云："形天下之风。"

③政：阮逸注云："续《国风》。"

④蕃臣所以移其俗也：蕃臣，诸侯或地方官员。阮逸注云："蕃臣比古诸侯。移俗，犹易俗也。"

⑤颂：阮逸注云："续周、殷、鲁《颂》。"

⑥以成功告于神明也：用于宗庙祭祀。阮逸注云："歌之乐府，享于宗庙。"

⑦叹：阮逸注云："续《变风》《变雅》。"

⑧以陈诲立诫于家也：教导家人。阮逸注云："国异政，家殊俗，诗

人哀之、叹之，所以吟咏于家，讽刺其上，使达此变，以怀旧俗也。"

⑨或美焉：赞美。阮逸注云："嘉美之。"

⑩或勉焉：劝勉。阮逸注云："无足嘉，则勉之。"

⑪或伤焉：伤悼。阮逸注云："勉不得，则伤之。"

⑫或恶焉：谴责。阮逸注云："不足伤，则恶也。"

⑬或诫焉：告诫。阮逸注云："语他事，使闻之自诫。"

⑭是谓五志：这就是五种情志。阮逸注云："皆志所之。"

【译文】

薛收问《续诗》。先生说："包含四个部分、五种情志。四部分是什么呢？第一是化，天子以此教化天下；第二是政，诸侯以此改变风俗；第三是颂，把成就上告神灵。第四是叹，用来教导家人。凡此四者，或赞美，或勉励，或伤悼，或谴责，或告诫，这就是五种情志。"

子谓叔恬曰："汝为《春秋》《元经》①乎？《春秋》《元经》于王道，是轻重之权衡，曲直之绳墨也②，失则无所取衷矣③。"

【注释】

①《元经》：王通《续六经》之一，为续《春秋》而作。

②绳墨：木工画线的墨斗线，代指法度、准则。

③失则无所取衷矣："衷"，同"中"，标准。阮逸注云："衷，中也。过则抑之，不及则劝之，皆约归中道。"

【译文】

先生对叔恬说："你学《春秋》和《元经》了吗？《春秋》和《元经》于王道而言，是衡量的尺度，是可测曲直的绳墨，没有它们就无法了解王道的准则。"

子谓:"《续诗》之有《化》,其犹先王之有《雅》乎?《续诗》之有《政》,其犹列国之有《风》乎①?"

【注释】

①其犹列国之有《风》乎:阮逸注云:"《雅》合天下而言也,《风》分郡县而言也。"

【译文】

先生说:"《续诗》的《化》,等于《诗经》的《雅》吧?《续诗》的《政》,相当于《诗经》的《国风》吧?"

子曰:"郡县之政,其异列国之风乎①!列国之风深以固②,其人笃,曰:'我君不卒求我也。'其上下相安乎?③及其变也④,劳而散,其人盖伤君恩之薄⑤也,而不敢怨。郡县之政悦以幸,其人慕,⑥曰:'我君不卒抚我也。'其臣主屡迁乎?⑦及其变也⑧,苛而迫,其人盖怨吏心之酷也,而无所伤焉。⑨虽有善政,未及行也。"魏徵曰:"敢问列国之'风变',伤而不怨;郡县之'政变',怨而不伤,何谓也?"子曰:"伤而不怨,则不⑩曰:'犹吾君也,吾得逃乎?⑪'何敢怨⑫?怨而不伤,则不曰:'彼下矣⑬,吾将贼⑭之!'又何伤?故曰:三代之末,尚有仁义存焉;⑮六代之季,仁义尽矣。⑯何则?导人者非其路也⑰。"

【注释】

①其异列国之风乎:列国,指封建制。阮逸注云:"列国变则怀其旧

俗，郡县变则唯新是图。"

②列国之风深以固：民风淳厚。阮逸注云："世修政教，故俗亦深厚。"

③"我君不卒求我也。"其上下相安乎：阮逸注云："日者，假列国之人为言也。我君，谓天子也。言天子封建列国，本求治也，上安其下，则下亦安其上，故云'相安'。"

④及其变也：阮逸注云："变风。"

⑤薄：寡恩。阮逸注云："薄，谓不安其下。"

⑥郡县之政悦以幸，其人慕：取悦而宠幸。阮逸注云："苟悦其民，幸于成功，故民亦择善而慕之。"

⑦"我君不卒抚我也。"其臣主屡迁乎：阮逸注云："此假郡县之人为言也。言我君不终抚吾民，使善政不久居而屡易之乎？"

⑧及其变也：阮逸注云："变政。"

⑨其人盖怨吏心之酷也，而无所伤焉：伤，哀伤、伤感。阮逸注云："吏苟一时急功，则政酷民怨。"

⑩则不：据前后文义，"不"恐为衍文。下文同。

⑪犹吾君也，吾得逃乎：阮逸注云："民君本国，诸侯亦犹诸侯。君，天子。""无可逃避。"

⑫何敢怨：不敢抱怨。阮逸注曰："不敢怨。"

⑬彼下矣：下，失势，下台。阮逸注云："彼谓郡、县长。下，犹去也，言终替去。"

⑭贼：杀害。阮逸注云："贼害之。"

⑮三代之末，尚有仁义存焉：阮逸注云："邦家有社稷故。"

⑯六代之季，仁义尽矣：阮逸注云："牧守无子孙故。"

⑰导人者非其路也：阮逸注云："不以王路使人由之。"

【译文】

先生说:"郡县之'政'与列国之'风'是有所区别的呀!列国的风化深厚而且稳固,治下人民笃实,说:'君王最终不会要我们做什么。'这是因为上下相安无事吧?等到有变故的时候,百姓忧愁而散亡,会伤心君恩寡薄,却不敢怨恨。郡县的政令取悦人民并让其幸福,百姓都得到好处,说:'君王最后不会关心我们。'这是因为地方官员屡次迁转吧?等到有变故的时候,统治苛刻而急迫,百姓怨恨官吏冷酷,却不感到伤心。这样即使有好的政策,也无法推行。"魏徵说:"请问,列国变风伤而不怨,郡县变政怨而不伤,这是为什么?"先生说:"伤心却不怨恨,是因为百姓这样想:'毕竟还是我的君王,我能逃避君臣之义吗?'还怎么会怨恨呢?怨恨却不伤心,是因为百姓这样想:'这人下台了,我要报复他。'又怎么会伤心呢?所以说:三代末期,仍有仁义存世;六代末期,仁义尽失。为什么会这样呢?引导的人将人们引向了歧路。"

子曰:"《变风》《变雅》①作而王泽②竭矣,《变化》《变政》③作而帝制④衰矣。"

【注释】

① 《变风》《变雅》:《诗经》中《邶风》至《豳风》一百三十五篇为《变风》。《小雅》自《六月》至《何草不黄》五十八篇为《变小雅》;《大雅》自《民劳》至《召旻》十三篇为《变大雅》,总称《变雅》。《毛诗序》云:"至于王道衰,礼义废,政教失,国异政,家殊俗,而《变风》《变雅》作矣。"

② 王泽:阮逸注云:"周先王之泽。"

③ 《变化》《变政》:《续诗》篇名。

④帝制：大一统制度。阮逸注云："汉诸帝之制。"

【译文】

先生说："《变风》《变雅》的出现标志着王道的衰竭；《变化》《变政》的出现标志着帝制的衰亡。"

子曰："言取而行违，温彦博①恶之；面誉而背毁，魏徵恶之。②"

【注释】

①温彦博（575—637）：字大临，唐初并州祁县（今属山西）人，温大雅之弟。隋开皇末任文林郎，后幽州总管罗艺引为司马。唐高祖时任中书侍郎。突厥入寇，没于虏庭，太宗即位，征还朝。贞观四年为中书令，十年迁尚书右仆射，十一年卒，终年六十四岁。薛收之父薛道衡称赞温彦博兄弟有"卿相之才"。（《旧唐书·温彦博传》）阮逸注云："彦博，大雅弟，正（应为'贞'）观中为御史大夫，有才辩，官终仆射。"

②言取而行违……魏徵恶之：参见阮逸注："二子正直同。"

【译文】

先生说："言语赞同但行动相违，温彦博厌恶这种做法；当面表扬背后诋毁，魏徵厌恶这种做法。"

子曰："爱生而败仁者，其下愚之行欤①？杀身而成仁者，其中人之行欤②？游仲尼之门，未有不治中者也③。"

【注释】

①其下愚之行欤：下愚，品质低劣的人。《论语·阳货》："唯上知与

下愚不移。"阮逸注云:"触情亡性。"

②其中人之行欤:中人,一般人,平常人。《论语·雍也》:"中人以上,可以语上也;中人以下,不可以语上也。"阮逸注云:"强仁非安行。"

③未有不治中者也:治,研习,从事。阮逸注云:"杀身若子路结缨,盖其中贤也。"

【译文】

先生说:"爱惜生命而败坏仁德,是下等愚人的行为吧?牺牲生命而成全仁德,是中等人的行为吧?学习孔子之道的人,没有不能领悟此点的。"

陈叔达为绛郡①守,下捕贼之令曰:"无急也,请自新者原之,以观其后②。"子闻之曰:"陈守可与言政矣。上失其道,民散久矣③;苟非君子,焉能固穷?④导之以德,悬之以信,且观其后,不亦善乎?⑤"

【注释】

①绛郡:今山西新绛县。

②以观其后:阮逸注云:"容其改过,刑之未迟。"

③上失其道,民散久矣:散,懒慢。阮逸注云:"隋季如周衰。"

④苟非君子,焉能固穷:固穷,安于困苦。《论语·卫灵公》:"君子固穷,小人穷斯滥矣。"阮逸注云:"小民穷则盗。"

⑤导之以德……不亦善乎:《论语·为政》:"道之以政,齐之以刑,民免而无耻。道之以德,齐之以礼,有耻且格。"阮逸注云:"容在德,刑在信。"

文中子中说 | 121

【译文】

陈叔达任绛郡通守,下捕贼命令说:"追捕不要太急,给悔过者以改过的机会,以观后效。"先生听到后说:"可以和他探讨为政之道。朝廷失道,人心涣散已久;如果不是君子,谁能安于穷贫呢?用仁德引导,以诚信为依托,以观后效,不是很好吗?"

薛收问:"恩不害义,俭不伤礼,何如?"子曰:"此文景尚病其难行也。夫废肉刑害于义①,损之可也②;衣弋绨伤乎礼③,中焉可也④。虽然,以文景之心为之可也,不可格于后⑤。"

【注释】

①夫废肉刑害于义:肉刑,残害身体的刑罚。古代有剔、剕、宫、大辟等种类。《史记·扁鹊仓公列传》:"上悲其意,此岁中亦除肉刑法。"《史记正义》注:"《汉书·刑法志》云,孝文帝即位十三年,除肉刑三。"阮逸注云:"义象秋也,天不以人恶寒而变肃杀之令。"

②损之可也:损,减少。阮逸注云:"刑不滥,则损。"

③衣弋绨伤乎礼:弋绨,黑色粗厚的丝织品。弋,黑色。绨,厚缯。阮逸注云:"礼象夏也,君不以小善卑当阳之义。"

④中焉可也:中,适中。阮逸注云:"不逼下则中。"

⑤不可格于后:于后,做后代的标准。阮逸注云:"本心在爱民节用,不意其害义伤礼,后王必稽中道。"

【译文】

薛收问:"施恩不妨碍仁义,勤俭不损伤礼,怎么样?"先生说:"汉文帝、景帝这样的贤君尚且担心难以推行此点。废除肉刑损害义,减少肉刑就行了;衣着简朴损害礼节,适中就行了。虽然如此,有文帝、景帝的爱民之心就可以了，但不可作为后世的标准。"

子曰："古之事君也以道，不可则止；①今之事君也以佞②，无所不至③。"

【注释】

①古之事君也以道，不可则止：参见《论语·先进》："所谓大臣者，以道事君，不可则止。"阮逸注云："直道。"

②今之事君也以佞：佞，谄媚。阮逸注云："枉道。"

③无所不至：为所欲为。阮逸注云："所至皆佞。"

【译文】

先生说："古人以道来事君主，道不可行则不做；今人以奸佞事君主，没有什么不做的。"

子曰："吾于《赞易》①也，述而不敢论②；吾于《礼》《乐》也，论而不敢辩③；吾于《诗》《书》也，辩而不敢议④。"或问其故。子曰："有可有不可⑤。"曰："夫子有可有不可乎？"子曰："可不可⑥，天下之所存也，我则存之者也。⑦"

【注释】

①《赞易》：《易》及其传解，称"十翼"。《史记·孔子世家》："孔子晚而喜《易》，序《彖》《系》《象》《说卦》《文言》。"

②述而不敢论：参见阮逸注："述，谓修之。论，谓别立理。"

③论而不敢辩：参见阮逸注："论，沿革而已，不敢辩兴衰之极。"

④辩而不敢议：参见阮逸注："辩治乱之事，不敢议其得失之由。"

⑤有可有不可：参见《庄子·天下》："知万物皆有所可，有所不可。"阮逸注云："圣人立言，或微而显，或盖而彰，或曲而中，或肆而隐，各有奥义，不可概窥。是故有可以述则述，可以论则论，辩、议皆然。"

⑥可不可：指道。

⑦天下之所存也，我则存之者也：阮逸注云："夫经，天下之公言也，故我续而存之者耳，非我自可否也。"自，原作"目"，据四部丛刊本改。

【译文】

先生说："我对于《易》，叙述而不敢另立论；对于《礼》《乐》，敢论沿革而不敢辩兴衰；对于《诗》《书》，敢辩治乱而不敢议论得失。"有人问其缘故。先生说："因为有的可以做，有的不可以做。"又问："对于您还存在可与不可的选择吗？"先生说："可与不可是天下永存的真理，我也是按规律做事的人。"

子闲居，俨然。其动也徐，若有所虑①；其行也方②，若有所畏③；其接长者，恭恭然如不足；接幼者，温温然如有就④。子之服俭以洁，无长物焉⑤，绮罗锦绣不入于室。曰："君子非黄白不御⑥，妇人则有青碧⑦。"子宴宾，无贰馔⑧。食必去生，味必适⑨。果菜非其时不食，曰："非天道也。"非其土不食，曰："非地道也。"⑩

【注释】

①若有所虑：虑，思虑。阮逸注云："貌敦。"

②其行也方：方，小心、恭谨的样子。阮逸注云："矩步也。"

③若有所畏：畏，敬畏。阮逸注云："礼恭。"

④温温然如有就：温温然，柔和的样子。就，亲近。阮逸注云："敬爱得中。"

⑤无长物焉：长物，多余之物。《世说新语·德行》："恭作人无长物。"阮逸注云："长，剩也。"

⑥君子非黄白不御：御，穿。阮逸注云："黄白，取自然丝色。"

⑦妇人则有青碧：青碧，意为朴素的颜色。阮逸注云："染之易者。"

⑧贰馔：第二道菜。阮逸注云："不重味。"

⑨味必适：味道适中。阮逸注云："适中。"

⑩"果菜非其时"及以下五句：作息饮食以符合天道为准则。阮逸注云："皆保真性者也。"

【译文】

先生闲居时，神态庄重。动作舒缓，若有所思；迈步谨慎，仿佛有所畏惧；对待长者，恭恭敬敬，似有不足；对待年少者，态度温和，仿佛趋就的样子。先生的衣服俭朴而整洁，无其他饰物，内室中没有绮罗锦绣。说："君子非黄白自然丝色布料不穿，妇女只应身着易染的青碧色。"先生设宴迎宾客，没有第二道菜。食物必做熟，味道必适中。水果蔬菜不是当季的不吃，说："不符合天道。"不是本土产的食物不吃，说："不符合地道。"

乡人有穷而索①者，曰："尔于我乎取，无扰尔邻里乡党②为也，我则不厌。"乡人有丧，子必先往，③反必后④。子之言，应而不唱⑤，唱必有大端⑥。子之乡无争者⑦。或问人善，子知其善则称之，不善，则曰："未尝与久也。"

【注释】

①索：阮逸注云："索，求。"

②邻里乡党：乡党，这里指家乡。阮逸注云："《周礼》：五家为邻，五邻为里，五州为乡，五族为党。"

③乡人有丧，子必先往：阮逸注云："匍匐救之。"

④反必后：参见阮逸注："未忘哀。"

⑤应而不唱：应，问则答。唱，抢着说话。阮逸注云："问则应，不唱始。"

⑥唱必有大端：唱，发言补充，大声言之。阮逸注云："人言所不及，则唱之。"

⑦子之乡无争者：无争端。阮逸注云："近易化。"

【译文】

同乡有贫穷之人来要东西。先生说："你到我这里来拿吧，不要打扰邻里相亲，我不怕麻烦。"乡里若有人去世，先生必定前往哀悼，一定是最先到达、最后返回。先生只应和，不主动发言，若主动发言必定是大事。先生居住的乡里无争端。有人问某某为人怎样，如果这人好，先生就夸赞他，如果不好，就说："我和他交往时间不长，不了解。"

子济大川，有风则止。不登高，不履危；不乘悍①，不奔驭。乡人有水土之役，则具畚锸②以往，曰："吾非从大夫也③。"

【注释】

①不乘悍：不乘悍马。阮逸注云："悍马。"

②畚锸（běnchā）：簸箕和铁锹。阮逸注："畚，草器。锸，锹也。"

③吾非从大夫也：参见阮逸注："非大夫，则徒行。"

【译文】

先生过河，有风就不走了。他不登临高处，不冒险；不乘骑悍马，不驾车狂奔。乡间有土木工程，就自带工具前往，说："我又不是当官的，和大家一起干吧。"

铜川府君之丧①，勺饮不入口者三日。营葬具，曰："必俭也，吾家有制焉：棺椁无饰②，衣衾而举，帷车而载，③涂车、刍灵④则不从五世矣。"既葬之，曰："自仲尼已来，未尝无志也⑤。"于是立坟，高四尺，不树焉。⑥

【注释】

①铜川府君之丧：铜川府君，王通的父亲。阮逸注云："父丧。"

②棺椁无饰：用漆装饰棺椁。阮逸注云："饰，谓漆饰也。"

③衣衾而举，帷车而载：帷车，有帷裳的车。阮逸注云："衾帷，亡者生所御物。"

④涂车、刍灵：涂车，陪葬的泥车，古代送葬的明器。刍灵，用茅草扎成的人马，古代殉葬用品。阮逸注云："《礼》曰：涂车刍灵，自古有之。孔子谓刍灵者善，谓俑者不仁，不殆于用人乎！"

⑤未尝无志也：志：标记，标志。全句意思是，都要立有标识。

⑥于是立坟，高四尺，不树焉：立四尺高的坟丘，周围不种树。《礼记·王制》："庶人县封，葬不为雨止，不封不树。"阮逸注云："孔子曰：'我东西南北之人，不可弗识也。'封之，崇四尺。"

【译文】

先生的父亲去世，先生三日滴水不沾。准备下葬时，说："一定要从俭，我家有定制：棺椁不加漆饰，以生前的衣服装殓，用帷车送葬，涂车和刍灵五世之前已不使用。"下葬后，说："自从孔子以来，没有不标记埋葬地的。"于是起坟，高四尺，四周不种树。

子之他乡，舍人之家①，出入必告，既而曰："奚适而无禀②?"万春乡社③，子必与执事，翼如也。④

【注释】

①舍人之家：住在别人家里。阮逸注云："舍于主人。"

②奚适而无禀：奚，如何。禀，告知。阮逸注云："言人动有所禀。"

③万春乡社：万春乡，王通所居乡名。社，祭祀。阮逸注云："所居乡名。社，祀句龙。"

④子必与执事，翼如也：文中子必前往，执俎豆之事，恭敬威严一丝不苟。翼如，如鸟翼舒展。语出《论语·乡党》："趋进，翼如也。"阮逸注云："执俎豆之事。翼如，恭貌。"

【译文】

先生去外地，住在别人家里，出入必定告知主人，既而又说："外出怎么能不禀告呢?"万春乡祭祀，先生必定前往，举止恭敬端庄。

芮城府君起家①为御史，将行，谓文中子曰："何以赠我?"子曰："清而无介②，直而无执③。"曰："何以加乎?"子曰："太和为之表④，至心为之内⑤；行之以恭，守之以道。⑥"退而谓董常曰："大厦将颠，非一木所支也⑦。"

【注释】

①芮城府君起家：芮城府君，王通的兄长王度。起家，出仕。阮逸注云："除服被起。"

②清而无介：介：孤独，耿直。清廉但不刚介。阮逸注云："清极则介。"

③直而无执：耿直但不固执。阮逸注云："直甚则执。"

④太和为之表：太和，古代指阴阳会和、冲和的元气。《后汉书·马融传》载："殆非所以逢迎太和，禅助万福也。"阮逸注云："清而外和。"

⑤至心为之内：至心，诚心。阮逸注云："直而内至。"

⑥行之以恭，守之以道：行为恭谨，坚守道义。阮逸注云："恭外道内。"

⑦非一木所支也：隋的灭亡不是一个人可以拯救的。阮逸注云："言隋将颠，非御史可救。"

【译文】

芮城府君被征为御史，临行对文中子说："有什么话送给我吗？"先生说："清廉但不要刚介，耿直但不要偏执。"兄问："还说点什么？"先生说："外表祥和，内心诚挚；行为恭谨，坚守道义。"之后，对董常说："大厦将要倒塌，不是一根树枝能支撑住的！"

子曰："昏娶而论财，夷虏之道也①，君子不入其乡。古者男女之族，各择德焉，不以财为礼②。"子之族昏嫁必具六礼③，曰："斯道也，今亡矣，三纲之首④不可废，吾从古。"

【注释】

①夷虏之道也：夷，东北或东南的少数民族。虏，西北少数民族。

②不以财为礼：参见阮逸注："引古证今。"

③六礼：古代结婚的礼仪，即纳采（送礼求婚）、问名（询问女方名字和出生日期）、纳吉（送礼订婚）、纳徵（送聘礼）、请期（议定婚

期)、亲迎(迎娶新娘)。阮逸注云:"纳采、问名、纳吉、纳徵、请期、亲迎。"

④三纲之首:指夫妇之道。三纲,谓君为臣纲、父为子纲、夫为妻纲,合称三纲。班固《白虎通·三纲六纪》:"三纲者,何谓也?君臣、父子、夫妇也。"阮逸注云:"夫为妇之纲。"

【译文】

先生说:"结婚嫁娶以钱财为标准,这是野蛮人的作为,君子不会去这种地方。古时男女两族通婚,都选择德行般配的人,不以财产作为标准。"先生的族人婚嫁,必备纳采、问名、纳吉、纳徵、请期、亲迎六礼,他说:"这种做法现在已经消失了,夫妇之道不可废,我依从古礼。"

子曰:"恶衣薄食,少思寡欲,今人以为诈,我则好诈焉。不为夸衒①,若愚似鄙,今人以为耻,我则不耻也。"

【注释】

①夸衒(xuàn):炫耀、自夸。

【译文】

先生说:"衣着俭朴食物简单,思谋简单所求不多,今人认为是假装的,我却好此假装。不炫耀自夸,好像愚笨浅薄,今人引以为耻,我却不觉得可耻。"

子曰:"古之仕也以行其道①,今之仕也以逞其欲②,难矣乎③!"

【注释】

①以行其道:推行正道。阮逸注云:"道行于人。"

②以逞其欲：逞，获得。阮逸注云："厚己所欲。"

③难矣乎：难以达到。阮逸注云："难致太平。"

【译文】

先生说："古人做官是为了推行正道，今人做官是为了满足私欲，这就难办了！"

子曰："吏而登仕^①，劳而进官，非古也，其秦之余酷乎^②？古者士登乎仕^③，吏执乎役^④，禄以报劳，官以授德^⑤。"

【注释】

①吏而登仕：吏，古代政府的职员，由平民担任，地位低下，没有官品，承担日常工作。《韩非子·外储说左下》："吏者，平法者也。"

②其秦之余酷乎：秦政的遗毒。阮逸注云："《周礼》：'胥吏执事而已，非委之以政教也。'《春秋》：'有功赏邑而已，非假之以名器也。'秦政酷，故用吏，才而官，不授德。"

③古者士登乎仕：古时士人为官。阮逸注云："士谓俊造也，从王命为仕。"

④吏执乎役：胥吏被差使。阮逸注云："力役。"

⑤禄以报劳，官以授德：爵禄用以答谢，官位授予有德之人。阮逸注云："禄及劳者，一身而已，官则为天下设也。"

【译文】

先生说："胥吏可以做官，有功劳而晋爵，并非古来有之，大概是秦政的余孽！古时，士人当官，胥吏只奉命差使，爵禄用以奖励功勋，而官位只授予有德行的人。"

子曰:"美哉!公旦①之为周也。外不屑天下之谤而私其迹②,曰必使我子孙相承,而宗祀不绝也;内实达天下之道而公其心③,曰必使我君臣相安,而祸乱不作。深乎!深乎!安家者,所以宁天下也;存我者,所以厚苍生也。④故迁都之义曰:洛邑之地,四达而平,使有德易以兴,无德易以衰。⑤"

【注释】

①公旦:周公旦,姬旦,周文王子,辅助武王灭纣,建周王朝,封于鲁。武王死,成王年幼,周公摄政。管叔蔡叔武庚作乱,周公东征平乱。七年,建成周洛邑。周代的礼乐制度,相传都是周公制定。

②外不屑天下之谤而私其迹:不屑,不介意。私其迹,周公为武王祈祷,愿以身代,纳册于金縢之匮,秘而不宣。阮逸注云:"不屑,不介意也。迹,谓摄位也。曰者,假周公为言也。"

③内实达天下之道而公其心:周公制礼作乐,订立制度,辅佐成王,日夜操劳。阮逸注云:"达道,制礼作乐也。公,谓终复子明辟也。"

④安家……厚苍生也:保存自己,厚待苍生。阮逸注云:"奉文武业,必存我身,所以宁国厚民。"

⑤使有德易以兴,无德易以衰:洛邑四通八达,无险可守。周公的用意,在于以德治天下。阮逸注云:"曰者,周公云也。卜洛相宅,义不恃险,而在修德。"

【译文】

先生说:"周公旦执政的周朝多么完美啊!对外不因为他人的诽谤就公开金縢之匮,一心让周室子孙相承,祭祀不绝;对内以实行正道为己任,开诚布公,一心使君臣相安,祸乱不起。深谋远虑啊!深谋远虑啊!安定周室是为了使天下太平,保存自己是为了造福苍生。他迁都的用意是：洛邑四通八达，有德则容易兴盛，无德则容易衰亡。"

无功作《五斗先生传》^①，子曰："汝忘天下乎^②？纵心败矩，吾不与也。^③"

【注释】

①无功作《五斗先生传》：无功，指王通的弟弟王绩。阮逸注云："王绩，字无功，子之弟也，不遇时则纵酒，一饮五斗，自作《五斗先生传》以见志。"

②汝忘天下乎：你不顾天下了吗？阮逸注云："言未能忘天下。"

③纵心败矩，吾不与也：纵心，放纵其心。矩，画方的工具，代指道德法则。《论语·为政》："七十而从心所欲，不逾矩。"阮逸注云："责其败人伦之法。"

【译文】

无功作《五斗先生传》，先生说："你忘记天下了吗？放纵自己、败坏人伦常法，我不赞成这样做。"

卷第四　周公篇

子谓周公之道："曲而当，私而恕，^①其穷理尽性以至于命乎^②！"

【注释】

①曲而当，私而恕：指周公不顾天下人的诽谤，辅佐成王，封同姓，诛管蔡，营洛邑诸事。曲，周遍，详尽。《易·系辞上》："曲成万物而不遗。"阮逸注云："摄政诛管蔡，曲而当也；代武王笞伯禽，私而恕也。"

②其穷理尽性以至于命乎：穷理尽性，深究事物的义理和人的本性。《易·说卦》："穷理尽性，以至于命。"穷极万物深妙之理，穷尽生灵所禀之性。阮逸注云："曲而当，于理穷矣；私而恕，于性尽矣。理则性，性则天，天则命，此所以为圣也。"

【译文】

先生这样说周公之道："周全而得当，既为己也为他人，探究事物义理和人性已达到知天命的境界了！"

子曰："圣人之道，其昌也潜^①，其弊也寝^②，亹亹^③焉若寒暑进退，物莫不从之而不知其由也^④。"

【注释】

①潜：隐藏。《荀子·议兵篇》："窥敌观变，欲潜以深。"

②寝：息，止。引申为扣住不发。王褒《四子讲德论》："秦人寝兵。"阮逸注云："潜、寝，皆渐也。"

③亹（wěi）亹：勤勉不倦。《诗经·大雅·文王》："亹亹文王，令闻不已。"阮逸注云："亹亹，循环不绝貌。"

④物莫不从之而不知其由也：万物遵循，却不知所以然。阮逸注云："显诸仁则民从之，藏诸用则民不知。"

【译文】

先生说："圣人的思想，昌盛时悄然奏效，困顿时短暂止息，勤勉不倦像寒暑一样交替，万物没有不依从此规律的，而又不知晓它的缘由。"

温彦博问："嵇康①、阮籍②何人也？"子曰："古之名理者，而不能穷也。③"曰："何谓也？"子曰："道不足而器有余④。"曰："敢问道、器？"子曰："通变之谓道⑤，执方之谓器⑥。"曰："刘灵⑦何人也？"子曰："古之闭关人也⑧。"曰："可乎？"曰："兼忘天下，不亦可乎？⑨"曰："道足乎？"曰："足则吾不知也⑩。"

【注释】

①嵇康（223—262）：字叔夜，谯郡铚县嵇山（今属安徽涡阳）人。"竹林七贤"之一。自幼聪颖，博览群书，广习诸艺，又喜爱老庄学说。身长七尺八寸，容止出众。后娶魏武帝曾孙女长乐亭主为妻，拜郎中，调中散大夫，世称"嵇中散"。后隐居不仕，屡拒为官。因得罪司隶校尉钟会，遭其构陷，被司马昭处死，时年四十岁。（《晋书·嵇康传》）阮逸注云："嵇康，字叔夜，山涛举之自代，康绝交，其介局如此。"

②阮籍：阮逸注云："阮籍，字嗣宗，居丧用琴酒，且曰：'礼岂为

我辈设?'其放旷如此。"

③古之名理者，而不能穷也：古代谈说名理的人不能穷尽其道。阮逸注云："谈名理不穷其变，或失于介，或失于放。"

④道不足而器有余：道不充足，器有盈余。研究事物发展变化的规律不足，却善于辩论事物概念之间的静止关系。阮逸注云："道不通则介，故不足；器不执则放，故曰有余。"

⑤通变之谓道：通变，通乎变化。通晓事物运动变化的规律叫道。《易·系辞上》："化而裁之谓之变，推而行之谓之通。"阮逸注云："可以变则变。"

⑥执方之谓器：保持事物稳定静止的性质为器。阮逸注云："可以方则方。"

⑦刘灵：刘伶。《四部丛刊》本作"刘灵"，误。生卒年不详，字伯伦，沛国人。"竹林七贤"之一。嗜酒不羁，被称为"醉侯"，好老庄之学，追求自由逍遥，无为而治。曾在建威将军王戎幕府下任参军，因无所作为而罢官。泰始二年（266），朝廷征召刘伶入朝为官，被刘伶拒绝。后以寿终。（《晋书·刘伶传》）阮逸注云："刘伶，字伯伦，性淡默，不交游，以酒自乐，常携壶，使人荷锸随行，曰：'死则埋之。'"

⑧古之闭关人也：原指关闭城门，后喻闭门谢客，不为尘世所扰。阮逸注云："闭关，喻藏身也，此世人所不能窥其闉阇。"

⑨兼忘天下，不亦可乎：连天下都忘了，难道不行吗？《庄子·天运》："使亲忘我易，兼忘天下难；兼忘天下易，使天下兼忘我难。"兼忘，俱忘。阮逸注云："一身可忘也，天下不可兼忘。"

⑩足则吾不知也：我不认为他道足。阮逸注云："伶亦放而已，非中道。"

【译文】

温彦博问:"嵇康、阮籍二人怎样?"先生说:"他们是古代谈说名理的人,但是不能穷尽其道。"问:"此话怎讲?"先生说:"道不充足而器有盈余。"问:"请问什么是道、器?"先生说:"道是运动变化的规律,器是事物稳定、静止的特性。"又问:"刘伶是怎样的人?"先生说:"古时自我封闭之人。"问:"这样做行吗?"先生答:"连天下都忘记,难道不行吗?"问:"他们足够有道吗?"先生说:"道足不足,我就不知道了。"

陈守①谓薛生②曰:"吾行令于郡县而盗不止,夫子③居于乡里而争者息,何也?"薛生曰:"此以言化④,彼以心化⑤。"陈守曰:"吾过矣。"退而静居⑥,三月盗贼出境。子闻之曰:"收善言,叔达善听。⑦"

【注释】

①陈守:阮逸注云:"陈守,叔达也。"

②薛生:薛收。阮逸注云:"薛生,收也。"

③夫子:王通。阮逸注云:"夫子,谓文中子。"

④此以言化:用言语教化人。阮逸注云:"行令示法。"

⑤彼以心化:用心感化人。阮逸注云:"行道感人。"

⑥退而静居:隐退而静观其变。阮逸注云:"思行其道。"

⑦收善言,叔达善听:薛收善于进谏,陈叔达善于倾听。听,《四部丛刊》本作"德"。阮逸注云:"二子同志。"

【译文】

陈叔达问薛收说:"我积极治理郡县而强盗屡禁不止,夫子隐居乡里却争端止息,这是什么缘故?"薛收说:"你是用言语教化,夫子是用真心感化。"陈叔达说:"我错了。"隐退静观其变,三个月后强盗离开绛郡。先生听到这件事说:"薛收善于进言,叔达善于倾听。"

房玄龄问:"田畴^①何人也?"子曰:"古之义人也。"

【注释】

①田畴(169—214):字子泰,右北平无终(今河北玉田)人。少喜读书。初为幽州牧刘虞从事。汉末兵起,率宗族附从避居徐无山。百姓归之,数年间至五千余家。建安十二年(207),曹操北征乌桓时入麾下,任司空户曹掾,为向导。后因平定乌丸有功,封亭侯,不受。又跟征荆州有功,赐封田畴,仍不受,于是拜为议郎。建安十九年(214)去世,时年四十六岁。(《三国志·魏志·田畴传》)陶渊明《拟古诗》:"闻有田子泰,节义为士雄。"阮逸注云:"田畴,字子泰,幽州牧刘虞使畴奉使于天子,及回,虞为公孙瓒所害,畴哭虞墓而去。魏祖欲封畴,畴不受。此节义人也。"

【译文】

房玄龄问:"田畴是怎样的人?"先生说:"他是古时的义士。"

子谓:"《武德》之舞劳而决,其发谋动虑经天下乎!^①"谓:"《昭德》之舞闲而泰^②,其和神定气绥天下乎^③!"太原府君曰:"何如?"子曰:"或决而成之,或泰而守之,吾不知其变也。^④噫!《武德》则功存焉,不如《昭德》之善也。^⑤且《武》^⑥之未尽善久矣。其时乎^⑦,其时乎!"

【注释】

①《武德》之舞……经天下乎：《武德》，汉舞名。舞人悉执干戚。《汉书·礼乐志》："高庙奏《武德》《文始》《五行》之舞；……《武德》舞者，高祖四年作，以象天下乐己行，武以除乱也。"经天下，《四部丛刊》本作"经营天下"。阮逸注云："汉高祖庙奏《武德》舞，状干戈，勤劳决取，以经营天下也。"

②《昭德》之舞闲而泰：《昭德》，汉景帝荐宗庙的舞名。《汉书·景帝纪》："其为孝文皇帝庙，为《昭德》之舞。"《汉书·礼乐志》："孝文庙奏《昭德》《文始》《四时》《五行》之舞。……孝景采《武德》舞以为《昭德》，以尊大宗庙。"闲而泰，天下无事而安宁。阮逸注云："汉文帝庙奏《昭德》舞，状修文物，以绥安天下也。"

③其和神定气绥天下乎：和神定气，和缓心神，安定气息。指国家太平、百姓安居乐业。绥，安抚。指修文德以教化人民。

④或决而成之，或泰而守之，吾不知其变也：果敢创业，安定守成，都是王道的表现。阮逸注云："凡帝道，有成之者，有守之者。乐舞象焉，其变在文武相须。"

⑤《武德》则功存焉，不如《昭德》之善也：功成一时与功成万世。阮逸注云："功立一时而已，德必常守于万世。"

⑥《武》：周武王时乐舞。《左传·宣公十二年》记楚庄王语："武王克商，作《颂》曰：'载戢干戈，载櫜弓矢。我求懿德，肆于时夏，允王保之。'又作《武》，其卒章曰：'耆定尔功。'其三曰：'铺时绎思，我徂维求定。'其六曰：'绥万邦，屡丰年。'夫武，禁暴、戢兵、保大、定功、安民、和众、丰财者也，故使子孙无忘其章。"

⑦其时乎：阮逸注云："汤、武革命，一时之功；周行典礼，万世

之道。"

【译文】

先生说:"《武德》之舞勤劳而果敢,是谋划考虑经营天下之曲!"又说:"《昭德》之舞悠闲而泰和,是心神平和、安抚天下之曲!"太原府君说:"这又如何?"先生说:"一个是果敢创业成就一时,另一个是泰然处之守成一世,两者都是王道的表现。唉!《武德》表现武功,不如《昭德》尽善尽美。就是周代的《武》也未能尽善尽美。这就是时局啊,时局啊!"

子谓:"史谈①善述九流②,知其不可废而知其各有弊也,安得长者之言哉③?"

【注释】

①史谈:司马谈(?—前110),汉太史公,夏阳人,司马迁之父。武帝时任太史令,论著阴阳、儒、墨、名、法、道六家要旨。崇尚道家,认为道家"立俗施事,无所不宜"。汉武帝封禅,谈不得而从,发愤而卒。(《史记·太史公自序》)阮逸注云:"司马谈为太史,故曰'史谈'。"

②九流:指儒家、道家、阴阳家、法家、名家、墨家、纵横家、杂家、农家。司马谈撰文论六家要旨,述九流者是班固。《汉书·艺文志》:"序六艺为九种。"阮逸注云:"九流:一儒家,二道家,三阴阳家,四法家,五名家,六墨家,七纵横家,八杂家,九农家。"

③安得长者之言哉:语出《汉书·循吏列传》:"遂还问其故,王生曰:'天子即问君何以治渤海,君不可有所陈对,宜曰:皆圣主之德,非小臣之力也。'遂受其言。既至前,上果问以治状,遂对如王生言。天子

悦其有让，笑曰：'君安得长者之言而称之？'遂因前曰：'臣非知此，乃臣议曹教戒臣也。'"王通即用此语。阮逸注云："逸谓：九流异道，犹五方殊俗，在致治者，因而利之，器而使之，故不废而同归于儒矣。长者，言殊道无不容，无不通也，不废则容之，有弊则排之，非真儒变通，不能极此。"

【译文】

先生说："司马谈善于阐述诸子之学，知道其不可偏废，也知道其各有弊端，他是从哪里得到这些老成的言论呢？"

子曰："通其变，天下无弊法；①执其方，天下无善教。②故曰'存乎其人③'。"

【注释】

①通其变，天下无弊法：通晓事物变化，可以别除不良的制度。阮逸注云："何常之有？法弊则革。"

②执其方，天下无善教：偏执固守，则天下没有完善的教化。阮逸注云："偏执一隅，有时作泥。"

③存乎其人：语见《易·系辞上》："神而明之，存乎其人。"阮逸注云："人，谓真儒。"

【译文】

先生说："通晓事物发展变化的规律，则天下没有不良的制度；偏执于一隅，则天下没有完善的教化。因此说'存废全在于人'。"

子曰："安得圆机之士①，与之共言九流哉？安得皇极之主②，与之共叙九畴③哉？"

【注释】

①圆机之士：圆机，天道变化的枢机。《庄子·齐物论》："枢始得其环中，以应无穷。"圆机之士是懂得大道并能做事的人。阮逸注："圆无执，张机发必中。"

②皇极之主：皇极，指帝王之位或王室。皇极之主是建立皇极的君主。

③九畴：传说中禹治天下的九类大法，喻治国方略。语出《尚书·洪范》："初一曰五行，次二曰敬用五事，次三曰农用八政，次四曰协用五纪，次五曰建用皇极，次六曰乂用三德，次七曰明用稽疑，次八曰念用庶征，次九曰向用五福，威用六极。"阮逸注云："九畴：一五行，二五事，三八政，四五纪，五皇极，六三德，七稽疑，八庶征，九五福。皇极居九数之中，当主位也。"

【译文】

先生说："哪里可找到懂得大道之人，能够和他一起讨论九流？哪里可找到治世明君，能够和他共同商讨治国方略呢？"

杜淹问："崔浩①何人也？"子曰："迫人也。执小道，乱大经。"

【注释】

①崔浩（381—450）：字伯渊，小名桃简，清河东武城人。魏太宗（拓拔嗣）初，拜为博士祭酒，累官至司徒，仕魏三帝，军国大计，多所

参赞。工书并通经史,长天文学,后作《国书》三十卷。为鲜卑诸大臣所忌,太平真君十一年,以矫诬罪,诛死,灭族。(《魏书·崔浩传》)阮逸注云:"崔浩,字伯渊,好星历及真君长生之术,盖迫小不知通儒之道。"

【译文】

　　杜淹问:"崔浩是怎样的人?"先生说:"狭隘之人,固执于小技艺,扰乱纲常。"

　　程元曰:"敢问《豳风》①何也?"子曰:"变风②也。"元曰:"周公之际,亦有变风乎?"子曰:"君臣相消,其能正乎?③成王终疑,则风遂变矣。④非周公至诚,孰能卒正之哉?⑤"元曰:"《豳》居变风之末⑥,何也?"子曰:"夷王已下,变风不复正矣。⑦夫子盖伤之者也⑧,故终之以《豳风》。言变之可正也,唯周公能之,故系之以正,⑨歌《豳》曰周之本也⑩。呜呼!非周公孰知其艰哉⑪?变而克正,危而克扶,⑫始终不失于本,其惟周公乎!系之《豳》,远矣哉!⑬"

【注释】

　　①《豳风》:《诗经》十五国风之一,收录《七月》《鸱鸮》等七首诗。豳,地名,今陕西旬邑县、彬州市一带。《毛诗正义·豳七月诂训传》:"豳者,戎狄之地名也。夏道衰,后稷之曾孙公刘自邰而出居焉。"西周亡,豳地归秦。

　　②变风:《邶风》至《豳风》十三风被视为变风。阮逸注云:"豳,今为邠,周始兴之地也,变风自《邶》至《王·黍离》。"

③君臣相诮，其能正乎：诮，责问，讥嘲。阮逸注云："成王听流言之诮，非正风也。"

④成王终疑，则风遂变矣：成王相信流言，遂变风起。阮逸注云："倘金縢未开，则终疑周公。"

⑤非周公至诚，孰能卒正之哉：卒，终止。《毛诗正义·豳七月诂训传》："周公遭流言之难，居东都，思公刘、大王为豳公，忧劳民事，以此叙己志而作《七月》《鸱鸮》之诗。成王悟而迎之，以致太平，故大师述其诗为豳国之风焉。"阮逸注云："发乎情，是至诚也；止乎礼义，是卒正之也。"

⑥《豳》居变风之末：《豳风》在十五国风之末。阮逸注云："删《诗》何以《豳》在列国之后。"

⑦夷王已下，变风不复正矣：周夷王，名燮，孝王之子，厉王之父。《礼记·郊特牲》："觐礼，天子不下堂而见诸侯。下堂而见诸侯，天子之失礼也，由夷王以下。"阮逸注云："夷王下堂而见诸侯，周始衰微，《国风》遂变，不复雅正矣。"

⑧夫子盖伤之者也：伤感。阮逸注云："伤周。"

⑨唯周公能之，故系之以正：指继之以《雅》。阮逸注云："周已变，而以《豳》正之者，周公也。"

⑩歌《豳》曰周之本也：豳地是周先祖公刘的都城。阮逸注云："《七月》陈王业，后稷、公刘之本。"

⑪非周公孰知其艰哉：治理的艰难。《毛诗正义·豳七月诂训传》："《七月》，陈王业也。周公遭变，故陈后稷先公风化之所由，致王业之艰难也。"阮逸注云："王业艰难。"

⑫变而克正，危而克扶：变风归正，匡正扶持。《论语·季氏》："危而不持，颠而不扶，则将焉用彼相矣？"

⑬系之《豳》，远矣哉：周公诗放置在《豳风》中，用意深远。阮逸注云："周公之诗，不系《周》而系《豳》者，正其本，存乎远也。"

【译文】

程元问："请问《豳风》属于何种诗？"先生说："属于变风。"程元又问："周公之时就有变风存在吗？"先生说："君主与臣子互相诮讽，这还能是正风吗？成王整日怀疑周公，所以就成为变风了。若非周公忠诚，谁能结束这一切呀？"程元问："为什么《豳风》处于变风的末端？"先生说："周夷王以后的诗就不再是正风了。孔子痛心于此，于是把《豳风》作为末尾。又认为变风可以成正风，只有周公能做到，因此把《豳风》与正风相连。歌唱《豳风》，强调它为周的根本。唉！除了周公谁能了解创业与守业的艰难？变风可以成为正风，危机时能匡正扶持王业，始终不失根本，能够这样做的只有周公吧！把周公的诗放在《豳风》中，用意深远啊！"

子曰："齐桓尊王室而诸侯服，惟管仲知之；①苻秦举大号而中原静，惟王猛知之。②"或曰："苻秦逆③。"子曰："晋制命者之罪也④，苻秦何逆⑤？昔周制至公之命⑥，故齐桓、管仲不得而背也⑦；晋制至私之命⑧，故苻秦、王猛不得而事也⑨。其应天顺命，安国济民乎？是以武王不敢逆天命背人而事纣，齐桓不敢逆天命背人而黜周。故曰：晋之罪也。苻秦何逆？三十余年⑩，中国士民，东西南北，自远而至，猛之力也。"

【注释】

①齐桓尊王室而诸侯服，惟管仲知之：齐桓公（？—前643），名小

白。春秋五霸之一。周庄王十一年，因兄襄公暴虐，去国奔莒。襄公被杀，归国即位。任管仲为相，尊周室攘夷狄，九合诸侯，一匡天下，终其身为盟主。（《史记·齐太公世家》）阮逸注云："管仲，字夷吾，齐桓公伯诸侯，仲之力也，故曰'知之'。"

②符秦举大号而中原静，惟王猛知之：符秦，东晋十六国之一。东晋时符洪据关中称三秦王，后其子符健称帝，建都长安，史称前秦。或因其姓称符秦。符坚（338—385），字永固，一名文玉，符雄之子。在位前期，励精图治，重用王猛，休养生息，加强生产，国力强盛，统一北方，攻占蜀地，形成南北对峙局面。建元十九年（383），挥师南伐，发动淝水之战，意图一统天下。最终败给谢玄率领的北府兵，导致社会矛盾激化，陷入乱局。建元二十一年（385），为姚苌所害，终年四十八岁，谥号宣昭皇帝，庙号世祖。（《晋书·符坚载记》）阮逸注云："前秦符坚得天下三分之二，故曰'中原静'也，亦其相王猛之力。"

③符秦逆：前秦叛逆。阮逸注云："东晋在而坚僭号，是逆。"

④晋制命者之罪也：制命，拟订命令。制命者，统治者。《左传·闵公二年》："夫帅师，专行谋……师在制命而已。"注："命，将军所制。"阮逸注云："晋不能命方伯，使征不庭。"

⑤符秦何逆：符坚有何逆行？阮逸注云："上顺下违曰逆，上乱下抗非逆也，义在下文。"

⑥昔周制至公之命：参见《左传·僖公四年》："管仲对曰：昔召康公命我先君大公曰：'五侯九伯，女实征之，以夹辅周室。'"《正义》曰："太公为王官之伯，得以王命征讨天下，随罪所在，各致其罚。故五等诸侯，九州之伯，皆得征讨其罪。齐桓因太公有此王命，言已上世先公得征讨有罪，所以夸楚也。"阮逸注云："若《策命》曰：'五侯九伯，汝实征之。'是至公也。"

⑦故齐桓、管仲不得而背也：顺从天意。阮逸注云："上顺故。"

⑧晋制至私之命：晋朝统治者出于私心。阮逸注云："惠帝已（以）后，贿赂大行天下，谓之'互市'。"

⑨故苻秦、王猛不得而事也：苻坚和王猛难以臣服。阮逸注云："晋东迁，中国无主，秦乃抗号。"

⑩三十余年：一说，前秦自苻洪350年立国，至383年被慕容氏攻破，凡三十三年。另一说，苻坚于357年当政，至385年被杀，共二十九年，接近三十年。

【译文】

先生说："齐桓公尊重周室使诸侯臣服，只有管仲知道其中缘故。前秦苻坚行仁道使中原太平，只有王猛知晓事情原委。"有人说："苻秦是逆臣。"先生说："这是晋朝统治者的罪过，苻秦有何逆行？昔日周朝的统治大公无私，因此齐桓公、管仲不敢违背上天的安排。今日晋朝的统治完全出自私心，因此苻坚、王猛难以臣服于晋。这就是顺应天命，安国济民吧？因此，武王不敢违背天命、不顾民愿而事纣王，齐桓公不敢违背天命、不顾民心而罢黜周王。所以说，一切都是晋的罪过。苻坚有何逆行？三十年来，中原民众，从四面八方，自远方而来归顺于前秦，这都是王猛的功劳啊。"

子曰："苻秦之有臣，其王猛之所为乎？①元魏之有主，其孝文之所为乎？②中国之道不坠，孝文之力也③。"

【注释】

①苻秦之有臣，其王猛之所为乎：王猛即为贤臣。阮逸注云："见王猛功业，知秦有臣。"

②元魏之有主，其孝文之所为乎：元魏，北魏。拓跋氏改姓元，故称。阮逸注云："观孝文治具，知魏有主。"

③孝文之力也：魏孝文帝的成就。阮逸注云："都洛邑，兴文物。"

【译文】

先生说："苻秦有贤臣，是因为王猛的作为吧？北魏有明君，是因为孝文帝的作为吧？中国之道不坠落，是孝文帝努力的结果啊。"

太原府君曰："温子昇①何人也？"子曰："险人也，智小谋大②。永安之事③，同州府君常切齿④焉，则有由也。"

【注释】

①温子昇（495—547）：字鹏举，济阴冤句（今山东曹县西北）人。温峤后人，济阴太守温晖之子，与邢劭齐名，并称"温邢"，"北地三才"之一。孝明帝初年，被东平王元匡召募为御史，时年二十二岁。永熙年间，为太子侍读兼舍人、镇南将军、金紫光禄大夫，迁散骑常侍、中军大将军。武定五年（547），被诬参与元瑾作乱，囚于晋阳狱中，饿极食敝襦而死，弃尸路隅。（《魏书·文苑传》）阮逸注云："温子昇，字鹏举，掌魏国文翰，性似静而实深险。其后与元瑾谋逆坐诛。"

②智小谋大：参见《易·系辞下》："德薄而位尊，知小而谋大，力少而任重，鲜不及矣。"

③永安之事：永安，魏孝庄帝（528—530 年在位）年号。永安三年，孝庄帝杀权臣尔朱荣。尔朱氏遂作乱。十二月，尔朱兆、尔朱度律袭京城，帝出云龙门。兆逼迫帝幸永宁寺，后迁帝于晋阳，害帝于城内三级寺。（《魏书·孝庄纪》）阮逸注云："永安，庄帝年号也，时魏国大乱。"

④切齿：咬牙切齿，表示极端痛恨。《韩非子·守道》："人主甘服于

玉堂之中，而无瞋目切齿倾取之患。"阮逸注云："切齿，未详。"

【译文】

太原府君问："温子昇是怎样的人？"先生说："是奸险之人，智谋不足却策划大事。同州府君说起永安之事总是咬牙切齿，这是有理由的。"

子读三祖上事①，曰："勤哉而不补也②！无谓魏周无人，吾家适不用尔③。"

【注释】

①子读三祖上事：王通三世祖王彦（同州府君）、四世祖王虬（晋阳穆公）、五世祖王焕（江州府君）、六世祖王玄则等人。阮逸注云："读《魏书》也。"

②勤哉而不补也：永安之事有王彦勤王之举，而无益。阮逸注云："见同州府君勤王事迹也。"

③吾家适不用尔：三世祖王彦，悲永安之事，退居河曲，不仕。阮逸注云："魏帝宝炬入关依宇文泰，泰子觉，建号称周。"

【译文】

先生读三代祖上之事，说："勤奋却于事无补！不要说魏周时期无人才，不过是我祖上贤人没有被任用罢了。"

子之家庙，座必东南向，自穆公始也。曰："未忘先人之国①。"

【注释】

①先人之国：指东晋和宋国。王通祖上随晋室南迁，居江东三世，至

王虬（晋阳穆公）奔魏，始居河汾。阮逸注云："穆公虬自宋奔魏，自是庙座向东南。"

【译文】

从穆公开始，王氏家庙必定面向东南方。先生说："未曾忘记先人所在的国家。"

辽东之役①，子闻之曰："祸自此始矣②。天子不见伯益赞禹之词③，公卿不用魏相讽宣帝之事④。"

【注释】

①辽东之役：大业八年至十年，隋炀帝三征高句丽，劳师无功，国渐乱。

②祸自此始矣：祸乱从此开始。阮逸注云："炀帝大业八年征辽，二百万众并陷；九年又征之，山东始乱；十年又征，天下遂丧。"

③天子不见伯益赞禹之词：参见《尚书·虞书·大禹谟》："三旬，苗民逆命。益赞于禹曰：'惟德动天，无远弗届。满招损，谦受益，时乃天道。帝初于历山，往于田，日号泣于旻天，于父母，负罪引慝。祗载见瞽瞍，夔夔斋栗，瞽亦允若。志诚感神，矧兹有苗。'禹拜昌言曰：'俞！'班师振旅。帝乃诞敷文德，舞干羽于两阶，七旬，有苗格。"阮逸注云："益赞于禹曰：'惟德动天，无远弗届。'禹乃班师振旅，七旬苗格。"

④公卿不用魏相讽宣帝之事：魏相（？—前59），字弱翁，济阴定陶人。先后任茂陵令、扬州刺史、谏大夫、河南太守等职。治郡有方，深得民心。汉宣帝时，征为大司农，后任御史大夫。官至丞相，封高平侯。为人严毅，刚正不阿。与丙吉同心辅政，君臣交泰，人民安乐。神爵三年

（前59），去世，获谥"宪"。（《汉书·魏相传》）阮逸注云："汉宣帝使赵充国击匈奴，魏相谏曰：'臣闻恃大威者为骄兵，兵骄者灭；非但人事，乃天道也。'"

【译文】

先生听说隋炀帝征伐辽东，说："祸端由此产生。天子听不到伯益赞禹之词，公卿大臣也没有像魏相讽谏宣帝那样规劝皇帝。"

王孝逸谓子曰："天下皆争利弃义，吾独若之何①？"子曰："舍其所争，取其所弃，不亦君子乎？"

【注释】

①吾独若之何：我一人又能怎样。阮逸注云："利己曰利，利物曰义。"

【译文】

王孝逸对先生说："天下人都争私利、弃仁义，我独自一人又能怎样？"先生道："舍弃他们争夺的私利，获取他们抛弃的仁义，这不是君子的作为吗？"

子谓贾琼、王孝逸、凌敬曰："诸生何乐？"贾琼曰："乐闲居①。"子曰："静以思道，可矣。"王孝逸曰："乐闻过②。"子曰："过而屡闻，益矣。"凌敬曰："乐逢善人③。"子曰："多贤，不亦乐乎？"

【注释】

①乐闲居：喜欢闲居。阮逸注云："退静。"

②乐闻过：喜欢被批评。阮逸注云："思益。"

③乐逢善人：喜欢遇到善人。阮逸注云："好贤。"

【译文】

先生问贾琼、王孝逸、凌敬："你们喜欢什么？"贾琼说："喜欢闲居。"先生说："静心思道，很好。"王孝逸说："喜欢倾听别人对自己的意见。"先生说："能多听自己的过失，是有益处的。"凌敬说："喜欢遇到善人。"先生说："世上多贤人，不是件快乐的事吗？"

薛收游于馆陶①，适与魏徵。归告子曰："徵，颜冉之器也。"徵宿子之家，言《六经》②，逾月不出。及去，谓薛收曰："明王不出而夫子生，是三才九畴属布衣也③。"

【注释】

①馆陶：魏徵家乡，今河北南部，临近山东。阮逸注云："魏有馆陶县。"

②《六经》：指《续六经》。

③是三才九畴属布衣也：布衣，平民百姓。阮逸注云："道兼天地，理通皇极。"

【译文】

薛收游学馆陶，结识魏徵。回来对先生说："魏徵具有颜回、冉有一样的才干。"魏徵住在先生家，谈论《续六经》，超过一个月足不出户。待到离去时，对薛收说："明王未出现而夫子降生，三才九畴之学在一介平民身上了。"

刘炫①见子，谈《六经》，唱其端，终日不竭。子曰："何其多也？"炫曰："先儒异同②，不可不述也。"子曰："一以贯之可矣，尔以尼父为多学而识之耶③？"炫退，子谓门人曰："荣华其言④，小成其道，难矣哉⑤！"

【注释】

①刘炫（约546—约613）：字光伯，河间景城人。通天文律数，深研诸经。与刘焯并称为"二刘"。开皇中，预修国史并参与修订《五礼》。牛弘奏请购求遗书，炫伪造《连山易》《鲁史记》等百余卷，送官取赏。事发，除名归家。隋末，流离饿死。阮逸注云："炫，字光伯，开皇中表乞兴学校。然好自矜伐，为执政所抑，著《五经正名》十二卷，行于世。"

②先儒异同：先儒分歧的观点。阮逸注云："注传异同。"

③尔以尼父为多学而识之耶：尼父，孔子。父，同"甫"，古代对男子的美称。《礼·檀弓上》："鲁哀公诔孔丘曰：'天不遗耆老，莫相予位焉！呜呼哀哉，尼父！'"阮逸注云："天下何思何虑，殊途而同归，百虑而一致，此尼父之学也。"

④荣华其言：夸夸其谈。

⑤难矣哉：阮逸注云："难入尼父之门矣。"

【译文】

刘炫见先生，谈论《六经》，陈述《六经》端绪，终日不绝。先生问："为什么如此之多的说辞？"刘炫答："先儒学说的异同，不可以不叙述。"先生说："一而贯之即可，你以为孔子是博闻强记的人吗？"刘炫告退，先生对门人说："夸夸其谈，自以为是，难有所成啊！"

凌敬问礼乐之本，子曰："无邪①。"凌敬退，子曰："贤哉，儒也！②以礼乐为问。"

【注释】

①无邪：纯正。原指马在大道上跑。《论语·为政》："《诗》三百，一言以蔽之，曰：'思无邪。'"阮逸注云："礼乐本乎情，情无邪则貌恭而气和。恭，礼也；和，乐也。"

②贤哉，儒也：贤儒。阮逸注云："贤其学王道。"

【译文】

凌敬问礼乐的根本，先生回答："无邪。"凌敬告退，先生说："贤良啊，这个儒生！关心礼乐的根本。"

子曰："《大风》安不忘危，其霸心之存乎！①《秋风》乐极哀来，其悔志之萌乎！②"

【注释】

①《大风》……存乎：《大风》，汉高祖刘邦所作《大风歌》。汉高祖十一年（前196），淮南王英布反汉。刘邦亲自出征，败之。得胜还军途中，衣锦还乡，与故旧、尊长等畅饮十数日。一天酒酣，刘邦击筑而歌，曰："大风起兮云飞扬。威加海内兮归故乡。安得猛士兮守四方！"（《史记·高祖本纪》）阮逸注："汉高祖歌云'安得猛士兮守四方'，此不忘武备而心在杂霸也。"

②《秋风》……萌乎：《秋风》，即汉武帝刘彻所作《秋风辞》。前113年，汉武帝率领群臣到河东郡汾阳祭祀后土，时值秋风萧飒，鸿雁南

归，汉武帝乘坐楼船泛舟汾河，饮宴中流，触景生情，感慨万千，写下了这首《秋风辞》。其辞曰："秋风起兮白云飞，草木黄落兮雁南归。兰有秀兮菊有芳，怀佳人兮不能忘。泛楼船兮济汾河，横中流兮扬素波。箫鼓鸣兮发棹歌，欢乐极兮哀情多。少壮几时兮奈老何！"阮逸注："汉武歌云'欢乐极兮哀情多'，此悔悟前过，志形哀痛之诏也。"

【译文】

先生说："《大风歌》居安思危，可见汉高祖雄心犹在！《秋风辞》乐极哀来，是因为汉武帝萌生悔意吧！"

子曰："《诗》《书》盛而秦世灭，非仲尼之罪也；①玄虚长而晋室乱，非老庄之罪也。②斋戒修而梁国亡，非释迦之罪也。③《易》不云乎：'苟非其人，道不虚行。④'"

【注释】

①《诗》《书》盛而秦世灭，非仲尼之罪也：秦不用《诗》《书》，不能"盛"。"秦"当为"周"之误。阮逸注云："秦不用《诗》《书》故。"

②玄虚长而晋室乱，非老庄之罪也：玄虚长，指魏晋时期玄学盛行。阮逸注云："老庄存太古之教，非适时之典，晋贤荡焉，故乱。"

③斋戒修而梁国亡，非释迦之罪也：梁武帝崇信佛教，大修佛寺，三次舍身同泰寺为寺奴，群臣聚财为其赎身。阮逸注云："释氏本空寂之法，非化俗之原，梁主惑焉，故亡。"

④苟非其人，道不虚行：语出《易·系辞下》："若苟非通圣之人，则不晓达《易》之道理，则《易》之道不虚空得行也。"阮逸注云："圣人非不知太古之朴、空寂之性，然而应物致理必有制焉；晋贤荡，梁主惑，非立人之制也，故虚行者尔。"

【译文】

先生说:"《诗》《书》盛行而周朝灭亡,并非是孔子的过错;玄虚之学流行而晋室败亡,并非是老子和庄子的过错;信奉佛法而梁国灭亡,并非是释迦牟尼的过错。《易》说过:'苟非其人,道不虚行。'"

或问佛,子曰:"圣人也①。"曰:"其教何如?"曰:"西方之教也②,中国则泥③,轩车不可以适越,冠冕不可以之胡,古之道也。④"

【注释】

①圣人也:指释迦族的圣人。阮逸注云:"圣人之寂灭者。"

②西方之教也:参见阮逸注:"西方化外可行,非中国礼义之俗可习。"

③中国则泥(nì):泥,阻滞,拘泥,引申为行不通。《论语·子张》:"虽小道,必有可观者焉,致远恐泥,是以君子不为也。"阮逸注云:"泥,犹溺也。"

④轩车不可以适越,冠冕不可以之胡,古之道也:轩,一种前顶较高、饰有帷幕的车,供大夫以上的人乘坐。越,越国,国都会稽(今绍兴)。阮逸注云:"越舟而不车,胡发而不冠,古者夷不乱华。"

【译文】

有人问佛,先生说:"佛是圣人。"又问:"佛教呢?"先生说:"是西方的宗教,不适合中原之国。轩车不适用于越国,冠冕不适用于胡地,这是古之常理。"

或问宇文俭①。子曰:"君子儒也。疏通知远,其《书》之所深乎!②铜川府君重之,岂徒然哉?③"

【注释】

①宇文俭(550—578):字侯幼突,代郡武川(今内蒙古武川西)人。宇文泰第八子。武成初年,封为谯国公,拜柱国大将军,先后治理宁州、同州和益州。建德三年,进为王。五年,从北周武帝攻打北齐,拔取永固城。六年,拜为大冢宰。七年,去世,终年二十九岁,诏赠使持节,并、晋、朔、燕、幽、青、齐、冀、赵、沧、瀛、恒、潞、洺、贝十五州刺史,上柱国,谥号忠孝。(《周书·宇文俭传》)阮逸注云:"俭事迹未见。"

②疏通知远,其《书》之所深乎:参见《礼记·经解》:"疏通知远而不诬,则深于《书》者也。"

③铜川府君重之,岂徒然哉:阮逸注云:"父之友。"

【译文】

有人问宇文俭。先生说:"他是儒生中的君子。豁达有远见,《尚书》的深义即在于此!铜川府君重视他,怎会无根据呢?"

子游太乐①,闻《龙舟五更》②之曲,瞿然③而归,曰:"靡靡乐④也,作之邦国焉,不可以游矣。"

【注释】

①太乐:太乐署,属太常寺。阮逸注云:"乐署。"

②《龙舟五更》:隋炀帝游幸江都时所演奏的乐曲。阮逸注云:"炀

帝将游江都宫，作此曲。"

③瞿（qú）然：惊视貌。

④靡靡乐：柔靡的音乐。阮逸注云："纣作靡靡之乐，亡国之音也。"

【译文】

先生游览太乐署，听到《龙舟五更》曲，惊视而起，说："靡靡之音，奏起于邦国，不能继续游览了。"

子谓姚义："盍官乎①？"义曰："舍道干禄，义则未暇。②"子曰："诚哉！"

【注释】

①盍官乎：为何不做官？阮逸注云："官，仕。"

②舍道干禄，义则未暇：干，求取。阮逸注云："言隋仕人皆舍道。"

【译文】

先生问姚义："为什么不做官？"姚义说："舍弃道义追求功名，就无暇顾及仁与义了。"先生说："诚然如此啊！"

或问荀彧①、荀攸②。子曰："皆贤者也。"曰："生死何如③？"子曰："生以救时，死以明道。荀氏有二仁焉。"

【注释】

①荀彧（163—212）：字文若，颍川颍阴（今河南许昌）人。少有才名，南阳何颙称其为王佐之才。汉末初依袁绍，后从曹操，官司马。操比之为张良。操迎汉献帝徙许昌，以彧为侍君，守尚书令，时人称为"荀

令君"。常参与军国大事，操之功业，多出彧谋。后因反对操追爵魏公，饮药自尽（一说忧郁而亡），终年五十岁。（《三国志·魏志·荀彧传》）阮逸注云："彧，字文若，佐魏祖有大功。或谓魏祖宜加九锡，彧曰：'本起义兵，所以正朝安国也。君子爱人以德，不宜如此。'魏祖闻之不悦，彧饮药而死。"

②荀攸（157—214）：字公达，颍川颍阴（今河南许昌）人。荀彧之侄。何进掌权时任黄门侍郎，曾因密谋刺杀董卓而入狱，后弃官回家。曹操迎天子入许都，攸成为军师。征伐吕布时劝阻曹操退兵，并献计水淹下邳城，活捉吕布。官渡之战中，计斩颜良与文丑，又策奇兵烧袁绍粮草，力劝曹操采纳许攸之计奔袭乌巢，接纳张郃、高览，皆立下大功。行事周密低调，计谋百出，深受曹操称赞。建安十九年（214），在曹操伐吴途中去世。谥曰敬侯。阮逸注云："彧从子攸，字公达，魏国初建，参谋帷幄，举事慎密，虽子弟不能知。魏祖常称曰：'荀令君之仁，荀军师之智。'又曰：'令君举善，不进不休；军师去恶，不去不止。'然彧初仕汉，汉亡则死；攸独仕魏，魏存则生；明道救时，皆谓仁矣。"

③生死何如：阮逸注云："彧死，攸生。"

【译文】

有人问荀彧和荀攸。先生说："都是贤臣。"又问："他们生死怎样？"先生说："此二人生时匡救时弊，死时彰显正道。荀氏二人都是仁人啊。"

子曰："言而信，未若不言而信；行而谨，未若不行而谨。"贾琼曰："如何？"子曰："推之以诚，则不言而信；①镇之以静，则不行而谨。②惟有道者能之③。"

【注释】

①推之以诚，则不言而信：诚心待人，不说话，他人也可感知而对其

信任。阮逸注云:"心至诚,虽未言,人已知其必信矣。"

②镇之以静,则不行而谨:临事镇静,未行事之前,也很谨慎。阮逸注云:"性复静,虽未行,人知必谨。"

③惟有道者能之:只有懂得儒道的人可以做到。阮逸注云:"有儒道者能如此。"

【译文】

先生说:"言而有信,不如不言而有信;行为严谨,不如不行而严谨。"贾琼问:"如何做到这一点?"先生说:"以真心对待他人,则不言而信;临事镇静,则不行动也很严谨。只有有道之人能做到这一点。"

杨素谓子曰:"甚矣,古之为衣冠裳履,何朴而非便也①!"子曰:"先王法服,不其深乎?②为冠,所以庄其首也;为履,所以重其足也;衣裳襜如③,剑珮锵如④,皆所以防其躁也⑤。故曰:'俨然人望而畏之⑥。'以此防民,犹有疾驱于道⑦者;今舍之曰'不便',是投鱼于渊,置猿于木也,⑧天下庸得不驰骋而狂乎?引之者非其道也⑨。"

【注释】

①何朴而非便也:便,不方便。阮逸注云:"朴,虚装貌。"

②先王法服,不其深乎:法服,正装。《孝经·卿大夫》:"非先王之法服不敢服,非先王之法言不敢道,非先王之德行不敢行。"阮逸注云:"有深旨。"

③衣裳襜(chān)如:襜如,前后摇动的样子,齐整貌。《论语·乡党》:"衣前后,襜如也。"阮逸注云:"衣下曰裳,襜如,盛貌。"

④剑珮锵如：剑与珮相击发出金玉之声。阮逸注云："带剑示威，垂珮合节。锵如，响声。"

⑤皆所以防其躁也：防止急躁。阮逸注云："威重有节，则躁无自入焉。"

⑥俨然人望而畏之：神情庄重，令人敬畏。语出《论语·尧曰》："君子正其衣冠，尊其瞻视，俨然人望而畏之，斯不亦威而不猛乎？"

⑦疾驱于道：喻为非作歹。

⑧是投鱼于渊，置猿于木也：鱼乃水中之物，猿乃林中之兽。将它们放到各自熟悉的生活环境，它们将无拘无束，鱼儿畅游，猿穿梭于林间。此处，以水中鱼、林中猿比喻没有礼法限制，百姓为所欲为。阮逸注云："为礼使人别禽兽。"

⑨引之者非其道也：引之者指杨素。阮逸注云："责素不以礼引人。"

【译文】

杨素对先生说："古人的衣冠，过于朴素又太不方便行走了。"先生说："古代圣王制作衣服，用意不深远吗？冠用来使头面庄重；鞋用来使步履稳健；衣裳齐整，剑珮锵锵有声，是用以防止躁动。所以说：'威严的样子使人望而生畏。'以此来防止百姓作乱，尚且有人为非作歹；今日说它们'不方便'而舍弃不用，这等于投鱼于渊、置猿于木，天下怎能不乱呢？都是因为引导者没有将人民带上正道。"

董常歌《邶·柏舟》①。子闻之曰："天实为之，谓之何哉？②"

【注释】

①《邶·柏舟》：《诗经·邶风》首篇，作者是卫国的一个官吏，诗中抒写了他在黑暗势力打击下的忧愁和痛苦，写道"忧心悄悄，愠于群

小。覯闵既多，受侮不少"。阮逸注云："言仁不遇也。卫顷公之时，仁人不遇，小人在侧，卒章云：'忧心悄悄，愠于群小。'"

②天实为之，谓之何哉：语见《诗经·邶风·北门》，言忠臣不得志。阮逸注云："此《北门》篇也，刺仕不得志。炀帝任群小，仁人忧之，言董常不遇者天也。"

【译文】

董常吟唱《邶·柏舟》。先生听到说："宿命如此，说有什么用？"

邳公①好古物，钟鼎什物、珪玺钱贝必具。子闻之曰："古之好古者聚道②，今之好古者聚财③。"

【注释】

①邳公：指苏威（540—621），字无畏，京兆武功（今陕西武功西北）人。苏绰之子，宇文护之婿。起家京兆郡功曹，袭封美阳县公。迎娶新兴公主，迁车骑大将军、仪同三司，改封怀道县公。北周武帝亲政后，拜为稍伯下大夫。所授官爵，苏威均以病拒受。隋文帝杨坚即位，拜太子少保、纳言、民部尚书，追赠其父为邳国公，并命威袭爵。历任大理卿、京兆尹、御史大夫、刑部和吏部尚书等职。开皇九年（589），拜为尚书右仆射，成为"四贵"之一。开皇十二年（592），参与结党营私，免除官爵。仁寿初年，复拜尚书右仆射。炀帝嗣位，加上大将军，后坐罪免官。岁余复官，迁太常卿和纳言，参与朝政，赐爵房陵侯，进封房公，加授开府仪同三司，后又坐罪罢免。宇文化及弑逆，以威为光禄大夫。王充僭号，拜威为太师。唐朝武德六年（623），病死于长安，终年八十二岁。（《隋书·苏威传》）阮逸注云："苏威，封邳国公。"

②古之好古者聚道：阮逸注云："聚淳朴之性。"

③今之好古者聚财：阮逸注云："聚珍异之器。"

【译文】

邳公喜好古物，钟鼎玉器、钱币文玩一应俱全。先生闻后说："古人喜好古物是为了聚集古道，今人好古物是为了聚敛钱财。"

子谓仲长子光曰："山林可居乎？"曰："会逢其适也，焉知其可。①"子曰："达人哉，隐居放言也！②"子光退，谓董、薛曰："子之师，其至人③乎！死生一矣，不得与之变。④"

【注释】

①会逢其适也，焉知其可：成语有"遭逢时会"。王充《论衡·命禄》："逢时遇会。"借指遇到好的机会。仲长子光这句话可意译为：没有遇到合适的，怎知它是否可居。阮逸注云："会当其意有所适，则居之耳，不知其可不可也。"

②达人哉，隐居放言也：达人，通达之人。隐居放言，避世隐居，放肆直言。阮逸注云："任意所适，达也；适在山林，隐也；不知其可，放也。"

③至人：扬弃被功名束缚的小我，而臻至与天地精神往来境界的人。《庄子·逍遥游》："故曰：至人无己，神人无功，圣人无名。"阮逸注云："极乎道，为至人。"

④死生一矣，不得与之变：生死如一，不改变他的追求。阮逸注云："死生不变其道者，一贯天下者也。"

【译文】

先生问仲长子光："山林可以居住吗？"子光说："我随遇而安，没有遇到合适的，怎知山林是否能居住？"先生说："通达之人啊！随适而居，任意放言啊!"子光告退后,和董常、薛收说:"你们的老师是至人吧!死生如一,不变其道。"

薛收问隐。子曰:"至人天隐①,其次地隐②,其次名隐③。"

【注释】

①至人天隐:参见阮逸注:"藏其天真,高莫窥测。"

②其次地隐:参见阮逸注:"避地山林,洁身全节。"

③其次名隐:参见阮逸注:"名混朝市,心在世外。"

【译文】

薛收问隐居之事。先生说:"至人的'隐'是'天隐',无往而不适;其次是'地隐',择地而居,隐于一方;再次是'名隐',混迹朝市,心在世外。"

子谓姚义能交①,或曰简②。子曰:"所以为能也③。"或曰广④,子曰:"广而不滥⑤,又所以为能也。"

【注释】

①交:交结。阮逸注云:"结交。"

②简:不拘小节。《论语·雍也》:"居敬而行简。"阮逸注云:"简静。"

③所以为能也:阮逸注云:"淡,故简。"

④广:广泛结交。阮逸注云:"广,泛交也。"

⑤广而不滥:广泛交友,但不泛滥。阮逸注云:"泛爱中有择。"

【译文】

先生说姚义善于交友,有人说他不拘小节。先生说:"所以说他善于交友。"有人说他交往太广,先生说:"交际广泛但不泛滥,这又是他的长处。"

子谓晁厝①:"率井田之序,有心乎复古矣。②"

【注释】

①晁厝:晁错(前200—前154),颍川(治今河南禹州)人。汉文帝时,任太常掌故,后历任太子舍人、博士、太子家令;景帝即位后,任为内史,后迁至御史大夫。多次进言削藩以巩固中央集权。以吴王刘濞为首的七国诸侯以"请诛晁错,以清君侧"为名,举兵反叛。景帝听从袁盎之计,腰斩晁错于东市。(《史记·袁盎晁错列传》)

②率井田之序,有心乎复古矣:有心恢复井田古制。阮逸注云:"晁厝说文帝曰:'五口之家,服作者不过二人,能耕者不过百亩。'古者一夫一妇受田百亩,此井田之制也。文帝不能行,故汉致治不及三代。文中子惜其有复古之心焉。"

【译文】

先生说晁错:"主张推行井田制,表明他有复古之心。"

贾琼问《续书》之义①。子曰:"天子之义列乎范②者有四:曰制③,曰诏④,曰志⑤,曰策⑥。大臣之义载乎业⑦者有七:曰命⑧,曰训⑨,曰对⑩,曰赞⑪,曰议⑫,曰诫⑬,曰谏⑭。"

【注释】

①义：主旨大意。

②范：范式，法度。

③制：参见阮逸注："制，命也，秦改命为制，汉因之。"

④诏：参见阮逸注："诏，令也，秦改令为诏，汉因之。"

⑤志：参见阮逸注："志，谓帝王有志于治道，而未形乎制诏者也。"

⑥策：参见阮逸注："求直言而策虑之。"

⑦业：文书。

⑧命：帝王以仪物爵位赐给臣子时的诏书。阮逸注云："爵命。"

⑨训：典式与法则。阮逸注云："师训。"

⑩对：参见阮逸注："奏对。"

⑪赞：褒赞。阮逸注云："襄赞。"

⑫议：参见阮逸注："评议。"

⑬诫：警戒性的文书。阮逸注云："监诫。"

⑭谏：参见阮逸注："箴谏。"

【译文】

贾琼问《续书》的体例。先生说："天子的文书有四种范式：制、诏、志、策。大臣的文书有七类：命、训、对、赞、议、诫、谏。"

文中子曰："帝者之制，恢恢乎其无所不容①。其有大制，制天下而不割乎？②其上湛然，其下恬然。③天下之危，与天下安之；天下之失，与天下正之。④千变万化，吾常守中焉⑤。其卓然不可动乎⑥，其感而无不通乎⑦！此之谓帝制矣⑧。"

【注释】

①恢恢乎其无所不容：恢恢，宽宏广大。阮逸注云："恢恢如天容物。"

②其有大制，制天下而不割乎：割，分割，割裂。《老子》："朴散则为器，圣人用之，则为官长，故大制不割。"阮逸注云："子曰：'大制不割。'割，分判者也。"

③其上湛然，其下恬然：湛然，深沉的样子。《老子》："渊兮，似万物之宗；……湛兮，似若存。"恬然，安静的样子。《老子》："恬淡为上。"阮逸注云："湛、恬，皆静。"

④天下之危，与天下安之；天下之失，与天下正之：阮逸注云："凡举一事，必以天下同之。"

⑤吾常守中焉：守中，虚中以待。《老子》："天地之间，其犹橐籥乎？虚而不屈，动而愈出。多言数穷，不如守中。"阮逸注云："吾常，假帝制自谓也。"

⑥其卓然不可动乎：卓然，卓越、突出。《淮南子·原道训》："所谓一者，无匹合于天下者也。卓然独立，块然独处，上通九天，下贯九野。"

⑦其感而无不通乎：与天下息息相通。《易·系辞上》："《易》无思也，无为也，寂然不动，感而遂通天下之故。"

⑧此之谓帝制矣：这就是帝制。阮逸注云："言二帝之典，三王之诰，两汉之记，皆同制矣。"

【译文】

文中子说："帝制，恢弘浩大，无所不容。其中有大的规划，可以治理天下却不割裂天下。统治者无为而治，百姓怡然自得。天下出现危机，就和天下人一起使之安定；天下出现流弊，就和天下人一起匡正。事情千变万化，我则始终虚中以待！卓越而不可撼动，可以感知又无所不通达！这就是帝制。"

文中子曰："《易》之忧患①，业业②焉，孜孜③焉，其畏天悯人④，思及时而动乎⑤？"繁师玄曰："远矣，吾视《易》之道，何其难乎！⑥"子笑曰："有是夫？终日乾乾⑦可也。视之不臧，我思不远。⑧"

【注释】

①《易》之忧患：忧患，困苦患难。《易·系辞下》："作《易》者，其有忧患乎？"

②业业：畏惧貌。《尚书·虞书·皋陶谟》："有邦，兢兢业业，一日二日万几。"阮逸注云："业业，畏天。"

③孜孜：勤勉状。《尚书·虞书·益稷》："予思日孜孜。"阮逸注云："孜孜，悯人。"

④其畏天悯人：参见《诗经·周颂·我将》："畏天之威，于时保之。"《论语·季氏》："君子有三畏：畏天命，畏大人，畏圣人之言。"

⑤思及时而动乎：参见《易·乾·文言》："君子进德修业，欲及时也，故无咎。"《易·系辞下》："君子藏器于身，待时而动，何不利之有？"阮逸注云："易者，天人以时而动也。"

⑥远矣，吾视《易》之道，何其难乎：参见《左传·昭公十八年》："天道远，人道迩，非所及也，何以知之？"阮逸注云："难知。"

⑦乾乾：自强不息。出自《易·乾·文言》："君子终日乾乾，夕惕若，厉无咎。"阮逸注云："乾乾，勤学不难"。

⑧视之不臧，我思不远：臧，善。语出《诗经·鄘风·载驰》："视

尔不臧，我思不远。"阮逸注云："又举《诗》勉之，使勤学《易》。此《载驰》篇云也，言汝不思善道则已，在我思之不为远。"

【译文】

文中子说："《易》因忧患而作，作者兢兢业业，孜孜不倦，畏惧上天又怜悯众生，意欲等待良机有所作为吧？"繁师玄说："我觉得《易》道玄远，太难懂了！"先生笑道："是这样吗？终日勤学就可以了。感觉似乎玄远难懂，我看并非如此。"

越公①聘子，子谓其使者曰："存而行之可也②。"歌《干旄》③而遣之。既而曰："玉帛云乎哉④？"

【注释】

①越公：杨素。

②存而行之可也：聘礼推行是善事。阮逸注云："姑存此聘礼即可，非得聘贤之实也。"

③《干旄》：《诗经·鄘风》篇名。写卫大夫以盛大的车马迎贤。阮逸注云："《干旄》，卫诗，美臣子多好善。"

④玉帛云乎哉：语见《论语·阳货》："礼云礼云，玉帛云乎哉？"阮逸注云："果求贤，不在虚饰。"

【译文】

越公聘请先生，先生对使者说："聘礼行于天下是好事。"歌《干旄》，打发使者回去。随后说："聘礼仅指玉帛等礼物吗？"

子谓房玄龄曰："好成者，败之本也；愿广者，狭之道也。"①

玄龄问:"立功、立言②何如?"子曰:"必也量力乎③!"

【注释】

①愿广者,狭之道也:好高骛远,致使入不敷出。阮逸注云:"欲速不达。"

②立功、立言:语见《左传·襄公二十四年》:"大上有立德,其次有立功,其次有立言,虽久不废,此之谓不朽。"

③必也量力乎:量力而行。《左传·僖公二十年》:"量力而动,其过鲜矣。"阮逸注云:"量力相时。"

【译文】

先生对房玄龄说:"急功近利,是失败的根本;好高骛远,多致入不敷出。"房玄龄问:"要想立功、立言,该怎么做?"先生说:"必量力而行吧!"

子谓:"姚义可与友,久要不忘;①贾琼可与行事,临难不变②;薛收可与事君,仁而不佞;③董常可与出处,介如也。④"

【注释】

①姚义可与友,久要不忘:久要,旧约。《论语·宪问》:"见利思义,见危授命,久要不忘平生之言,亦可以为成人矣。"阮逸注云:"相友贵久。"

②临难不变:不改变节操。阮逸注云:"临事贵断。"

③薛收可与事君,仁而不佞:佞,善于言辞。阮逸注云:"事君贵正。"

④董常可与出处，介如也：出处，出仕或归隐，犹言穷通、进退。《易·系辞上》："君子之道，或出或处，或默或语。"介，坚强。《易·豫卦·六二》："介于石，不终日，贞吉。"阮逸注云："出处贵洁。"

【译文】

先生说："姚义不忘旧时之约，可以和他交朋友；贾琼危难之时不改节操，可以和他谋划大事；薛收仁厚而正直，可以和他一起事君王；董常耿直而廉洁，可以和他共进退。"

子曰："贱物贵我，君子不为也。①好奇尚怪，荡而不止②，必有不肖之心应之③。"

【注释】

①贱物贵我，君子不为也：物，他人。阮逸注云："贾谊曰：'小智自私，贱彼贵我。'"

②荡而不止：荡，任性。《论语·阳货》："好知不好学，其蔽也荡。"

③必有不肖之心应之：不好的念头。《庄子·人间世》："克核太至，则必有不肖之心应之，而不知其然也。"阮逸注云："理使之然。"

【译文】

先生说："轻视他人，看重自我，君子不这样做。喜好奇异、崇尚怪诞，任性妄为，必定会有不善之心。"

薛宏请见《六经》①，子不出。门人惑，子笑曰："有好古博雅君子，则所不隐。②"

【注释】

①薛宏请见《六经》：薛宏，其人不详。《六经》，指王通的《续六经》。阮逸注云："薛宏，未见。经，《续经》也。"

②有好古博雅君子，则所不隐：阮逸注云："言宏非好古者。"

【译文】

薛宏想看先生的《续六经》，先生不肯出示。弟子们迷惑不解，先生笑道："如果是好古博雅之士，我就不会秘而不宣。"

子有内弟①之丧，不饮酒食肉。郡人非之②，子曰："吾不忍也。"赋《载驰》③卒章而去。

【注释】

①内弟：妻之弟。阮逸注云："内表弟。"

②郡人非之：郡人非议他的行为。阮逸注云："非其过礼。"

③《载驰》：《诗经·鄘风》篇名。阮逸注云："鄘国诗，卒章云：'大夫君子，无我有尤。百尔所思，不如我所之。'此言我自不忍而然。"

【译文】

先生居内弟之丧，不饮酒吃肉。郡人认为，他过礼了。先生说："我不忍心啊。"吟诵《载驰》卒章而离去。

郑和谮①子于越公曰："彼实慢公②，公何重焉？"越公使问子，子曰："公可慢，则仆得矣；不可慢，则仆失矣。得失在仆，公何预焉？"越公待之如旧③。

【注释】

①郑和谮（zèn）：郑和，不详。阮逸注云："未见。"谮，说坏话诬陷别人。《荀子·致士》："残贼加累之谮，君子不用。"

②彼实慢公：慢，侮慢。阮逸注云："彼，谓文中子。"

③越公待之如旧：参见阮逸注："理遣也。"

【译文】

郑和在杨素面前诬陷先生，说："他实在是侮慢了您，您为什么礼遇他呢？"杨素派人来责问先生，先生说："如果您可以被侮慢，那么我就做对了；如果您不可以被侮慢，那么我就做错了。对与错都只在我，与您何干呢？"于是杨素待之如初。

子曰："我未见勇者。"或曰：贺若弼。子曰："弼也戾，焉得勇？"①

【注释】

①弼也戾，焉得勇：戾，残暴。阮逸注云："勇于义曰勇，勇于力曰戾。"

【译文】

先生说："我没有见过英勇的人。"有人说起贺若弼。先生说："他为人残暴，怎么能称得上勇呢？"

李密问英雄。子曰："自知者英①，自胜者雄②。"问勇。子曰："必也义乎③！"

【注释】

①自知者英：有自知之明的人为"英"。阮逸注云："自知故能知人。"

②自胜者雄：能战胜自我的人为"雄"。阮逸注云："自胜故能胜人。"

③必也义乎："勇"必以"义"作为支撑。阮逸注云："凡勇不得其宜，皆勃戾尔。"

【译文】

李密问怎样才算是英雄。先生说："有自知之明者是'英'，能够战胜自我者是'雄'。"又问什么是勇。先生说："一定要讲仁义才可称为英勇！"

贾琼曰："甚矣，天下之不知子也。"子曰："尔愿知乎哉？姑修焉，天将知之，况人乎？①"

【注释】

①天将知之，况人乎：参见《论语·宪问》："不怨天，不尤人，下学而上达。知我者其天乎！"阮逸注云："孟子曰：尽心者知其性也，知性则知天。言圣人知天，则天亦知圣人。"

【译文】

贾琼说："太过分了，天下竟有不了解您的。"先生说："你希望被天下人知晓吗？那么就专心修道，上天都会知道你，更何况人呢？"

贾琼请《六经》①之本，曰："吾恐夫子之道或坠也。"子曰："尔将为名乎？有美玉姑待价焉②。"

【注释】

①《六经》：指王通的《续六经》。

②有美玉姑待价焉：美玉待贾。阮逸注云："待明王出，当自求行之。"

【译文】

贾琼请教《续六经》的本旨，说："我担心您的学说湮没无闻。"先生说："你是为虚名考虑吧？我的学说是尚待估价的美玉。"

杨玄感问孝。子曰："始于事亲，终于立身。①"问忠。子曰："孝立则忠遂矣②。"

【注释】

①始于事亲，终于立身：阮逸注云："言尔父不陷不义，则尔身可立矣。"

②孝立则忠遂矣：阮逸注云："杨素贤，则隋不乱。"

【译文】

杨玄感问孝。先生说："始于侍奉双亲，终于修养自身。"又问忠。先生说："有孝道，则忠随后而至。"

卷第五　问易篇

刘炫问《易》。子曰:"圣人于《易》,没身而已,况吾侪乎①?"炫曰:"吾谈之于朝,无我敌者。②"子不答,退谓门人曰:"默而成之,不言而信,存乎德行。③"

【注释】

①况吾侪（chái）乎:侪,同辈,同类人。《左传·僖公二十三年》:"晋郑同侪。"阮逸注云:"圣人终身立《易》中,刘炫但熟《易》之文,而不知《易》在身也。"

②吾谈之于朝,无我敌者:我在朝中谈论《易》,没有人比得上我。阮逸注云:"但谈《易》文,自谓无敌。"

③默而成之,不言而信,存乎德行:语出《易·系辞上》。阮逸注云:"此所谓《易》在身。"

【译文】

刘炫问《易》。先生说:"圣人学习《易》,终生钻研不息,更何况我们这些人呢?"刘炫说:"我在朝中谈《易》,没有人可以与我匹敌。"先生不答,退后对门人说:"存德行之心,则可默然有所建树,不言而取信于他人。"

魏徵曰:"圣人有忧乎?"子曰:"天下皆忧,吾独得不忧乎?"问疑。子曰:"天下皆疑,吾独得不疑乎?"徵退。子谓董常曰:

"乐天知命，吾何忧？穷理尽性，吾何疑？①"常曰："非告徵也，子亦二言乎？②"子曰："徵所问者迹也③，吾告汝者心也④。心迹之判久矣⑤，吾独得不二言乎⑥？"常曰："心迹固殊乎⑦？"子曰："自汝观之则殊也⑧，而适造者不知其殊也⑨，各云当而已矣⑩。则夫二未违一也⑪。"李播⑫闻而叹曰："大哉乎一也，天下皆归焉，而不觉也。⑬"

【注释】

①乐天知命，吾何忧？穷理尽性，吾何疑：乐天知命，语出《易·系辞上》："旁行而不流，乐天知命，故不忧；安土敦乎仁，故能爱。"穷理尽性，语出《易·说卦》："昔者圣人之作《易》也……穷理尽性，以至于命。"阮逸注云："忧疑出乎情耳。情者，性之欲也。圣人性不忧而人以为忧者，以天下之情为忧也。圣人性无疑而人以为疑者，以天下之情为疑也。故圣人应物以迹，复性以心。义终下文。"

②非告徵也，子亦二言乎：与魏徵所言不同，您也是两套说辞吗？阮逸注云："前云有忧疑，后云无忧疑，是二言。"

③徵所问者迹也：迹，事迹，表现。阮逸注云："举天下物情之动，而圣人应之曰迹。"

④吾告汝者心也：我告诉你的是本心。阮逸注云："以一性之本合乎天命曰心。"

⑤心迹之判久矣：本心与行迹分离已经许久了。阮逸注云："判，分也。自周公已来心迹分，故曰'久矣'。夫尧禅舜，舜禅禹，以心言之则一也，其所禅之者迹也。汤伐桀，武王伐纣，以尧舜之心言之亦一也，其所以伐之者迹也。周公、仲尼之心与尧、舜、汤、武同也，而迹不应乎天下，盖时异耳。使周、孔居禅之时，则舜、禹也；居伐之时，则汤、武

也。文中子不得其时，两存心迹，圣矣哉！"

⑥吾独得不二言乎：我怎么就不能有两套说法呢。阮逸注云："言周公、仲尼于《易》已二言矣。"

⑦心迹固殊乎：本心和行迹的确是不一样的吗？阮逸注云："疑二言为二道。"

⑧自汝观之则殊也：在你看来不同。阮逸注云："自尔，犹言自彼也。以彼观我，则心迹固殊。"

⑨而适造者不知其殊也：造，当为"道"。俞樾《诸子平议补录·文中子》："'造'无义，疑'道'字之误。"阮逸注云："适造，谓我适至于道，乘时而用，则安知心与迹果殊哉！"

⑩各云当而已矣：两种看法都有道理。阮逸注云："当，谓惟义所在，不必执乎心，执乎迹。时行则行，时止则止，各当而已。"

⑪则夫二未违一也：一，指道。《庄子·齐物论》："道通为一。"阮逸注云："言则二，道则一也。若先天而天弗违，后天而奉天时，先后则二，而其不违时一也。"

⑫李播：王绩之友。《旧唐书·王绩传》载王绩"少与李播、吕才为莫逆之交"；《新唐书·王绩传》亦载王绩"与李播、吕才善"。吕才《东皋子集序》云："君……与李播、陈永、吕才为莫逆之交。"阮逸注云："李播亦门人，未见传。"是以阮逸未审读吕才序及新、旧两《唐书》。

⑬天下皆归焉，而不觉也：万物皆归于道而不自知。阮逸注云："圣人之道常存于天下，然文中子出非其时，故天下生民不觉也。孟子称伊尹曰：'天之生民，使先知觉后知，使先觉觉后觉。'"

【译文】

魏徵问："圣人有忧虑吗？"先生说："天下之人都有忧虑，我又怎能不忧虑呢？"魏徵又问有没有疑惑。先生说："天下人都有疑惑，我又怎能不疑惑呢？"魏徵告退。先生对董常说："乐天知命，我有何忧虑？穷理尽性，我有何疑惑？"董常说："您不是这样告诉魏徵的，您也有两套说辞吗？"先生说："魏徵所问是外在的行迹。我告诉你的是内在的本心。本心和行迹分离已经许久了，我怎么就不能有两套说辞呢？"董常问："本心与行迹的确是不一样的吗？"先生说："在你看来不同，但是有道者不觉得不同，两种看法都有其道理。本心、行迹都没有违背道。"李播听后感叹道："道真是伟大啊！天下万物皆归于道却不自知。"

程元问叔恬曰："《续书》之有'志'有'诏'，何谓也？"叔恬以告文中子，子曰："志以成道，言以宣志。① '诏'其见王者之志乎②？其恤人也周，其致用也悉。③一言而天下应，一令而不可易。非仁智博达，则天明命，其孰能诏天下乎？④"叔恬曰："敢问'策'何谓也⑤？"子曰："其言也典，其致也博，悯而不私⑥，劳而不倦⑦，其惟'策'乎⑧？"

【注释】

①志以成道，言以宣志：靠意志成就王道，靠言辞表达意志。阮逸注云："道出乎志也，虽未诏天下，而其言已宣，故曰志。"

②"诏"其见王者之志乎："诏"体现了王者的意志。阮逸注云："诏行天下，则志可见矣。"

③其恤人也周，其致用也悉：恤，体恤、关怀。致用，满足所需。悉，详尽。《易·系辞上》："备物致用，立成器以为天下利。"阮逸注云："恤人故皆应，悉用故不改。"

④非仁智博达，则天明命，其孰能诏天下乎：则天，法天。《孝经·

三才》:"则天之明,因地之利,以顺天下。"阮逸注云:"言诏如是之大。"

⑤敢问"策"何谓也:策,《续六经》的一种文体。阮逸注云:"《续书》有策。"

⑥悯而不私:同情没有私心。阮逸注云:"悯世病,不私讳过。"

⑦劳而不倦:辛劳不知疲倦。阮逸注云:"劳心问贤,不倦听。"

⑧其惟"策"乎:只有策能为之。阮逸注云:"若汉武帝策董仲舒。"

【译文】

程元问叔恬:"《续书》中的'志''诏',各有什么作用?"叔恬转问文中子,先生说:"靠意志成就王道,靠言辞表达意志。诏体现了王者的意志吧?它对百姓体恤周到,满足他们的各种需求。每发一言天下响应,每下一令不可改动。如若不是仁义、智慧、广博、通达,知晓天命之人,谁能这样诏令天下呢?"叔恬说:"请问'策'有何特点?"先生说:"它文辞典雅,用途广泛,怜悯众生而无私心,众生辛劳但不疲倦,只有'策'能做到吧?"

子曰:"《续书》之有'命',邃矣!①其有君臣经略,当其地乎!②其有成败于其间,天下悬之,不得已而临之乎③!进退消息,不失其几乎!④道甚大,物不废,高逝独往,中权契化,自作天命乎!⑤"

【注释】

①《续书》之有"命",邃矣:命,古代帝王赐予臣子的爵书。邃,深远,精深。《旧唐书·韦夏卿传》:"少邃于学。"阮逸注云:"天爵、人爵,皆为命也。邃者,言非止君命,抑亦天命之耳。"

②其有君臣经略,当其地乎:其中有君臣因地制宜经略天下的方略。

当其地乎：当时所处境地。阮逸注云："命其地，必有经略。"

③不得已而临之乎：不得已而为之。阮逸注云："言命之所归，不得已而当之。"

④进退消息，不失其几乎：几，时机。一举一动把握时机。阮逸注云："经略如此。"

⑤中权契化，自作天命乎：中，契合。中权，中枢。化，天道。阮逸注云："天下悬于己，故曰'自作天命'。"

【译文】

先生说："《续书》中有'命'，用意深远啊！其中有君臣因地制宜的经世方略啊！天下安危，系于成败之间，他们是不得已而为之啊！一举一动，都不失时机！有大道，不废万物，特立独行，契合天道，自我创造天命啊。"

文中子曰："'事'①者，其取诸仁义而有谋乎②？虽天子必有师，然亦何常师之有？唯道所存。③以天下之身，受天下之训，④得天下之道，成天下之务，⑤民不知其由也，其惟明主乎！⑥"

【注释】

①事：阮逸注云："《续书》有'事'。"

②其取诸仁义而有谋乎：根据仁义有所谋划。《论语·述而》："必也临事而惧，好谋而成者也。"

③虽天子必有师，然亦何常师之有？唯道所存：参见《论语·子张》："夫子焉不学，而亦何常师之有。"《师说》："圣人无常师。"阮逸注云："事由师谋而成。"

④以天下之身，受天下之训：以天子的身份，接受天下人的教导。阮

逸注云："言不惟师也，天下之人有善，皆可从。"

⑤得天下之道，成天下之务：务，见《易·系辞上》"开物成务"。得天下之道，则会成天下之务，即合于道的事务。

⑥民不知其由也，其惟明主乎：百姓不知其所以然，只有明主能做到。阮逸注云："民间之事，君皆行焉，民亦不知其君得善之由。"

【译文】

文中子说："《续书》中的'事'，取之于仁义而又有所谋划吧？虽然天子也必定要有老师，然而又何必有固定的老师呢？只要是有道之人，就可以向其学习。凭借天子的身份，接受天下百姓的训诫，明晓治理天下的大道，成就天下共业，而百姓不知其中原由，这只有明主能做到呀！"

文中子曰："广仁益智①，莫善于'问'；乘事演道②，莫善于'对'。非明君孰能广问？非达臣孰能专对乎？其因宜取类③，无不经乎！洋洋乎，晁、董、公孙之对④！"

【注释】

①广仁益智：发扬仁爱，增益智慧。阮逸注云："《续书》有'问'。"

②乘事演道：在处理事情的过程中推行道。阮逸注云："《续书》有'对'。"

③其因宜取类：按照情况分类处理，隐喻为根据历史解说现实。阮逸注云："经营。"

④晁、董、公孙之对：晁，晁错。董，董仲舒（前179—前104），广川（治今河北景县西南）人。汉景帝时任博士，讲授《春秋公羊传》。汉武帝下诏征求治国方略，董仲舒荐《举贤良对策》，深得汉武帝赞赏，其所提出的"天人感应""大一统""罢黜百家，独尊儒术"等学说与主张

均被汉武帝采纳，使儒学成为正统思想，影响两千多年。曾任江都易王刘非的国相十年。元朔四年（前125），任胶西王刘端的国相，四年后辞职回家，著书写作。朝廷每有大事商议，皇上即下令派使者和廷尉前去问他建议。一生历经三朝，度过西汉极盛时期，前104年病故，享年约75岁，被赐葬于长安下马陵。（《汉书·董仲舒传》）公孙，公孙弘（前200—前121），名弘，字季，菑川薛（今山东滕州南）人。其少时为吏，牧豕海上，四十而学，谨养后母。汉武帝时期，先后两次被国人推荐，征为博士。十年之中，从待诏金马门擢升为三公之首，封平津侯。每朝会议，开陈其端，使人主自择，不肯面折廷争。上悦之，历任为左内史、御史大夫、丞相之职。汉武帝元狩二年（前121），于相位逝世，谥献侯。（《史记·平津侯主父列传》）阮逸注云："晁厝（应为'错'）对策云：'三王臣主俱贤，合谋相辅，莫不本于人情也。'董仲舒对策曰：'春秋王道之端，传之于正。正次王，王次春。春者，天之所为也；正者，王之所为也。'公孙弘对策云：'致利除害，兼爱无私谓之仁；明是非，立可否谓之义，治之大用也。'此三对皆洋洋然得王道大纲。"

【译文】

　　文中子说："发扬仁义、增益智慧，没有比'问'更好的方法；处理事物、推演王道，没有比'对'更好的方法。不是明君，谁能广泛征求意见？不是良臣，谁能专心应对？按照具体情况选取同类事物加以应对，没有不符合经典的！晁错、董仲舒、公孙弘三人的应对洋洋可观啊！"

　　文中子曰："有美不扬，天下何观？君子之于君，赞其美而匡其失也①，所以进善不暇，天下有不安哉？②"

【注释】

　　①赞其美而匡其失也：赞美其美德，匡正其过失。阮逸注云："《续

书》有'赞'。"

②所以进善不暇，天下有不安哉：不暇，唯恐不及。阮逸注云："言无不安。"

【译文】

文中子说："有德政不赞扬，天下将为何貌？君子对于君王，应该赞扬他的正确决策、匡正他的错误，这样才能广进忠言，没有空闲，天下又怎能不太平呢？"

文中子曰："'议'①其尽天下之心乎？昔黄帝有合宫②之听，尧有衢室③之问，舜有总章④之访，皆议之谓也。大哉乎，并天下之谋，兼天下之智，而理得矣，我何为哉？恭己南面而已⑤。"

【注释】

①议：参见阮逸注："《续书》有'议'。"

②合宫：相传为黄帝的明堂，古代听政的场所。张衡《东京赋》："必以肆奢为贤，则是黄帝合宫，有虞总期，固不如夏癸之瑶台，殷辛之琼室也。"阮逸注云："合宫、总章，皆明堂异名也。"

③衢室：原指筑室于衢，以听民言。后泛指帝王听政之所。《管子·桓公问》："尧有衢室之问者，下听于人也。"阮逸注云："衢室，当衢为室，以采民言也。管子曰：'尧开衢室，听于民也。'"

④总章：明堂之西向三室，以诸礼皆于此举行而称。《吕氏春秋·孟秋》："天子居总章左个，乘戎路，驾白骆。"阮逸注云："合宫、总章，皆明堂异名也。"

⑤恭己南面而已：无为而治。《论语·卫灵公》："无为而治者，其舜也与？夫何为哉？恭己正南面而已矣。"阮逸注云："言黄帝、尧、舜得

天下谋议为理。"

【译文】

文中子说:"'议',可尽知天下人的想法吧?昔日黄帝到合宫听民众之愿,尧到衢室广泛征询看法,舜到总章征求民意,这些都属于'议'。这是了不起的做法啊!合并天下人的谋虑,兼收天下人的智慧,从而得到正确的认识。君王还需要做什么呢?无为而治就可以了。"

子曰:"'人心惟危,道心惟微',①言道之难进也。故君子思过而预防之,所以有'诫'②也。切而不指③,勤而不怨,曲而不谄,直而有礼,其惟'诫'乎!④"

【注释】

①人心惟危,道心惟微:语出《尚书·虞书·大禹谟》,意谓人心险恶,道德良知没落。

②诫:阮逸注云:"《续书》有'诫'。"

③切而不指:切,责备。指,指斥。阮逸注云:"切,至;指,讦。"

④勤而不怨,曲而不谄,直而有礼,其惟"诫"乎:曲,曲折。谄,献媚。直,耿直。阮逸注云:"勤拳委曲,以礼戒之。"

【译文】

先生说:"'人心惟危,道心惟微',言进道之难。君子应思考自己的过失而预防再犯,因此《续书》有'诫'。责备而不当面指斥,辛勤而不埋怨,婉转而不谄媚,耿直而不失礼,只有'诫'可以做到吧!"

子曰:"改过不吝①无咎②者,善补过也。古之明王,讵③能无过？从谏而已矣④。故忠臣之事君也，尽忠补过⑤。君失于上，则臣补于下；臣谏于下，则君从于上，此王道所以不跌也⑥。取泰于否，易昏以明，非谏孰能臻乎？⑦"

【注释】

①吝：吝惜、吝啬。《尚书·仲虺之诰》："用人惟己，改过不吝。"

②咎（jiù）：罪过，引申为归罪、责怪。《易·系辞上》："无咎者，善补过也。"

③讵（jù）：副词，表示反问，岂、怎。相当于现代汉语的"难道""哪里"。

④从谏而已矣：阮逸注云："《续书》有'谏'。"

⑤尽忠补过：见《孝经·事君》："君子之事上也，进思尽忠，退思补过。将顺其美，匡救其恶。故上下能相亲也。"

⑥此王道所以不跌也：跌，坠落。阮逸注云："不差跌。"

⑦取泰于否，易昏以明，非谏孰能臻乎：泰，表示顺利。否，表示灾难、不利、闭塞不通。皆为《易》卦名。阮逸注云："言遂事亦可谏。"

【译文】

先生说："有错就改的人不会有罪过，因其善于纠正错误。古代明君怎能无过失呢？不过是听从劝谏而已。所以，忠臣事君王，尽忠心补其过失。君王犯了错，臣子弥补他的过失；臣子在下劝谏，君王在上听从采纳其建议，这是王道不跌落的原因。把坏事变成好事，以贤明替代昏庸，除了谏，还有什么能达到这个境界呢？"

文中子曰："晋而下何其纷纷多主也①。吾视惠、怀伤之②，舍三国将安取"志"乎③？三国何其孜孜多虞乎④！吾视桓、灵伤之⑤，舍两汉将安取'制'乎⑥？"

【注释】

①何其纷纷多主也：西晋以下，东晋南迁，北方十六国林立。南北朝时期，南有宋、齐、梁、陈，北有北魏、东魏、西魏、北齐、北周。故云"纷纷多主"。阮逸注云："纷不一姓。"

②吾视惠、怀伤之：惠、怀，指晋惠帝和晋怀帝。晋惠帝司马衷（259—307），字正度，河内温县（今河南省温县）人。晋武帝司马炎次子，晋怀帝司马炽异母兄。泰始三年（267），册为皇太子，太熙元年（290），正式即位。昏聩不能执政，皇后贾南风掌握大权。八王之乱时，赵王司马伦篡位，以为太上皇，幽禁于金墉城。后诸王辗转挟持，沦为傀儡。光熙元年（306）春正月，被东海王司马越迎回洛阳。十一月去世，终年四十八岁，谥号孝惠皇帝，葬于太阳陵。（《晋书·帝纪第四》）晋怀帝司马炽（284—313），字丰度，晋武帝第二十五子，晋惠帝异母弟。初为散骑常侍，封为豫章王。晋惠帝时，拜镇北大将军，册为皇太弟。光熙元年十一月即位，东海王司马越辅政。永嘉五年（311），东海王司马越病逝，太尉王衍为石勒败于宁平城。汉昭武帝刘聪趁势攻破洛阳，制造永嘉之乱，俘虏晋怀帝，以为仪同三司，封会稽郡公。建兴元年（313），被毒杀，终年三十岁。（《晋书·帝纪第五》）阮逸注云："惠帝政由贾后，为赵王伦所篡；怀帝蒙尘于平阳，为刘聪所害。"

③舍三国将安取"志"乎：阮逸注云："三国各有平天下之志，此又明《续书》有'志'。"

④三国何其孜孜多虞乎：虞，谋划。阮逸注云："虽有'志'而无'制'。"

⑤吾视桓、灵伤之：桓、灵，指汉桓帝和汉灵帝。汉桓帝刘志（132—167），字意，生于蠡吾（治今河北博野西南），河间孝王刘开之孙，袭爵为侯。本初元年（146），汉质帝驾崩，被大将军梁冀拥立即位。先是梁太后临朝听政，外戚梁冀掌握大权。后宦官肆虐，干预政事。延熹九年（166），世家豪族与太学生联合反对宦官，结果两百余人被捕，形成第一次党锢之祸。贪腐之风盛行，公开卖官鬻爵，政治愈加腐败。永康元年（167）十二月，刘志去世，葬于宣陵，谥号孝桓皇帝。（《后汉书·孝桓帝纪》）汉灵帝刘宏（157—189），汉章帝刘炟的玄孙。早年世袭解渎亭侯。汉桓帝逝世后，刘宏被外戚窦氏挑选为皇位继承人，建宁元年（168）即位。在位时期，施行党锢及宦官政治。又设西园，巧立名目搜刮钱财，甚至卖官鬻爵以用于自己享乐。在位晚期，爆发了黄巾起义，凉州等地陷入持续动乱之中。中平六年（189）去世，谥号孝灵皇帝，葬于文陵。（《后汉书·孝灵帝纪》）阮逸注云："汉桓帝讳志，梁冀执政，权倾天下；灵帝讳宏，黄巾贼起，董卓作乱。"

⑥舍两汉将安取"制"乎：阮逸注云："七制之主，可以垂法，此又明《续书》有'制'也。"

【译文】

文中子说："晋以来江山易主如此频繁。我想起晋惠帝与晋怀帝便会伤心，舍弃三国，何处能取得天子的'志'呢？三国时期的为政者何其善于谋算啊！我想到汉桓帝和汉灵帝便伤心，舍弃两汉，何处能取得天子的'制'呢？"

子谓："太和之政近雅矣①，一明中国之有法②，惜也不得行穆公之道③！"

【注释】

①太和之政近雅矣：太和（477—499），北魏孝文帝的第三个年号。雅，正、文明。阮逸注云："太和，后魏孝文帝年号也。都洛阳，文物始备，故曰'近雅'。"

②一明中国之有法：自晋以来，不行王道。至魏孝文帝改制，儒家文化再次昌明，所指即此。阮逸注云："中国久无定主，孝文立二十余年，造明堂，祀圜丘，置职制，定律令，举兵百万伐江南。其后宣武、孝明皆能修太和之政，是中国之法也。"

③不得行穆公之道：穆公，王通四世祖王虬，曾作《政大论》八篇"言帝王之道"。阮逸注云："穆公虬，子之祖。自江南来奔，太和八年始仕焉。虬荐王肃及关朗，未几孝文崩，虬亦卒，惜其道未及行也。"

【译文】

先生说："太和时期的统治接近王道，充分表明中国治理得法，可惜啊！未能推行穆公的主张。"

程元曰："三教①何如？"子曰："政恶多门②久矣。"曰："废之何如？"子曰："非尔所及也③。真君、建德之事④，适足推波助澜、纵风止燎尔⑤。"

【注释】

①三教：指儒、道、释。

②政恶多门：指儒、释、道三教长期互相攻讦，互相斗争，不利于统治。《左传·成公十六年》："晋政多门，不可从也。"阮逸注云："教不一

则政多门。"

③非尔所及也：不是你能办到的。阮逸注云："圣贤出则异端自去，非遽能废也。"

④真君、建德之事：真君，太平真君（440—451），北魏太武帝拓跋焘的年号。太平真君五年（444）弹压沙门，上自王公，下至庶人，下令一概禁止私养沙门，并限期交出私匿的沙门，若有隐瞒，诛灭全门。七年，太武帝率兵镇压盖吴起义，在长安一所寺院发现兵器，怀疑沙门与盖吴通谋，下令诛杀全寺僧众。崔浩趁机劝帝灭佛，于是太武帝进一步推行废佛政策：诛戮长安的沙门，焚毁天下一切经像。建德（572—578），北周武帝宇文邕的年号。建德三年（574）五月，北周武帝下令，"初断佛、道二教，经像悉毁，罢沙门、道士，并令还民"。同时，还下令，"三宝福财，散给臣下，寺观塔庙，赐给王公"。一场轰轰烈烈的反佛道行动由此展开。阮逸注云："真君，后魏太武年号也，时崇道教，毁佛法。建德，后周武帝年号也，毁释、老二教。"

⑤适足推波助澜、纵风止燎尔：燎，放火烧田除草。阮逸注云："隋公辅政，时更兴之，是暂废而愈盛，若波澜风燎尔。"

【译文】

程元问："儒、释、道三教怎样？"先生说："三教长期互相攻讦，对统治不利。"程元问："废除它们怎么样？"先生说："不是你的能力所能办到的。真君、建德二帝下令毁佛，反而推波助澜、吹风点火，佛教更盛行。"

子读《洪范谠议》①，曰："三教于是乎可一矣②。"程元、魏徵进曰："何谓也？"子曰："使民不倦③。"

【注释】

①《洪范谠议》：即《皇极谠议》，王通之祖安康献公王一所作。"中

道"为其核心内容。阮逸注云:"安康献公撰《皇极谠议》。"

②三教于是乎可一矣:三教这样可以合一。阮逸注云:"《洪范》五'皇极'者,义贵中道尔。致中和,天地位焉,万物育焉。人者,天地万物中和之物也。教虽三而人则一矣。"

③使民不倦:语见《易·系辞下》:"神农氏没,黄帝、尧、舜氏作,通其变,使民不倦,神而化之,使民宜之。"阮逸注云:"《易》曰:通其变,使民不倦。"

【译文】

先生读《洪范谠议》,说:"儒、释、道三教于此可达到统一。"程元、魏徵进前问:"您说的是什么?"先生说:"使百姓不厌倦。"

贾琼习《书》①,至郅恽②之事,问于子曰:"敢问'事''命''志''制'之别③?"子曰:"'制''命'吾著其道焉,'志''事'吾著其节焉。"④贾琼以告叔恬。叔恬曰:"《书》其无遗乎?《书》曰:'惟精惟一,允执厥中。'⑤其道之谓乎?《诗》曰:'采葑采菲,无以下体。'⑥其节之谓乎?"子闻之曰:"凝其知《书》矣。"

【注释】

①《书》:指《续书》。

②郅恽(zhì yùn):字君章,汝南郡西平(今河南西平县)人。精通《韩诗》《严氏春秋》,通晓天文历数。随傅俊东征扬州,授汝南郡功曹。客居江夏教授,举孝廉出身,拜为上东城门侯。出任长沙太守,迁芒县长,坐事免官。著书八篇。(《后汉书·郅恽传》)阮逸注云:"郅恽,王莽时上书曰:'汉祚久长,神器有命,不可虚受。上天垂戒,欲悟陛下,

宜即臣位。'莽怒，胁恽，令称病。恽骂曰：'所言皆天命也，非狂人造焉。'莽终不敢害。"

③敢问"事""命""志""制"之别：四者之别，阮逸注云："事者，谓行事之迹也；命者，谓事应天命者也；志者，谓志蕴于心也；制者，谓志行于礼义者也。"

④"制""命"吾著其道焉……吾著其节焉：阮逸注云："道兼天下，节守一身。"

⑤惟精惟一，允执厥中：语见《尚书·虞书·大禹谟》："人心惟危，道心惟微，惟精惟一，允执厥中。"

⑥采葑采菲，无以下体：语见《诗经·邶风·谷风》。《左传·僖公三十三年》："《诗》曰：'采葑采菲，无以下体。'君取节焉可也。"节，节操。

【译文】

贾琼学习《续书》，读到郅恽上书王莽之事。问先生："'事''命''志''制'有何区别？"先生说："'制''命'用来表明王道，'志''事'用来表明节操。"贾琼把这话告诉叔恬。叔恬说："《尚书》说：'惟精惟一，允执厥中。'这说的就是道吧？《诗经》说：'采葑采菲，无以下体。'这说的就是节吧？"先生听到后说："王凝通晓《续书》之义啊！"

子曰："'事'之于'命'也，犹'志'之有'制'乎？非仁义发中，不能济也。①"

【注释】

①非仁义发中，不能济也：发中，发自内心。阮逸注云："事与志发

乎中，命与制形于外。"

【译文】

先生说："'事'与'命'，就如'志'与'制'的关系，如果仁义不是发自内心，是行不通的。"

子曰："达'制''命'之道，其知王公之所为乎？其得变化之心乎①？达'志''事'之道，其知君臣之所难乎？其得仁义之几乎②？"

【注释】

①其得变化之心乎：心，根本。阮逸注云："已形于外，则心可知矣。"

②其得仁义之几乎：几，同"机"，要义。阮逸注云："发于中，则几可得矣。"

【译文】

先生说："通晓'制''命'的主旨，可以明白王公的所作所为，了解变化的根本了吧？通晓'志''事'的主旨，可以知道君臣的难处，发现仁义的要义了吧？"

子曰："处贫贱而不慑，可以富贵矣；①僮仆称其恩，可以从政矣；②交游称其信，可以立功矣。③"

【注释】

①处贫贱而不慑，可以富贵矣：慑，震慑、使屈服。《淮南子·氾论

训》:"威动天地,声慑四海。"阮逸注云:"无陨获,必不骄矜。"

②僮仆称其恩,可以从政矣:僮仆,奴婢。阮逸注云:"恩及贱,况良民乎?"

③交游称其信,可以立功矣:阮逸注云:"推而广于天下。"

【译文】

先生说:"处于贫贱而不屈服的人,可以富贵;僮仆皆感其恩德的人,可以从政;交游四方皆称其有信义的人,可以建功立业。"

子曰:"爱名尚利,小人哉!未见仁者而好名利者也①。"

【注释】

①未见仁者而好名利者也:参见阮逸注:"讥时。"

【译文】

先生说:"追逐名利,是小人啊!没有见过仁德的人喜好名利的。"

贾琼问君子之道。子曰:"反是不思,亦已焉哉。①"

【注释】

①反是不思,亦已焉哉:不能反复自省,就不算是君子。阮逸注云:"《诗·氓》篇卒章也,言必反复思其所行之道;苟不思则已矣。"

【译文】

贾琼问君子如何行事。先生说:"三省吾身,然后可称君子。"

子见缞经①而哭不辍者,遂吊之。问丧期,曰:"五载矣。"子泫然曰："先王之制不可越也②。"

【注释】

①缞绖（cuī dié）：缞，麻布丧服。绖，丧服上的麻布带子。缞绖，指丧服，亦指服丧。古代丧服有斩缞、齐缞、大功、小功、缌麻五种，最重者为斩缞，服三年（二十五个月）。

②先王之制不可越也：越，僭越。阮逸注云："丧不可过，必俯而就之。"

【译文】

先生看见身穿丧服哭泣不停的人，于是上前安慰。问他服丧多久了，回答说："已经五年。"先生伤感地说："先王的礼制规定是三年，不可僭越这个期限啊。"

楚公①问用师之道。子曰："行之以仁义②。"曰："若之何决胜③？"子曰："莫如仁义，过此败之招也。④"

【注释】

①楚公：指杨素。

②行之以仁义：用仁义带兵。阮逸注云："必也至仁伐不仁，大义诛不义。"

③若之何决胜：怎么才能取胜。阮逸注云："言仁义何能胜兵。"

④莫如仁义，过此败之招也：强调仁义的重要性。阮逸注云："责其知胜人以力，不知胜人以道。"

【译文】

楚公问用兵之法。先生说："以仁义带兵打仗。"问："用什么来决胜负?"先生说:"没有比得上仁义的,否则必然招致失败。"

子见耕者必劳之①,见王人必俯②之。乡里不骑③。鸡初鸣,则盥漱具服。④铜川夫人⑤有病,子不交睫者三月⑥;人问者,送迎之,必泣以拜。⑦

【注释】

①子见耕者必劳之:慰劳耕田的人。

②俯:向下、低头。韩愈《应科目时与人书》:"若俯首帖耳,摇尾而乞怜者,非我之志也。"阮逸注云:"俯,俯偻避之。"

③乡里不骑:在乡里不骑马。

④鸡初鸣,则盥漱具服:早起侍奉双亲。阮逸注云:"内则事父母礼。"

⑤铜川夫人:王通的母亲。

⑥子不交睫者三月:睫,睫毛。交睫,睡觉。三个月未眠。

⑦人问者,送迎之,必泣以拜:对探视的人亲自接见,流泪下拜。阮逸注云:"喜惧并。"

【译文】

先生看见耕种者必定上前慰问,看见当官之人必定低头躲避。在乡间不骑马。鸡初次鸣叫,就洗漱更衣而起。他的母亲铜川夫人有病,先生三个月未安睡;有来探问的人,必亲自迎送,临去时必流着眼泪拜辞。

子曰:"史传兴而经道废矣①,记注兴而史道诬矣②,是故恶夫异端者③。"

【注释】

①史传兴而经道废矣：用来解释"经"的史传，反而令"经"的原意废弛。阮逸注云："若《史记》，先黄、老，后六经，是废也。"

②记注兴而史道诬矣：诬，抹杀。用来注释史书的记注，反而使史家本义消亡。阮逸注云："若裴松之注《三国志》，反毁陈寿，是诬也。"

③是故恶夫异端者：因此不喜欢异端学说。阮逸注云："述之而反异之。"

【译文】

先生说："史传兴盛使经道偏废，记注兴盛使史道消亡，所以我厌恶异端学说。"

薛收曰："何为命也？"子曰："稽之于天，合之于人，谓其有定于此而应于彼，①吉凶曲折，无所逃乎！②非君子，孰能知而畏之乎？③非圣人，孰能至之哉？④"薛收曰："古人作元命，其能至乎？⑤"子曰："至矣⑥。"

【注释】

①稽之于天，合之于人，谓其有定于此而应于彼：考察自然界的变化规律，人依据规律行事。事物不是孤立的，彼此间存在联系。阮逸注云："天时人事稽合曰命。此，人事也；彼，天时也。知人而不知天，与知天而不知人，皆非知命也。故君子修性以合天理，所以定命矣。《易》云：'穷理尽性，以至于命。'"

②吉凶曲折，无所逃乎：事物之间存在一定的因果联系，种下

"因""果"无法逃避。阮逸注云:"事有不虞之誉,是时与之吉也;事有求全之毁,是时与之凶也。盖事与时并非人力独能致之,故委曲折旋,无以逃其吉凶矣。"

③非君子,孰能知而畏之乎:参见《论语·季氏》:"君子有三畏:畏天命、畏大人、畏圣人之言。"阮逸注云:"知天命,畏天命,惟君子。"

④非圣人,孰能至之哉:只有圣人能掌握天地人三才的运转规律。参见《易·说卦》:"昔者圣人之作《易》也……穷理尽性,以至于命。"阮逸注云:"尽性以至命,惟圣人。"

⑤古人作元命,其能至乎:元命,即《元命苞》。阮逸注云:"《元命苞》,易书也。"另一种观点认为元命为大命,天命。《尚书·吕刑》:"惟克天德,自作元命,配享在下。"

⑥至矣:阮逸注云:"《易》者,性命之书也,知《易》则至命。"

【译文】

薛收问:"什么是命?"先生说:"与上天相应,与人事相合,事物之间有其定数,彼此存在联系;祸福曲折,无法逃避!不是君子,谁能了解并畏惧它?不是圣人,谁能通晓它呢?"薛收说:"古人所作《元命苞》,达到知命的境界了吗?"先生说:"达到了。"

贾琼曰:"《书》无'制'而有'命'①,何也?"子曰:"天下其无王而有臣乎②!"曰:"两汉有'制''志'何也?"子曰:"'制'其尽美于恤人乎③,'志'其惭德于备物乎④。"

【注释】

①《书》无"制"而有"命":《书》,指《续尚书》。阮逸注云:

"魏而下，《续书》无'制'而有'命'。"

②天下其无王而有臣乎：天下没有明君但有贤臣。阮逸注云："汉制以亡，独臣尚能禀命尔。"无王，《四部丛刊》作"无主"。

③"制"其尽美于恤人乎：指七制之主。阮逸注云："汉七主本以忧民而作制。"

④"志"其惭德于备物乎：惭，羞愧。《易·系辞下》："将叛者其词惭。"阮逸注云："汉末德不备，尚有志而已。"

【译文】

贾琼问："《续书》中无'制'却有'命'，是什么原因？"先生说："因为天下无明君而只有贤臣！"问："两汉兼有'制''志'，是什么缘故？"先生说："'制'用来赞美君主体恤民情，'志'用来批评德行未备却安于物质享受。"

薛收曰："帝制其出王道乎①？子曰："不能出也。后之帝者，非昔之帝也。②其杂百王之道，而取帝名乎？其心正，其迹谲，③其乘秦之弊，不得已而称之乎。④政则苟简⑤，岂若唐、虞、三代之纯懿乎⑥？是以富人则可，典礼则未。⑦"薛收曰："纯懿遂亡乎⑧？"子曰："人能弘道，焉知来者之不如昔也？⑨"

【注释】

①帝制其出王道乎：出，生出，产生。阮逸注云："问汉制出三王之道否乎？"

②后之帝者，非昔之帝也：后世的帝王，不是古代的帝王。阮逸注云："昔之帝者以道，若三王是也；后之帝者以名，若秦始兼帝而称

是也。"

③其心正,其迹谲(jué):谲,欺诈、玩弄手段,或奇、奇异。《论语·宪问》:"晋文公谲而不正,齐桓公正而不谲。"阮逸注云:"恤人之心则正,杂霸之迹则谲。"

④其乘秦之弊,不得已而称之乎:皇帝之名,始于秦,汉沿袭。汉政虽好,但无法与尧舜三代媲美,所以称不得已。阮逸注云:"天下已熟秦称皇帝之名,故汉因之,不得已而亦称帝也。"

⑤政则苟简:苟简,苟且、简略。《庄子·天运》:"古之至人,假道于仁,托宿于义,以游逍遥之虚,食于苟简之田,立于不贷之圃。"阮逸注云:"董仲舒曰:'秦为苟简之政'。"

⑥岂若唐、虞、三代之纯懿(yì)乎:懿,美、美德。《易·小畜》:"君子以懿文德。"阮逸注云:"二帝、三王名实称。"

⑦是以富人则可,典礼则未:可以使人富裕,但不能使礼制完备。阮逸注云:"汉富民之术可称,长世之礼未备。"

⑧纯懿遂亡乎:纯美的制度沦亡。阮逸注云:"疑二帝、三王之道不可复。"

⑨人能弘道,焉知来者之不如昔也:语见《论语·卫灵公》:"人能弘道,非道能弘人。"《论语·子罕》:"后生可畏,焉知来者之不如今也。"阮逸注云:"后来圣人生则道弘矣,安知其无纯懿之时耶?"

【译文】

薛收问:"帝制能产生王道吗?"先生说:"不能。因为后世的帝王,不是古代的帝王。他们杂糅各代的王道,而以'帝'之名吧?用心虽好,但做法不正,沿袭了秦的弊政,不得已而称帝。他们为政苟且,怎能具有三代那般的美德?虽可以使人富裕,规范礼法则不完备。"薛收说:"完美的制度亡佚了吗?"先生说:"人能弘扬正道,怎知后来者不如前人呢？"

子谓李靖智胜仁，程元仁胜智。①子谓董常几于道，可使变理。②

【注释】

①李靖智胜仁，程元仁胜智：阮逸从五行多寡推演能力侧重，认为："五行之秀有偏，故五常之性有胜，若木性多，水性少，则仁胜智，推此为然。"

②几于道，可使变理：变理，随时因理而变化。阮逸注云："五常具则庶几乎圣道，通变之谓道，故曰变理。"

【译文】

先生说，李靖的智慧胜于仁义，程元的仁义胜于智慧。先生说董常近于道的境界，可随时变通而不失其正。

贾琼问："何以息谤？"子曰："无辩①。"曰："何以止怨？"曰："无争②。"

【注释】

①无辩：不与人辩论。参见阮逸注："勿与小人辩明。"

②无争：不与人争执。参见阮逸注："勿与小人争理。"

【译文】

贾琼问："怎样能使诽谤止息？"先生说："不与他人辩论。"问："怎样能使怨恨消亡？"先生说："不与他人争执。"

子谓诸葛、王猛功近而德远矣①。

【注释】

①功近而德远矣：功绩卓越，德行远播。阮逸注云："一时霸其国，为功虽近，然谋及身后，为德盖远。"

【译文】

先生说，诸葛和王猛功绩卓越，德行远播。

子在蒲①，闻辽东之败②，谓薛收曰："城复于隍③矣。"赋《兔爰》之卒章④。归而善《六经》之本⑤，曰："以俟能者⑥。"

【注释】

①蒲：今属山西运城市永济市蒲州镇。阮逸注云："蒲，古中都之地，隋为河中郡。"

②辽东之败：大业八年至十年，隋炀帝三征高句丽，劳师无功，国渐乱。阮逸注云："大业八年，九军并陷。"

③城复于隍：隍，城下的水池。指城墙倾颓，喻君道崩坏。阮逸注云："《易·泰卦·上六》：城复于隍，勿用师，其命乱也。"

④《兔爰》之卒章：《兔爰》，《诗经·王风》篇名。其卒章云："有兔爰爰，雉离于罿。我生之初，尚无庸；我生之后，逢此百凶。尚寐无聪。"阮逸注云："王国诗也。桓王失信，诸侯背叛，卒章云：'我生之后，逢此百凶。'"

⑤归而善《六经》之本：善，同"缮"，修治。《六经》，指《续六经》。

⑥以俟能者：阮逸注云："俟百姓与能者行之。"

【译文】

先生在蒲地，听到隋炀帝辽东之役大败，对薛收说："城复于隍了。"吟赋《诗经·王风·兔爰》最后一句表明心意。回家后修订《续六经》，说："等待日后能施行王道的人吧。"

子曰："好动者多难①，小不忍致大灾②。"

【注释】

①好动者多难：参见阮逸注："炀帝如此。"
②小不忍致大灾：参见阮逸注："隋文如此。"

【译文】

先生说："轻举妄动的人多灾难，小事不忍耐会招致大祸。"

子曰："《易》，圣人之动也，于是乎用以乘时矣。①故夫卦者，智之乡也，动之序也。②"

【注释】

①《易》，圣人之动也，于是乎用以乘时矣：乘时，根据时机采取行动。阮逸注云："易，变易也。功业见乎变，吉凶生乎动。变动者，圣人适时之用也。无变则功不可大，故因二以济；无动则吉不先见，故惟几成务，存时效动，《易》可知焉。"
②故夫卦者，智之乡也，动之序也：智之乡，智慧的源泉。动之序，行动的指针。阮逸注云："爻在卦，如人居乡，逐位而动，是其次序。"

【译文】

先生说:"圣人用《易》乘时而动。《易》中的卦,是智慧的源泉,行动的指针。"

薛生曰:"智可独行乎①?"子曰:"仁以守之②。不能仁则智息矣,安所行乎哉?③"

【注释】

①智可独行乎:智独自发挥作用。阮逸注云:"言卦为智乡,则谓智可独行。"

②仁以守之:以仁来守护智。阮逸注云:"智不以仁,则易失之贼。"

③不能仁则智息矣,安所行乎哉:没有仁,智难行。阮逸注云:"不能仁,虽智无用。"

【译文】

薛收问:"智能够独自发挥作用吗?"先生说:"应以仁来守护。没有仁,则智消失,又如何起作用呢?"

子曰:"元亨利贞①,运行不匮者,智之功也。"

【注释】

①元亨利贞:《易·乾》卦辞。贞,原作"正",今改。指天地万物发展变化的规律。阮逸注云:"元,仁也;亨,礼也;利,义也;贞,信也。运之以智,五常成功。"

【译文】

先生说:"天地万物生生不息,是由于智的作用。"

子曰："佞以承上，残以御下，诱之以义不动也①。"

【注释】

①诱之以义不动也：参见阮逸注："凡佞人、残人，不可以义诱。"

【译文】

先生说："对上曲意奉承，对下残暴无情，用仁义也无法打动他。"

董常死，子哭之，终日不绝。门人曰："何悲之深也？"曰："吾悲夫天之不相道也①，之子殁，吾亦将逝矣。②明王虽兴，无以定礼乐矣。③"

【注释】

①吾悲夫天之不相道也：相，辅佐。阮逸注云："董常弱冠而死，门人亚圣者也，死后无人助行周孔之道。"

②之子殁，吾亦将逝矣：之子，这个人。逝，离世。阮逸注云："天丧斯文，我必不久生。"

③明王虽兴，无以定礼乐矣：参见阮逸注："后唐太宗议礼乐，房、魏自言不备。"

【译文】

董常死，先生终日痛哭。门人问他："为何如此悲伤？"先生说："我悲痛上天不辅助道，董常死后，我也不久于世。即使有明王在世，也无人定礼乐之制了。"

子赞①《易》，至《序卦》②，曰："大矣，时之相生也！达者可与几矣。③"至《杂卦》④，曰："旁行而不流，守者可与存义矣。⑤"

【注释】

①赞：阐明。《文心雕龙·颂赞》："赞者，明也，助也。"

②《序卦》：解释六十四卦排列顺序和相互关系的《易·序卦传》。

③大矣，时之相生也！达者可与几矣：几，事务，多见于"万机"，指政事。《尚书·皋陶谟》："一日二日万几。"阮逸注云："《序卦》轮衍六十四卦也，时行时止，生生不穷，达则至之，故曰'几'也。"

④《杂卦》：《易·杂卦传》，将六十四卦排列为三十二对，论说各卦间的对立统一关系。

⑤旁行而不流，守者可与存义矣：旁行，普遍的意思。不流，不过不违。旁行而不流，触类旁通，不失其本。《易·系辞上》："旁行而不流，乐天知命，故不忧。"阮逸注云："《杂卦》止说一卦也，守则终之，故曰'义'矣。"

【译文】

先生阐明《易》至《序卦传》，说："伟大啊，四时相生变化！通达相生规律的人可担当朝廷重任。"至《杂卦传》，说："触类旁通而不失其本，遵从《易》理行事的人可以举动得宜。"

子曰："名实相生，利用相成，是非相明，去就相安也。①"

【注释】

①名实相生，利用相成，是非相明，去就相安也：利，便利。用，功

用。阮逸注云："名由实生，实由名显，此谓'相生'。利在有用，用则成利，此谓'相成'。是未果是，有非然后明，此谓'相明'。去不安则就，就不安则去，此谓'相安'。已上皆因赞《易》而言也。"俞樾《诸子平议补录·文中子》："'利用'疑'利害'之误。'名实''利害''是非''去就'皆两字相对。"

【译文】

先生说："名与实互相影响，利与用互相关联，是与非彼此应照，去与留彼此相安。"

贾琼问："太平可致乎？"子曰："五常之典，三王之诰，两汉之制，粲然可见矣。①"

【注释】

①五常之典，三王之诰，两汉之制，粲然可见矣：五常之典，指儒家五经。《白虎通义·五经》："经所以有五何？经，常也。有五常之道，故曰五经。"三王之诰，指禹、汤、周文王的文告。粲，明亮。阮逸注云："古道备在方册，行之可致。颜子曰：'舜何人也？余何人也？有为者亦若是。'"

【译文】

贾琼问："可以到达太平吗？"先生说："五常典范，三王诰命，两汉圣制，就明显可见太平。"

文中子曰："王泽竭而诸侯仗义矣①，帝制衰而天下言利矣②。"

【注释】

①王泽竭而诸侯仗义矣：王，指周王。阮逸注云："《续诗》所以明此变也。"

②帝制衰而天下言利矣：帝，指汉代诸帝。阮逸注云："《续书》所以救此失也。"

【译文】

文中子说："王道枯竭，诸侯开始倡导仁义；帝制衰亡，天下开始追求功利。"

文中子曰："强国战兵①，霸国战智②，王国战义③，帝国战德④，皇国战无为⑤。天子而战兵，则王霸之道不抗矣，⑥又焉取帝名乎⑦？故帝制没而名实散矣⑧。"

【注释】

①强国战兵：强国以武力取胜。阮逸注云："惟恃力尔。"

②霸国战智：霸国以智谋取胜。阮逸注云："不战而屈人之兵在智。"

③王国战义：王国以仁义取胜。阮逸注云："禁民为非，不独任智。"

④帝国战德：帝国以道德取胜。阮逸注云："仁者无敌于天下，德可知矣。"

⑤皇国战无为：皇国以无为取胜。意指三皇无为而治国。阮逸注云："神武而不杀，安见其有为？"

⑥天子而战兵，则王霸之道不抗矣：抗，通"伉"，匹配。阮逸注云："战不以智与义，则道不能举。"

⑦又焉取帝名乎：与帝名不相匹配。阮逸注云："道不抗，虽名存何取？"

⑧故帝制没而名实散矣：帝制衰落，名实不符。阮逸注云："此言名实散，则《元经》必为行其法也。"

【译文】

文中子说："强国以武力取胜，霸国以智谋取胜，王国以仁义取胜，帝国以道德取胜，皇国以无为取胜。天子征战只凭武力，这连王国和霸国的做法都不如，取帝之名何用？因此，今日帝制衰落而名实不符。"

子曰："多言，德之贼也；①多事，生之仇也。②"

【注释】

①多言，德之贼也：言多必失。《论语·阳货》："乡原，德之贼也。"阮逸注云："有德则不言。"

②多事，生之仇也：多生是非，招致祸端。阮逸注云："保生者少事。"

【译文】

先生说："多言多语，败坏仁德；多是多非，招致仇家。"

薛方士①曰："逢恶斥之，遇邪正之，何如？"子曰："其有不得其死乎②！必也言之无罪，闻之以诫。③"

【注释】

①薛方士：王通弟子，其人不详。阮逸注云："未见传。"

②其有不得其死乎：不得好下场。阮逸注云："责其太刚也。若暴虎

凭河，子路终死。"

③必也言之无罪，闻之以诫：委婉陈词，引以为戒。《毛诗正义·关雎序》："上以风化下，下以风刺上，主文而谲谏，言之者无罪，闻之者足以戒，故曰风。"阮逸注云："言逢恶遇邪，当谲谏喻之。孔子曰：'谏有五，吾从其讽。'"

【译文】

薛方士说："遇到恶行便斥责，见到邪行便匡正，这样做如何？"先生说："可能未达到目的便身亡了！一定要委婉讽劝，使听者引以为戒。"

或问韦孝宽①。子曰："干矣②。"问杨愔③，子曰："辅矣④。"

【注释】

①韦孝宽（509—580）：一名叔裕，字孝宽。京兆杜陵（今陕西西安南）人，武威太守韦旭之子。北魏时多次参与战事立功升迁，后为西魏宇文泰所重用，派他镇守军事要地玉璧（今山西稷山附近）。大统十二年（546），东魏高欢率军包围玉璧，孝宽运用地形和战术守城，大胜东魏。高欢回师后病死。玉璧之战为东、西魏实力消长的关键之战，粉碎了东魏想要灭亡西魏的企图。韦孝宽因此一战成名。大象二年（580），在长安去世，终年七十二岁，朝廷追赠使持节，太傅，上柱国，怀、衡、黎、相、赵、洺、贝、沧、瀛、魏、冀十一州诸军事，雍州牧，谥襄公。（《周书·韦孝宽传》《北史·韦孝宽传》）阮逸注云："韦叔裕，字孝宽，后周武帝臣也。"

②干矣：干，能干。阮逸注云："北齐攻雍州，孝宽守之不下，齐祖归，愤而崩。此干事而已。"

③杨愔（511—560）：字遵彦，小字秦王，弘农华阴（今陕西华阴

东）人。北齐宰相，北魏司空杨津之子。风度深敏，言论高雅。建明二年（531），宗族为尔朱氏所灭，投奔高欢，深受重用。起家行台郎中，累迁吏部尚书，迎娶太原公主，封华阴县侯。辅佐高洋建立北齐，历任侍中、尚书仆射，迁尚书令、骠骑大将军，封开封郡王。高洋临死时，选为少帝高殷的顾命大臣。乾明元年（560），高演发动政变，杀死杨愔，终年五十岁。天统年间，追赠司空。(《北史·杨愔传》) 阮逸注云："杨愔，字遵彦，北齐文宣帝之臣也。"

④辅矣：辅助。阮逸注云："愔以朝章国令为务，不干小事而已，故可称辅相之器。"

【译文】

有人问韦孝宽。先生说："能干啊。"问杨愔，先生说："有辅相之才。"

宇文化及①问天道人事如何。子曰："顺阴阳仁义，如斯而已。②"

【注释】

①宇文化及（？—619）：隋代郡武川人，鲜卑族，左卫大将军宇文述之子。炀帝时任右屯卫将军。大业十四年，与司马德戡在江都发动兵变，杀死炀帝，立秦王杨浩为帝，自为大丞相。后率军北上，在童山被李密击破，率余众走魏县，毒杀杨浩，自立为帝，国号许，年号天寿。次年击聊城，被窦建德擒杀。(《隋书·宇文化及传》)。阮逸注云："化及，隋右将军述之子也。炀帝幸江都，化及弑逆。"

②顺阴阳仁义，如斯而已：按照阴阳之道、仁义之理行事，如此而已。阮逸注云："立天之道，曰阴与阳；立人之道，曰仁与义。天人相与

则一。故君阳臣阴,阳为仁,阴为义,此人事所以一天道也。化及有无君之心,故云守仁义以戒之尔。"

【译文】

宇文化及问天道人事。先生说:"按照阴阳之道、仁义之理行事,如此便可以。"

贾琼为吏以事楚公①,将行,子饯之。琼曰:"愿闻事人之道。"子曰:"远而无介②,就而无谄③,泛乎利而讽之,无斗其捷。④"琼曰:"终身诵之。"子曰:"终身行之可也⑤。"

【注释】

①贾琼为吏以事楚公:楚公,指杨玄感。阮逸注云:"隋三公府皆自署吏,未君命,故云'事楚公'。"

②远而无介:敬而远之,但不孤傲。阮逸注云:"恭而远之,无伤介。"

③就而无谄:接近但不谄媚。阮逸注云:"泄就其身,不苟言貌。"

④泛乎利而讽之,无斗其捷:泛,广泛、普遍。讽,委婉劝谏。阮逸注云:"泛泛因所利而讽之,勿辩捷自取祸。"

⑤终身行之可也:按此行事。阮逸注云:"不惟事人也,处世尽宜然。"

【译文】

贾琼将去当楚公的属吏,临走时,先生为他饯行。贾琼问:"愿听先生讲事君王的办法。"先生说:"疏远但不要孤傲,亲密但不要谄媚,普遍的根据利益提出建议,不可争强好胜。"贾琼说:"我会终身铭记这些话。"先生说:"终身照此行事才可。"

子曰："《元经》其正名乎①！皇始之帝，征天以授之也。②晋、宋之王，近于正体，③于是乎未忘中国④，穆公之志也⑤。齐、梁、陈之德⑥，斥之于四夷也，以明中国之有代，太和之力也。⑦"

【注释】

①《元经》其正名乎：《元经》用来正帝名。阮逸注云："正帝名。"

②皇始之帝，征天以授之也：皇始（396—398）是北魏道武帝拓跋珪的年号。皇始二年，拓跋珪灭后燕，统一黄河以北地区。阮逸注云："皇始，后魏道武帝号也。始有中原，建天子旌旗，得正统，此天授之也。"

③晋、宋之王，近于正体：东晋和刘宋以王道与德治治理国家，其统治接近正体。阮逸注云："东晋至刘宋，中国无真主，则江南以为正体，故曰'近'。"

④于是乎未忘中国：未忘记收复中原。阮逸注云："晋、宋皆举兵中原，有复一之志。"

⑤穆公之志也：穆公的心愿。阮逸注云："晋阳穆公作《政大论》，言帝王之道。《元经》所以帝元魏而斥齐、梁，盖其志也。"

⑥齐、梁、陈之德：三朝治理无方。阮逸注云："僭德。"

⑦斥之于四夷也，以明中国之有代，太和之力也：太和（477—499）是北魏孝文帝的年号。因北魏孝文帝的作为，北朝代替了南朝成为了正统。阮逸注云："后魏孝文太和元年，宋苍梧王元徽五年也，时江南衰替，中国始尊。"

【译文】

先生说："作《元经》的目的在于正帝名。称皇始之后的北魏君王为

'帝'，是依据天命授予。称东晋和刘宋的国君为'王'，是因为他们以德治国，接近正统，未忘记收复中原，这也是穆公的志向。齐、梁、陈治理无方，在四方被称为'夷'，是为了说明中原政权被替代是北魏孝文帝太和时期的作为。"

子曰："改元立号非古也①，其于彼心自作之乎②？"

【注释】

①改元立号非古也：改元立号不是古人的做法。阮逸注云："汉文帝始改中元、后元年号。"年号始于汉武帝。

②其于彼心自作之乎：彼，指汉武帝及其臣属。阮逸注云："彼汉以心自改之可也，非古也。"

【译文】

先生说："改元立号并非古已有之，恐怕是汉武帝及其臣属主观想象出来的吧？"

或问："志意修，骄富贵，道义重，轻王侯，①如何？"子曰："彼有以自守也②。"

【注释】

①志意修，骄富贵，道义重，轻王侯：语出《荀子·修身》："志意修则骄富贵，道义重则轻王公，内省而外物轻矣。"阮逸注云："此荀卿子言也，下句云'内省而外物轻矣'。"

②彼有以自守也：坚持自己的原则。阮逸注云："处士横议，非天下

公言，自守此说而已。凡圣人之道，无所骄，无所轻。"

【译文】

有人问："立志修身，轻视富贵，重视道义，轻视王侯，这种人怎么样？"先生说："他能坚持自己的原则。"

薛生曰："和、殇之后，帝制绝矣，《元经》何以不兴乎？①"子曰："君子之于帝制，并心一气以待也。②倾耳以听，拭目而视，③故假之以岁时④。桓、灵之际，帝制遂亡矣；⑤文、明之际，魏制其未成乎？⑥太康之始，书同文，车同轨，⑦君子曰'帝制可作矣'，而不克振。⑧故永熙之后，君子息心焉，曰：'谓之何哉？'⑨《元经》于是不得已而作也⑩。"

【注释】

①和、殇之后，帝制绝矣，《元经》何以不兴乎：汉殇帝刘隆即位时还是仅百日的婴儿，一年后死去。邓太后拥立十三岁的安帝即位。安帝"少好聪明，多不德"。临朝的邓太后死后，阎皇后之兄阎显又把持朝政，从此外戚宦官斗争不休，史称"始失根统，归成陵斁"。即王通所说"帝制绝矣"。阮逸注云："和帝在位十岁，窦宪不轨；殇帝二岁，邓后临朝。且此时汉制已绝，何为于此不续《元经》以振王法乎？"

②君子之于帝制，并心一气以待也：屏气凝神，静静等待。阮逸注云："以待其复兴也。"

③倾耳以听，拭目而视：表明全神贯注地等待。阮逸注云："待之极也。"

④故假之以岁时：等候了一段时间。阮逸注云："自和、殇，绵绵至

桓、灵，假岁时而终不复兴。"

⑤桓、灵之际，帝制遂亡矣：汉桓帝与汉灵帝时，帝制沦亡。阮逸注云："曹操举兵，吴、蜀继作，孝献禅魏，汉制乃绝。"

⑥文、明之际，魏制其未成乎：魏文帝曹丕与魏明帝曹叡在位时，未能成就帝制。阮逸注云："魏文帝、明帝未能平吴、蜀一制天下。"

⑦太康之始，书同文，车同轨：太康（280—289），晋武帝司马炎年号。太康初年，晋武帝平吴，宇内一统。阮逸注云："晋武太康元年平吴，天下同一。"

⑧"帝制可作矣"，而不克振：帝制可以振兴，然未能振兴。阮逸注云："太康三年，刘毅比帝为桓、灵，盖帝制寻大坏矣。"

⑨故永熙之后……"谓之何哉"：永熙，晋惠帝司马衷的第一个年号，惠帝无能，遂有八王之乱、五胡乱华，中原失序。谓之何哉，讲它干什么？阮逸注云："太康十一年，武帝崩，杨骏矫诏辅政，改元永熙，贾后杀骏，天下大乱。"

⑩《元经》于是不得已而作也：《元经》就不得不作了。阮逸注云："上无王法，故君子作赏罚以戒乱臣贼子，岂好辩哉？诚不得已也。"

【译文】

薛收问："和帝、殇帝之后，帝制断绝，为何当时没有出现《元经》这样的书籍？"先生说："君子对于帝制，屏气凝神，耐心等待。侧耳静听，擦亮眼睛来等待，所以又过了一段时间。汉桓帝和汉灵帝的时候，帝制衰亡；汉文帝与汉明帝时，帝制尚未成熟吧？太康初年，全国文字相同，车同轨，宇内一统。君子说'帝制可以发挥作用了'，但仍未能大兴。所以永熙之乱后，君子心灰意冷了，说：'讲它干什么？'这个时候，《元经》就不得不作了。"

文中子曰："《春秋》作而典诰绝矣①，《元经》兴而帝制亡矣②。"

【注释】

①《春秋》作而典诰绝矣：典诰，指帝王的政令，如《尚书》中的《尧典》《汤诰》。阮逸注云："孟子曰：'王者之迹熄，然后《诗》亡，《诗》亡，然后《春秋》作。'"

②《元经》兴而帝制亡矣：而帝制衰亡，《元经》兴起。阮逸注云："《元经》作于《续书》《续诗》之后。"

【译文】

文中子说："典诰绝灭而《春秋》出现，帝制衰亡而《元经》兴起。"

文中子曰："诸侯不贡诗①，天子不采风②，乐官不达雅③，国史不明变④。呜呼，斯则久矣⑤！《诗》可以不续乎⑥？"

【注释】

①诸侯不贡诗：贡诗，献诗。《国语·周语·邵公谏厉王止谤》："故天子听政，使公卿至于列士献诗，瞽献曲，史献书，师箴，瞍赋，矇诵，百工谏，庶人传语，近臣尽规，亲戚补察，瞽、史教诲，耆、艾修之，而后王斟酌焉，是以事行而不悖。"阮逸注云："古者列国歌颂皆贡于王，若鲁季孙行父请命于周是也。"

②天子不采风：采风，采集民间诗歌。《礼记·王制》："（天子）命大师陈诗以观民风。"阮逸注云："古有采诗之官。"

③乐官不达雅：达雅，通晓雅乐。阮逸注云："古为诗乐为歌，以合

雅道。"

④国史不明变：史官不能辨别得失。阮逸注云："国史明乎得失之迹。"

⑤斯则久矣：已经许久了。阮逸注云："自仲尼殁，《诗》存空文而其实废矣。"

⑥《诗》可以不续乎：需要作《续诗》。阮逸注云："汉而下风化不传于诗，故君子不可不续！"

【译文】

文中子说："诸侯不献诗歌，天子不采民风，乐官不通晓雅正之声，史官不明通变之理。唉，这种状况已经许久了！《诗》怎么可以不续写呢？"

卷第六　礼乐篇

子曰："吾于礼乐，正失而已；①如其制作，以俟明哲，必也崇贵乎！②"

【注释】

①吾于礼乐，正失而已：纠正礼乐的流弊。阮逸注云："正礼乐沿革之文而已。"

②如其制作，以俟明哲，必也崇贵乎：明哲，明智的人。《尚书·说命上》："知之曰明哲，明哲实作则。"贵，爵位，代指秩序。阮逸注云："王道盛则可以制礼作乐。明哲君子必得公辅崇贵之位，乃助成王道也。"

【译文】

先生说："对于礼乐，我只是纠正了其流弊；制礼作乐，则需要等待明哲来完成，一定要崇尚等级秩序吧！"

贾琼、薛收曰："道不行，如之何？"子曰："父母安之，兄弟爱之，朋友信之，施于有政①，道亦行矣。奚谓不行②？"

【注释】

①施于有政：施，推行，延及。将这种做法推行或延及政治管理方面。

②奚谓不行：怎么说不能施行呢？阮逸注云："乱世道不能济天下，

则修身以正家可矣。"

【译文】

贾琼、薛收问："道不能行于世，怎么办？"先生说："孝敬父母，仁爱兄弟，信任朋友，廉洁施政，道就行于世了。怎么说不能施行呢？"

子谓："任、薛、王、刘、崔、卢之昏①非古也，何以视谱②？"

【注释】

①昏：同"婚"。

②何以视谱：谱，谱牒。阮逸注云："古者，氏族家谱所以标门地，谨昏姻也。任姓，出黄帝六代孙大壬；薛姓，出黄帝六代孙奚仲，居薛。此二姓同谱。王姓，出舜之后，封于刘，至汉有王于齐者，号王氏。此二姓同谱。崔姓，帝喾、姜嫄之后，居崔邑；卢姓，亦姜姓之后，居卢国。此二姓同谱。皆古礼不通昏也。"

【译文】

先生说："任、薛、王、刘、崔、卢几家大族通婚并非古时已有的做法，婚姻为什么要看重门第呢？"

文中子曰："帝之不帝，久矣。①"王孝逸曰："敢问《元经》之帝何也②？"子曰："絜名索实，此不可去；③其为帝，实失而名存矣。④"

【注释】

①帝之不帝，久矣：帝不成其为帝，已经许久了。阮逸注云："百王

称帝者，相沿前代号也，自秦始皇始，故曰'不帝久矣'。"

②敢问《元经》之帝何也：请问《元经》中所载帝为何义？阮逸注云："三代称王，故《春秋》书'王'以尊天子，禀正朔也；秦、汉称帝，则《元经》书'帝'以尊中国而明正统也。"

③挈（xié）名索实，此不可去：挈，度量，衡量。《礼记·大学》："君子有挈矩之道也。"阮逸注云："举后帝之名者，贵存前帝之实也。中国天子，不可去此号。"

④其为帝，实失而名存矣：仅存帝名。阮逸注云："实，道也；名，空号尔。"

【译文】

文中子说："帝不是真正意义上的帝已经许久了。"王孝逸问："请问《元经》中的帝又是何义？"先生说："依据名分，不得不称之为帝；但作为帝，已经名存实亡了。"

或问谢安①，子曰："简矣②。"问王导③，子曰："敬矣④。"问温峤⑤，子曰："毅人也⑥。"问桓温⑦，子曰："智近谋远，鲜不及矣。⑧"

【注释】

①谢安（320—385）：字安石，陈郡阳夏（今河南太康）人。东晋政治家。少以清谈知名，屡辞辟命，隐居会稽。年四十余始出仕，历任征西大将军司马、吴兴太守、侍中、吏部尚书、中护军等职。简文帝逝后，与王坦之挫败桓温篡位阴谋，更与王彪之等共同辅政。淝水之战，谢安指挥得当，以少胜多，为东晋赢得和平。因孝武帝猜忌，被迫前往广陵避祸。太元十年（385），病逝，终年六十六岁。获赠太傅、庐陵郡公，谥号文

靖。(《晋书·谢安传》)阮逸注云:"谢安,字安石,为东晋相。"

②简矣:简静。阮逸注云:"处富贵而独退静,破苻坚而无喜色,终优游东山,此'简'可见矣。"

③王导(276—339):字茂弘,小字赤龙。琅邪临沂(今山东临沂西北)人。东晋政权奠基人之一。早年与琅邪王司马睿友善,帮助其建立政权。东晋建立后,历任骠骑大将军、仪同三司,封武冈侯,进位侍中、司空、假节、录尚书事,领中书监。与其从兄王敦内外配合,形成"王与马,共天下"的格局。"王敦之乱"后,受晋元帝遗诏辅立晋明帝。明帝驾崩后,平定"苏峻之乱",稳定局势。此后联合太尉郗鉴继续执政,积极调解与重臣陶侃、庾亮之间的矛盾,终无大乱。咸康五年(339),去世,终年六十四岁。成帝举哀于朝堂,遣使追谥"文献"。(《晋书·王导传》)阮逸注云:"王导,字茂弘,事晋元、明、成三帝为相。"

④敬矣:恭敬。阮逸注云:"每进爵,必拜元帝山陵,此'恭'可见矣。"

⑤温峤(288—329):字泰真,一作太真,太原祁县(今山西祁县东南)人。聪敏博学,为人孝悌。初为司隶校尉都官从事,在并州刺史刘琨幕府任司空左长史。西晋亡后,拥戴晋元帝,拜散骑常侍。迁太子中庶子,辅佐东宫。晋明帝即位,拜侍中,转中书令,平"王敦之乱"。晋明帝病重,随王导、郗鉴等同受顾命,拜平南将军、江州刺史。平"苏峻之乱",拜骠骑将军,封始安郡公。咸和四年(329),病逝,终年四十二岁,追赠侍中、大将军、使持节,谥号"忠武"。(《晋书·温峤传》)阮逸注云:"峤,字太真,与王导平王敦、苏峻之乱,皆有功。"

⑥毅人也:坚毅之人。阮逸注云:"初镇武昌,闻国难,泣涕,率兵来赴,天子留峤辅政,峤让王导,此'果毅'可知矣。"

⑦桓温(312—373):字元子,谯国龙亢(今安徽怀远西北)人。为

晋明帝的驸马。永和二年（346），率众伐蜀，灭成汉，声名大奋。又北伐中原，进至霸上。太和四年（369），伐前燕，失利而还。后期独揽朝政十余年，操纵废立，有意夺取帝位，受制于朝中王谢势力而未能如愿。孝武帝宁康元年薨，终年六十二岁。死后谥号"宣武"。其子桓玄建立桓楚后，追尊为宣武皇帝。（《晋书·桓温传》）阮逸注云："温，字子元，为晋将军，破李势，平苻健有功，为大都督。"

⑧智近谋远，鲜不及矣：鲜不及，很少做得不够，意指往往做得过分。《易·系辞上》："德薄而位尊，智小而谋大，力小而任重，鲜不及矣。"阮逸注云："又北伐不已，为慕垂所败。归而潜有篡志，此'智近谋远'之验。"

【译文】

有人问谢安怎样，先生说："为人简静。"问王导怎样，先生说："为人恭敬。"问温峤怎样，先生说："坚毅之人。"问桓温怎样，先生说："智慧平常，野心勃勃，做事常出格。"

贾琼问群居①之道。子曰："同不害正，异不伤物。②"曰："可终身而行乎？"子曰："乌乎而不可也③？古之有道者，内不失真而外不殊俗，夫如此故全也。④"

【注释】

①群居：共处。《论语·卫灵公》："群居终日，言不及义，好行小惠，难矣哉！"

②同不害正，异不伤物：意见相同而不违背正道，意见不同而不伤害他人。阮逸注云："外虽同而内必正，内虽异则外无伤，此中庸者乎？"

③乌乎而不可也：怎么不可以？阮逸注云："乌，何也。"

④古之有道者，内不失真而外不殊俗，夫如此故全也：有道的人，内心保持纯正，外在混同于世人，借此保全自身。阮逸注云："知道，可与适道者也。不失真，可与立者也。不殊俗，可与权者也。三者备，何往不全？"

【译文】

贾琼问与人相处的方法。先生说："赞同而不违背公正，反对而不伤及他人。"问："可以终身按此行事吗？"先生说："怎么不可以？古时有修养的人，内心不失率真本性，对外却和世人一样，如此来保全自身。"

繁师玄曰："敢问稽古①之利？"子曰："执古以御今之有乎②。"

【注释】

①稽古：稽，考察。指研究古代。

②执古以御今之有乎：御，驾驭，处理。有，事务。阮逸注云："今之有利者，皆古有之矣，故必稽古。"

【译文】

繁师玄问："请问研究古代有何用？"先生说："根据古代来应对今日的事务。"

子曰："居近识远，处今知古，惟学矣乎①！"

【注释】

①惟学矣乎：阮逸注云："孔子曰：'吾非生而知之，好古，敏以求之。'"

【译文】

先生说："处于此地能了解远方，处于今世能了解古代，只有学习能够做到啊！"

子曰："恭则物服①，愨则有成②，平则物化③。"子曰："我未见平者也④。"

【注释】

①恭则物服：恭敬则使人顺服。阮逸注云："俨然，人望而畏之。"

②愨（què）则有成：愨，诚实、谨慎。阮逸注云："先诚其意。"

③平则物化：平，公平、无私。物化，事物变化。阮逸注云："无私于物，物亦公焉。"

④我未见平者也：我没有见过公平的人。阮逸注云："隋政多私。"

【译文】

先生说："恭敬则使人顺服，谨慎则凡事有成，公正则万物同化。"先生说："我没有见过公正无私的人。"

或曰："君子仁而已矣，何用礼为？①"子曰："不可行也②。"或曰："礼岂为我辈设哉③！"子不答，既而谓薛收曰："斯人也，旁行而不流矣④，安知教意哉！有若谓'先王之道，斯为美'也。⑤"

【注释】

①君子仁……何用礼为：参见《论语·八佾》："人而不仁，如礼何？人而不仁，如乐何？"孔子认为，"不仁"的人谈不到礼、乐。仁是礼乐的基础，礼乐是仁的升华。

②不可行也：阮逸注云："行仁必以礼节之。"

③礼岂为我辈设哉：参见《世说新语·任诞》：阮籍嫂尝回家，籍见与别。或讥之，籍曰："礼岂为我辈设也？"阮逸注云："阮籍云。"

④旁行而不流矣：语出《易·系辞上》，原指触类旁通而不失其正，这里指偏于一隅而不识大体。阮逸注云："旁行一隅，不知流通之变。"

⑤有若谓"先王之道，斯为美"也：参见《论语·学而》有若言："礼之用，和为贵；先王之道，斯为美。小大由之，有所不行；知和而和，不以礼节之，亦不可行也。"阮逸注云："有若，孔子弟子。"

【译文】

有人说："君子仁爱就足够了，还用礼干什么？"先生说："你这种说法不可行。"有人说："礼岂是为我们这类人设置的？"先生没回答，不久对薛收说："这个人偏于小道而不识大体，怎么能懂得教化的深义呢！有若言：'先王正道，以此为美。'"

文中子曰："七制之主，道斯盛矣。"薛收曰："何为其然？"子曰："呜呼！惟明王能受'训'①。"收曰："无'制'而有'训'，何谓也？"子曰："其先帝之'制'未亡乎？大臣之'命'尚正乎？②无'制'而有'训'③，天下其无大过矣，否则苍生不无大忧焉？④"

【注释】

①惟明王能受"训"：只有明王才能接受大臣的"训"。阮逸注云："《续书》有'训'。"

②其先帝之"制"未亡乎？大臣之"命"尚正乎：参见阮逸注："若孝武之制未亡，霍光之命尚正，则可以训前汉诸帝也；光武之制未亡，桓荣之命尚正，则可以训后汉诸君也。"

③无"制"而有"训"：针对《续书》而言。

④天下其无大过矣，否则苍生不无大忧焉：参见阮逸注："若昌邑王不废，东海王不让，则必有兵争起而生民忧也。"

【译文】

文中子说："两汉七代君王时，大道兴盛啊！"薛收说："为什么会这样呢？"先生说："唉，只有明君才能接受大臣的'训'。"薛收问："《续书》中无'制'而有'训'，这说明什么？"先生说："先帝之'制'没有衰亡，大臣之'命'尚且能秉持正道吧？无'制'而有'训'，说明天下没有出现大混乱，否则苍生将有大的忧虑了。"

薛收曰："'赞'其非古乎①？"子曰："唐、虞②之际，斯为盛，大禹、皋陶所以顺天休命也③。"

【注释】

①"赞"其非古乎：参见阮逸注："《续书》有'赞'。"

②唐、虞：尧、舜。

③大禹、皋陶所以顺天休命也：皋陶（yáo），一作咎繇。偃姓，皋氏，名繇，字庭坚，少昊之墟（今山东曲阜）人。上古时期东夷部落首领，与尧、舜、禹并称"上古四圣"。历经唐、虞、夏三个时代，长期担任掌管刑法的"士师"一职。相传，他架构了中国最早的司法制度体系"五刑""五教"。相传，前2113年，帝禹二年去世，时年106岁，葬于六地。休，使美好。《易·大有·象》："君子以遏恶扬善，顺天休命。"阮逸注云："益赞于禹，又皋陶曰：'赞赞襄哉。'"

【译文】

薛收说："'赞'非古已有之吧？"先生说："在唐虞之际，'赞'非常盛行，大禹、皋陶以此顺应天命，成就嘉业。"

文中子曰:"'议'①,天子所以兼采而博听也,唯至公之主为能择焉②。"

【注释】

①议:参见阮逸注:"《续书》有'议'。"

②唯至公之主为能择焉:择,择善而从。阮逸注云:"公朝共议,择善而从。"

【译文】

文中子说:"'议',天子以此来兼采博听,只有大公无私的君王才能择善而从。"

文中子曰:"'诚'①其至矣乎!古之明王,敬慎所未见,悚惧所未闻,②刻于盘盂③,勒于几杖④。居有常念,动无过事,其'诚'之功乎!⑤"

【注释】

①诚:参见阮逸注:"《续书》有'诚'。"

②敬慎所未见,悚惧所未闻:其义同《尧戒》所言"战战栗栗,日甚一日"。

③刻于盘盂:盘盂,圆者为盘,方者为盂。其上刻警醒的文字。《礼记·大学》:"汤之盘铭曰:'苟日新,日日新,又日新。'"阮逸注云:"盘铭云:'德日新。'荀子曰:君者盘也,水者民也,盘圆则水圆;君者,盂也,盂方则水方。"

④勤于几杖：老人居则凭几，行则携杖。古时常用来表示敬老。清沈德潜《古诗源·书杖》："辅人无苟，扶人无咎。"阮逸注云："杖铭云'扶危''定倾'，皆戒也。"

⑤居有常念，动无过事，其"诚"之功乎：参见阮逸注："常念'日新''扶危'之诫，自无过。"

【译文】

文中子说："'诚'的作用无以复加！古时明君，对未见过之事恭敬谨慎，对未听过之事畏惧小心，把警醒的文字铭刻在盘盂上，雕凿于几杖上。常常挂念，时时提醒，行动没有过失，这都是'诚'的作用吧！"

薛收曰："'谏'①其见忠臣之心乎？其志直，其言危。②"子曰："必也直而不迫，危而不诋，③其知命者之所为乎④！狡乎逆上⑤，吾不与也。"

【注释】

①谏：参见阮逸注："《续书》有'谏'。"

②其志直，其言危：耿直而直言。阮逸注云："志直，若周昌云'口不能言，心知不可'是也。言危，若樊哙云'陛下独不见赵高之事乎'是也。"

③必也直而不迫，危而不诋：耿直而不咄咄逼人，直谏而不诋毁。阮逸注云："不迫，若贾谊曰'今之进言者皆云天下治，臣独以为未'是也。"

④其知命者之所为乎：知名者，了解君王、知晓天命的人。阮逸注云："知命，为知其君可谏则谏，进退不违天命也。"

⑤狡乎逆上：狂暴地犯上。阮逸注云："狡，谓志不直也，言不危也；

非忠顺，故曰逆。"

【译文】

薛收说："从'谏'中，可见臣子的一片忠心吧？为人耿直，言语无所避讳。"先生说："一定要耿直而不咄咄逼人，直谏而不诋毁，这才是知天命者的所作所为吧！狂暴犯上的做法，我不赞同。"

贾琼曰："虐哉汉武，未尝从谏也。"子曰："孝武其生知之乎？虽不从，未尝不悦而容之。① 故贤人攒于朝，直言属于耳。斯有志于道，故能知悔而康帝业，②可不谓有'志'之主乎③？"

【注释】

①孝武其生知之乎……未尝不悦而容之：生知，生而知之，天生英明。阮逸注云："子言汉武大体生知，不由人谏而理也。若初即位，崇太学，立明堂，黜百家，策贤良，雄才大略，此皆天纵也。如汲黯之讦，方朔之滑稽，虽未听，亦能容之矣。"

②故贤人攒于朝，直言属于耳。斯有志于道，故能知悔而康帝业：知悔，知道悔悟。康，安定。阮逸注云："贤人，若仲舒、申公、枚皋、相如、严乐辈是也。此数子，每大臣奏事，则皆辩论之，是攒于朝，属于耳也。晚年下诏，觉用兵之悔，封丞相田千秋为富民侯，是知悔而帝业康也。"

③可不谓有"志"之主乎：参见阮逸注："《续书》所以有'志'。"

【译文】

贾琼说："暴虐啊，汉武帝，从未接受过劝谏。"先生说："汉武帝是天生英明吧？虽不听从劝谏，但却喜悦而宽容地对待直谏的人。因此贤人汇集于朝廷，直谏之言能够上达君王。汉武帝有志于道，因此能够追悔先前做法而最终建立帝业，怎能不说他是有'志'的明君呢？"

子曰："姚义之辩，李靖之智，贾琼、魏徵之正，薛收之仁，程元、王孝逸之文，加之以笃固，①申之以礼乐，可以成人矣。②"

【注释】

①姚义之辩……加之以笃固：笃固，笃信固守。《论语·泰伯》："笃信好学，守死善道。"阮逸注云："七子各得一长，更能敦笃则固。"

②申之以礼乐，可以成人矣：申，约束。《孟子·梁惠王上》："谨庠序之教，申之以孝悌之义，颁白者不负戴于道路矣。"阮逸注云："既固矣，必能成之礼乐，通才然后及也。"

【译文】

先生说："姚义的善辩，李靖的智略，贾琼、魏徵的公正，薛收的仁厚，程元、王孝逸的文采，笃信且固守这些品质，并通过礼乐强化巩固，就可以成为人才了。"

子谓京房①、郭璞②古之乱常人也③。

【注释】

①京房（前77—前37）：本姓李，字君明，推律自定为京氏，东郡顿丘（今河南清丰西南）人。受学于梁人焦延寿。京房说《易》长于灾变，分六十四卦，更直日用事，以风雨寒温为候，各有占验。汉元帝初元四年（前45），举孝廉为郎，后任魏郡太守。多次上疏论说灾异，得罪宦官石显，又与权贵五鹿充宗学说相非。建昭二年，以"非谤政治，归恶天子"

的罪名，下狱弃市，终年四十一岁。（《汉书·京房传》）阮逸注云："京房，字君明，习灾变之学，以卦直日用事。本姓李氏，而辄自推律，改为京氏。"

②郭璞（276—324）：字景纯，河东郡闻喜（今山西闻喜）人。少博学多识，妙于阴阳算历，洞五行、天文、卜筮之术，禳灾转祸，通致无方。永嘉之乱，避乱南下，被殷祐及王导征辟为参军。晋元帝时，拜著作佐郎，与王隐共撰《晋史》。后为王敦记室参军，以卜筮不吉劝阻王敦谋反而遇害，终年四十九岁。（《晋书·郭璞传》）阮逸注云："郭璞，字景纯，好阴阳算术，被发衔刀，竟坐诛。"

③古之乱常人也：参见阮逸注："二子并乖正经，乱人伦者也。"

【译文】

先生说京房和郭璞都是古代扰乱伦常的人。

子曰："冠礼废，天下无成人矣；昏礼废，天下无家道矣；①丧礼废，天下遗其亲矣；祭礼废，天下忘其祖矣。②呜呼，吾末如之何也已矣③！"

【注释】

①冠礼废，天下无成人矣；昏礼废，天下无家道矣：冠礼，成人礼。昏，即"婚"。阮逸注云："士冠、昏礼：二十而冠，三十而昏。成人、正家不可废也。"

②丧礼废，天下遗其亲矣；祭礼废，天下忘其祖矣：遗，遗弃。忘，遗忘。阮逸注云："亦言士丧、祭礼也。孟子曰：'未有仁而遗其亲也。'又曰：'祭必自其祖。'"

③吾末如之何也已矣：无可奈何。《论语·子罕》："说而不绎，从而

不改，吾末如之何也已矣。"阮逸注云："伤时废此四礼。"

【译文】

先生说："冠礼废亡，天下就没有成年之道了；昏礼废亡，天下就没有家道可言了；丧礼废亡，天下人就会遗弃自己的亲人了；祭礼废亡，天下人就忘却自己的祖先了。唉，我也不知该怎么办了！"

越公问政，子曰："恭以俭。"①邳公②问政，子曰："清以平③。"安平公④问政，子曰："无斗人以名⑤。"

【注释】

①越公问政……"恭以俭"：越公指杨素。恭以俭，恭敬而节俭。阮逸注云："杨素骄侈，故规之。"

②邳公：即苏威。阮逸注云："苏威，封邳国公，为仆射。"

③清以平：清廉而公平。阮逸注云："威以老臣贵位引其子夔预朝政，非清白公平也，故亦规之。"

④安平公：即李德林。阮逸注云："李德林封安平郡公。"

⑤无斗人以名：为名争斗。阮逸注云："德林文学擅名，然多自负，见毁于时，故规之使无斗名。"

【译文】

越公杨素问执政之道，先生说："恭敬节俭。"邳公苏威问执政之道，先生说："清廉公正。"安平公李德林问执政之道，先生说："不要让人争名。"

子谓薛收、贾琼曰："《春秋》《元经》，其衰世之意乎？义直而微,言曲而中。^①"

【注释】

①义直而微,言曲而中:义理正大而含蓄,言辞委婉而中肯。阮逸注云:"直、微、曲、中,盖权行取中。"

【译文】

先生对薛收、贾琼说:"《春秋》《元经》表达了君子在王道衰落时的想法吧?寓义正直而深奥,言语委婉而中肯。"

越公初见子,遇内史薛公^①曰:"公见王通乎^②?"薛公曰:"乡人也^③。是其家传七世矣^④,皆有经济之道而位不逢^⑤。"越公曰:"天下岂有七世不逢乎?"薛公曰:"君子道消,十世不逢有矣。^⑥"越公曰:"奚若其祖?"公曰:"王氏有祖父焉,有子孙焉,虽然,久于其道,钟美于是也^⑦。是人必能叙彝伦矣^⑧。"

【注释】

①内史薛公:即薛道衡。

②公见王通乎:参见阮逸注:"杨素问薛道衡。"

③乡人也:他是我的同乡。阮逸注云:"并家河东。"

④是其家传七世矣:他们家七代传授儒学。阮逸注云:"家传儒业。"

⑤皆有经济之道而位不逢:有经世济民的才干,但不得志没有被重用。阮逸注云:"不逢明时。"

⑥君子道消,十世不逢有矣:消,衰退。《易·否卦·象》:"小人道长,君子道消也。"十世,三百年。阮逸注云:"若孔子,自弗父何嗣厉

公及正考甫佐戴武宣公，至孔父嘉立殇公，至仲尼，凡三百年，不遇明时。三十年为一世。"

⑦钟美于是也：钟，集中。完美体现。《左传·昭公二十八年》："子貉早死，无后，而天钟美于是，将必以是大有败也。"

⑧是人必能叙彝伦矣：叙，整理。彝伦，天地人之常道。《尚书·洪范》："天乃锡禹洪范九畴，彝伦攸叙。"阮逸注云："六经续而彝伦叙。"

【译文】

越公杨素第一次见文中子后，遇到内史薛道衡说："先生见过王通吧？"薛公说："他是我的同乡。家传儒业七世，都有经国济世的才干却生不逢时。"越公问："天下怎会有七世不得志的？"薛公说："君子之道消沉，十世不逢时也是有的。"越公又问："他和他的祖先比较如何？"薛公说："王通上有祖父，下有子孙，尽管如此，他一直专注于儒学，儒家思想在他身上得到了完美体现。这个人必定能够整饬伦常。"

子出自蒲关①，关吏陆逢②止之曰："未可以遁③我生民也。"子为之宿，翌日而行。④陆逢送子曰："行矣，江湖鳣鲸，非沟渎所容也。⑤"

【注释】

①子出自蒲关：王通出蒲关。阮逸注云："自长安出蒲州龙门关，北归晋。"

②陆逢：人名，事迹不详。阮逸注云："陆逢，贤人，隐于关吏。"

③遁：隐避。《尚书·商书·说命下》："台小子旧学于甘盘，既乃遁于荒野。"

④子为之宿，翌日而行：王通因此留宿一晚，第二天出发。阮逸注云："子知其贤，意在生民，故特为宿，未忍去。"

⑤江河鳣鲸，非沟渎所容也：鳣，鲟鳇鱼的古称。阮逸注云："圣道大，非群小所知。"

【译文】

先生出蒲关时，关吏陆逢劝阻他说："不要用隐避的方式推卸安民的责任啊。"先生因此在关中睡了一宿，第二天走了。陆逢送别先生时说："走吧，大江大湖中的鳣、鲸，不是小沟壑所能容下的。"

程元曰："敢问'风自火出，家人'①，何也？"子曰："明内有齐外②，故家道正而天下正③。"

【注释】

①风自火出，家人：参见《易·家人·象》："家人，女正位乎内，男正位乎外……父父、子子、兄兄、弟弟、夫夫、妇妇，而家道正。正家而天下定也。"《象》曰："风自火出，家人。"阮逸注云："《易》象词。"

②明内有齐外：内，指家庭。齐，管理。外，外界事物。阮逸注云："离明，巽齐。"

③故家道正而天下正：齐家而后治天下。阮逸注云："治国者先齐家。"

【译文】

程元问："请问'风自火出，家人'如何解释？"先生说："内务明晰，外事齐整，因此，家道正，天下也就公正了。"

子曰："仁义其教之本乎①？先王以是继道德而兴礼乐者也②。"

【注释】

①仁义其教之本乎：仁义是教化的根本。阮逸注云："'立人之道，曰仁与义'，是谓教本。"

②先王以是继道德而兴礼乐者也：继，继承，发扬。阮逸注云："韩愈曰：'仁与义为定名，道与德为虚位。'然则道德者，本仁而中和之，所以为礼乐也。"

【译文】

先生说："仁义是教化的根本吧？先王以此发扬道德，使礼乐兴盛。"

子曰："礼其皇极之门乎？圣人所以向明而节天下也。①其得中道乎②？故能辩上下，定民志。③"

【注释】

①礼其皇极之门乎，圣人所以向明而节天下也：皇极，人道最高准则。向明，朝南。《易·说卦》："圣人南面而听天下，向明而治。"阮逸注云："喻门南向，使人出入而节限内外。"

②其得中道乎：这符合中庸之道吗？阮逸注云："解上文皇极义。"

③故能辨上下，定民志：语见《易·履卦·象》："君子以辨上下，定民志。"阮逸注云："上不逼下，下不僭上，人志自定，是中也。"

【译文】

先生说："礼是皇极的门户吧？圣人因此面南而管束天下。这符合中庸之道吗？因此能辨明上下，稳定民心。"

或问君子。子曰："知微、知章、知柔、知刚。①"曰："'君子不器'，何如？"子曰："此之谓不器②。"

【注释】

①知微、知章、知柔、知刚：语见《易·系辞下》："君子知微知彰，知柔知刚，万夫之望。"阮逸注云："《易·系辞》。"

②此之谓不器：语见《论语·为政》："子曰：'君子不器。'"阮逸注云："即此微、章、柔、刚，是不器。"

【译文】

有人问君子之道。先生说："君子知道微小，知道彰显，知道柔弱，知道刚强。"又问："'君子不器'何义？"先生说："这些就叫'不器'。"

文中子曰："周、齐之际，王公大臣不暇及礼矣。①献公②曰：'天子失礼则诸侯修于国，诸侯失礼则大夫修于家。③'礼乐之作，献公之志也。④"

【注释】

①周、齐之际，王公大人不暇及礼矣：周、齐指北周和北齐。阮逸注

云:"北齐高洋至高纬二十八年,后周自宇文觉至介国公二十五年,日寻干戈,虽有名臣,岂暇及礼哉?"

②献公:安康献公,王通之祖王一。

③天子失礼……则大夫修于家:周制,诸侯有国,大夫有家。阮逸注云:"周东迁邦,礼丧,韩宣子适鲁曰:'周礼在鲁矣。'此诸侯修于国也。鲁三家专政,八佾舞庭,孔子自卫反鲁,乃定礼乐,此大夫修于家也。"

④礼乐之作,献公之志也:制礼作乐是献公的心愿。阮逸注云:"《礼论》《乐论》,盖推献公之志而作。"

【译文】

文中子说:"北周和北齐时,王公大臣无暇顾及礼制。献公说:'天子失礼则诸侯各治其国,诸侯失礼则大夫各安其家。'礼乐再次兴起,是安康献公的志向。"

程元问《六经》①之致。子曰:"吾续《书》以存汉晋之实②,续《诗》以辩六代之俗③,修《元经》以断南北之疑④,赞《易》道以申先师之旨⑤,正礼乐以旌后王之失⑥,如斯而已矣。"程元曰:"'作者之谓圣,述者之谓明'⑦,夫子何处乎⑧?"子曰:"吾于道,屡伸而已,⑨其好而能乐,勤而不厌者乎!⑩圣与明吾安敢处⑪!"

【注释】

①《六经》:指《续六经》。阮逸注云:"《续经》。"

②吾续《书》以存汉晋之实:我续写《尚书》来保存汉晋时期的历

史文献。阮逸注云:"《续书》起于汉高祖,止晋武帝。"

③续《诗》以辩六代之俗:六代,指晋、宋、北魏、北齐、北周和隋。阮逸注云:"六代诗,见上。"

④修《元经》以断南北之疑:修纂《元经》来断定南北谁是正统。阮逸注云:"晋东迁,故南朝推运历者,因以齐、梁、陈为正统;后魏据中原,故北朝推运历者,以北齐、周、隋为正统。于是南北二史,'夷''虏'相称而天下疑矣。《元经》者,所以尊中国,故中国无主,则正统在晋、宋,中国有主,则正统归魏、周。"

⑤赞《易》道以申先师之旨:赞《易》以申明先师的大义。阮逸注云:"申明十翼也。"

⑥正礼乐以旌后王之失:旌,彰显。阮逸注云:"后王有不合周公制作者,则论而正之。"

⑦作者之谓圣,述者之谓明:语见《礼记·乐记》:"故知礼乐之情者能作,识礼乐之文者能述。作者之谓圣,述者之谓明。"

⑧夫子何处乎:您属于何种情况?阮逸注云:"处,居中。"

⑨吾于道,屡伸而已:对于道,我反复申说。阮逸注云:"言我亦不作,亦不述,盖以微言绝,大义乖,则我再三伸明之尔。"

⑩其好而能乐,勤而不厌者乎:好而乐道,勤学不厌。阮逸注云:"言我但好学不厌而已。"

⑪圣与明吾安敢处:圣与明我均不敢当。阮逸注云:"不敢当程元所言。"

【译文】

程元问《续六经》的用处。先生回答:"我续《书》是为保存汉晋时期的文献,续《诗》是为了辨明六代的风俗,修纂《元经》为了断定南北正统的疑惑,赞《易》道是为了申明先代圣人的义旨,匡正礼乐用来彰显后代君王的得与失，如此而已。"程元说："原创者称为'圣'，叙述者称为'明'，夫子您属于何种情况？"先生说："我只是再三申明道义，好学并以之为乐，勤奋又不满足罢了！'圣'与'明'，我怎么敢与之相比！"

子曰："有坐而得者，有坐而不得者；有行而至者，有不行而至者。"①

【注释】

①有坐而得者……有不行而至者：阮逸注云："《老子》曰：坐进此道。《书》曰：行之惟难。坐之、行之，一也，而有得有不得，有至有不至。此言人性差殊，各由所习，遂相远也。"俞樾《诸子平议补录·文中子》曰："'有不行而至者'当作'有行而不至者'，与上文'有坐而不得者'相对成文。……以阮注证之，则正文无不行而至之意明矣。"

【译文】

先生说："有静思而得道的人，有静思而不得道的人；有通过实践得道的人，也有经过实践也未得道的人。"

子曰："见而存①，未若不见而存者也②。"

【注释】

①见而存：存，存有。《孟子·离娄下》："君子所以异于人者，以其存心也。"阮逸注云："因所见而存诸心。"

②未若不见而存者也：不如未见就已有仁心。《吕氏春秋·仲夏纪·

大乐》："有知不见之见，不闻之闻、无状之状者，则几于知之矣。"阮逸注云："不待见而心常存之，犹言'不勉而中''不言而信'也。"

【译文】

先生说："看见后存有仁心，不如未见就已有仁心。"

子曰："君子可招而不可诱①，可弃而不可慢②。轻誉苟毁，好憎尚怒，小人哉！③"

【注释】

①君子可招而不可诱：可招之以礼，不可诱之以利。阮逸注云："可以礼招，不可以机诱。"

②可弃而不可慢：可以不用，但不能轻慢。阮逸注云："弃，谓道不同；慢，谓伤名教。"

③轻誉苟毁，好憎尚怒，小人哉：苟，随便。随意毁誉，喜怒无常。阮逸注云："四者任情。"

【译文】

先生说："君子可以用礼招请，不可用利相诱。可以弃而不用，但不可以慢待。随意表扬与诋毁，喜怒无常，是小人的作为。"

子曰："以势交者，势倾则绝；以利交者，利穷则散。故君子不与也①。"

【注释】

①故君子不与也：与，赞同。阮逸注云："不与之交。"

【译文】

先生说:"因为权势结交的人,权势倾覆则交情就会了断;因为利益结交的人,利益穷尽就会一拍而散。因此君子不赞同这么做。"

子谓:"薛收善接小人,远而不疏,近而不狎①,颓如也②。"

【注释】

①近而不狎:亲近却不过分亲昵。

②颓如也:自如貌。《礼记·檀弓上》:"拜而后稽颡,颓乎其顺也。"阮逸注云:"颓如,不矜持之貌。"

【译文】

先生说:"薛收善于和小人交往,保持一定距离但不疏远,亲近却不失庄重,坦坦荡荡,自然而然。"

子游汾亭,坐鼓琴。①有舟而钓者过,曰:"美哉,琴意!②伤而和,怨而静,③在山泽而有廊庙之志,非太公之都磻溪,则仲尼之宅泗滨也。④"子骤而鼓《南风》⑤。钓者曰:"嘻!非今日事也。道能利生民,功足济天下,其有虞氏之心乎?不如舜自鼓也,声存而操变矣⑥。"子遽舍琴,谓门人曰:"情之变声也如是乎?"起将延之,钓者摇竿鼓枻而逝⑦。门人追之,子曰:"无追也。播鼗武入于河,击磬襄入于海,固有之也。⑧"遂志其事,作《汾亭操》焉⑨。

【注释】

①子游汾亭,坐鼓琴:汾亭,《河津县志》记"在今汾河岸疏属山",

具体位置不详。阮逸注云:"君子不去琴瑟。"

②有舟而钓者过……琴意:驾舟钓鱼的人赞美琴曲优美。阮逸注云:"钓,隐者也,闻琴知意。"

③伤而和,怨而静:悲伤而平和,哀怨而宁静。阮逸注云:"伤怨和静,乃缦伤弦调也。"

④非太公之都磻(pán)溪,则仲尼之宅泗滨也:磻溪,一名璜河,在陕西宝鸡市东南,源出南山,北流入渭。传说为姜太公垂钓之处。泗滨,泗水之滨,今山东中部一带。《史记·孔子世家》:"孔子葬鲁城北泗上。"阮逸注云:"时乱,贤人隐于野。"

⑤《南风》:古琴歌名,相传为舜所作。《礼记·乐记》:"昔者舜作五弦之琴以歌《南风》。"

⑥声存而操变矣:声,声调。操,情操。阮逸注云:"所传《南风》,声则存矣,而所操者之情则变而不类。"

⑦钓者摇竿鼓栧而逝:栧,同"枻",船桨。钓者摇桨,开船走开。

⑧播鼗(táo)武入于河,击磬襄入于海,固有之也:鼗,小鼓,犹今之拨浪鼓。武、襄都是人名。鲁哀公时,礼崩乐坏,乐官流散。《论语·微子》记:"鼓方叔入于河,播鼗武入于汉,少师阳、击磬襄入于海。"阮逸注云:"掌鼗、掌磬之官,武、襄是其名也。鲁哀公时,礼坏乐崩,乐人皆去。"

⑨作《汾亭操》焉:《汾亭操》是琴曲名。王绩《答冯子华处士书》:"吾家三兄,生于隋末,伤世扰乱,有道无位,作《汾亭操》,盖孔子《龟山》之流也。吾尝亲受其调,颇为曲尽。"(《全唐文》卷一三一)阮逸注云:"文中子撰此操。"

【译文】

先生在汾亭游玩,坐在岸边鼓琴。河上有行舟垂钓的人经过,说:

"琴曲优美啊！悲伤却不失温和，哀怨却不失沉静，身处山泽之中却胸怀江山社稷，不是在磻溪垂钓的姜太公，就是讲学泗滨的孔子那样的人。"先生骤然鼓《南风》。垂钓之人说："唉，所奏非今日之曲。其道能利于黎民，功德足以济天下，这是舜的心声吧？不过不如舜自己鼓琴，音调依旧，但情怀不同。"先生立刻停止弹琴，对门人说："情怀改变，琴声真的也会改变吗？"他起身想要见垂钓者，那人却摇桨离去了。门人想去追赶，先生说："不用追了。摇小鼓的武逃到汉水边黄河之滨，击磬的襄入居海边，确实有这样的事啊。"于是记下此事，作了《汾亭操》。

子之夏城①，薛收、姚义后，遇牧豕者，问涂②焉。牧者曰："从谁欤？"薛收曰："从王先生也。"牧者曰："有鸟有鸟，则飞于天；有鱼有鱼，则潜于渊③；知道者盖默默焉④。"子闻之，谓薛收曰："独善可矣⑤。不有言者，谁明道乎？⑥"

【注释】

①夏城：夏县，古称安邑，在今山西西南部。阮逸注云："绛州有夏城县。"

②涂：同"途"，道路。《战国策·赵策三》："假涂于邹。"

③则潜于渊：阮逸注云："一本作'泉'，后人避唐讳也。"

④知道者盖默默焉：明白道的人，沉默不言。阮逸注云："牧者亦隐士也，意谓鱼鸟尚得其所，知道者何不默而遁。"

⑤独善可矣：独善其身可以为之。阮逸注云："斥牧者。"

⑥不有言者，谁明道乎：如果没有人说话，谁来阐明大义？阮逸注云："既云知道，即不可独善其身，必当言于天下，使明而行焉。"

【译文】

先生去夏城,薛收、姚义随后而来,途中遇到一个放猪的人,向他问路。放猪的人说:"你们跟随的是什么人?"薛收说:"我们师从王先生。"放猪的人说:"鸟在天上飞,鱼在河里游;明白道的人沉默不语。"先生听到这番话后,对薛收说:"独善其身可以,但是都默默不言,谁来宣扬道义呢?"

子不相形①,不祷疾②,不卜非义③。

【注释】

①相形:相面,看相。阮逸注云:"不可以貌取人。"

②不祷疾:问病于鬼神。阮逸注云:"无妄之疾,勿药有喜。"

③不卜非义:不占卜不义之事。阮逸注云:"不疑何卜。"

【译文】

先生不以貌取人,得了疾病不祈祷鬼神,不占卜不义之事。

子曰:"君子不受虚誉,不祈妄福①,不避死义②。

【注释】

①妄福:虚妄的福分。

②不避死义:俞樾《诸子平议补录·文中子》:"'死义'当作'义死',言死顾当避,以义而死,则君子不避也。'义死'与上句'妄福'对文。"阮逸注云:"三者常德也。"

【译文】

先生说:"君子不接受虚名,不祈求虚妄的福分,不回避为正义而死。"

文中子曰："记人之善而忘其过①，温大雅能之；处贫贱而不慑②，魏徵能之；闻过而有喜色③，程元能之；乱世羞富贵④，窦威能之；慎密不出⑤，董常能之。"

【注释】

①记人之善而忘其过：铭记别人的长处，忘记别人的缺点。阮逸注云："深而弘，能容物。"

②处贫贱而不慑：慑，气馁。处于贫贱而不失去志向。阮逸注云："直而遂，能强立。"

③闻过而有喜色：听到批评却面有喜色。阮逸注云："好学。"

④乱世羞富贵：不在乱世中牟取富贵。阮逸注云："好礼俭肃。"

⑤慎密不出：谨慎而保持缄默。阮逸注云："知时。"

【译文】

文中子说："记住他人的优点、忘记他人的过失，温大雅能做到；处于贫贱却不丧失志气，魏徵能做到；听到批评却面有喜色，程元能做到；羞于在乱世中取得富贵，窦威能做到；谨慎而保持缄默，董常能做到。"

陈叔达谓子曰："吾视夫子之道何其早成也①！"子曰："通于道有志焉，又焉取乎早成耶？②"叔达出，遇程元、窦威于涂，因言之。程元曰："夫子之成也，吾侪慕道久矣，未尝不充欲焉。③游夫子之门者，未有问而不知，求而不给者也。④《诗》云'实获我心'⑤，盖天启之，非积学能致也。⑥"子闻之，曰："元，汝知乎哉？天下未有不学而成者也⑦。"

【注释】

①吾视夫子之道何其早成也：我看您很早的时候就有了自己的思想体系。阮逸注云："子谓隋文帝时年二十一，是早成。"

②通于道有志焉，又焉取乎早成耶：我是有志于道，并非早成。阮逸注云："言志学于道，非务早成。"

③夫子之成也，吾侪慕道久矣，未尝不充欲焉：夫子早有所成，我们也倾慕许久。充欲，充满期待。阮逸注云："所问道必充其欲。"

④未有问而不知，求而不给者也：没有问而不答、索求不给予的时候。阮逸注云："凡登门者皆充欲。"

⑤实获我心：语出《诗经·邶风·绿衣》："我思古人，实获我心。"

⑥盖天启之，非积学能致也：天启，天生。《国语·郑语》："天之所启，十世不替。"阮逸注云："言早成亦非志学，盖天纵生知尔。"

⑦天下未有不学而成者也：天下没有不学习而有所成就的人。阮逸注云："必须学。"

【译文】

陈叔达对先生说："我看您很早的时候就已经悟道。"先生说："我是有志于道，又怎么是早成呢？"叔达出来后，路上遇到程元、窦威，把这番话告诉他们。程元说："夫子成道很早，我们倾慕许久，未尝不充满希望。在夫子门下学习的人，没有问而不回答、求而未给予的时候。《诗经》说'实获我心'，这大概是天性使然，不是通过长期学习而得来的。"先生听到此番话后说："程元，你知道吗？天下没有不学习而成就事业的人。"

或问长生神仙之道。子曰："仁义不修，孝悌不立，奚为长生?① 甚矣，人之无厌也。②"

【注释】

①仁义不修，孝悌不立，奚为长生：奚，什么、哪里。阮逸注云："苟不仁不孝，长生何为?"

②甚矣，人之无厌也：无厌，没有满足。阮逸注云："秦皇、汉武，无厌妄求。"

【译文】

有人问长生不老的方法。先生说："不修习仁义，不实行孝悌，长生又有何用？人也太贪得无厌了。"

或问严光①、樊英②名隐③。子曰："古之避言人也④。"问东方朔⑤。子曰："人隐者也⑥。"

【注释】

①严光（前39—41）：又名遵，字子陵。汉族，会稽余姚（今浙江余姚）人。少有高名，与光武帝刘秀同学。刘秀即位后，多次延聘严光，但他隐姓埋名，退居富春山。后卒于家，终年八十岁。（《后汉书·逸民列传》）阮逸注云："光，字子陵，少与汉光武同学，除为谏议，不就，耕于富春山，钓于濑上。"

②樊英：字季齐，南阳鲁阳（今河南平顶山鲁山）人。幼年到三辅学习《京氏易》，后隐居于壶山。东汉安、顺帝时期先后征召，均以病重为理由推辞。长期隐居，收徒讲学。习京氏易学，兼明五经，又善风角、星算、河洛七纬，推步灾异。（《后汉书·方术列传》）阮逸注云："樊

文中子中说 | 249

英，字季齐，明经，善推步之术，顺帝征，不出，隐于壶山。"

③名隐：置身名利之外。阮逸注云："此并不求名而隐，故曰'名隐'。"

④古之避言人也：逃避立言的人。阮逸注云："避毁誉之言而已。"

⑤东方朔：字曼倩，平原厌次人。汉武帝即位，东方朔上书自荐，诏拜为郎。后任常侍郎、太中大夫等职。他言辞敏捷，滑稽多智，常在武帝前谈笑取乐。他曾言政治得失，陈农战强国之计，但始终被视为俳优，不以重用。后老病而死。阮逸注云："朔，字蔓倩，汉武帝时为郎，诸郎呼为'狂人'，醉歌曰：'陆沈于俗，避世金马门。'"

⑥人隐者也：隐身在众人之中。阮逸注云："诡迹混俗，不自求别于众人，故曰人隐。"

【译文】

有人问严光、樊英为什么有隐者之名。先生说："他们是古代逃避立言的人。"问东方朔。先生说："他是隐身在众人之中的人。"

子曰："自太伯、虞仲①已来，天下鲜避地者也②。仲长子光，天隐③者也，无往而不适矣。"

【注释】

①太伯、虞仲：两人都是周太王的儿子，季历的兄长。季历贤，且有圣子昌，太王想要让季历继位，进而传位给昌。太伯、虞仲二人于是奔荆蛮，文身断发，示不可用。(《史记·周本纪》《史记·吴太伯世家》) 阮逸注云："古公长子太伯，次虞仲，少季历。季历子昌有圣瑞。太伯、虞仲知立季历以及昌，于是如荆、吴，以让季历。一云虞仲乃仲雍之孙也，君于吴，后武王克商，封虞仲于周，未知孰是。"

②天下鲜避地者也：天下很少有隐避于远方的人。阮逸注云："言二人皆奔之远地以避贤君，故曰'避地'。"

③天隐：指隐而不仕的最高境界。阮逸注云："因言数人，其隐则一，而道德相远：或藏名，或混俗，或让国，皆执一有迹也。惟天隐浩然太虚，孰为名，孰为俗，孰为国，惟变所适，人不能知，是'天隐'也。"

【译文】

先生说："自太伯、虞仲以来，天下少有隐避于远方的人。仲长子光，'天隐'之人，无往而不适。"

子曰："遁世无闷，其避世之谓乎？①非夫无可无不可，不能齐也。②"

【注释】

①遁世无闷，其避世之谓乎：语见《易·乾·文言》："不易乎世，不成乎名，遁世无闷，不见是而无闷。"阮逸注云："避世，即天隐也。生世间，治则彰，乱则晦，乐则行，忧则违，适时而已，又何闷哉！此与名隐、人隐、地隐异矣。"

②非夫无可无不可，不能齐也：语见《论语·微子》："虞仲、夷逸，隐居放言，身中清，废中权。我则异于是，无可无不可。"阮逸注云："可不可齐致，则成天隐。"

【译文】

先生说："逃遁于世间，没有郁闷，这说的就是避世吧？如果达不到无可无不可的境界，是做不到这一点的。"

文中子曰："《小雅》尽废而《春秋》作矣①。《小化》皆衰而天下非一帝②。《元经》所以续而作者，其衰世之意乎？③"

【注释】

①《小雅》尽废而《春秋》作矣：参见阮逸注："四夷交侵，故《春秋》作，以尊中国。"

②《小化》皆衰而天下非一帝：王通《续诗》有"四名"，其一为"化"，所谓"天子所以风天下也"。阮逸注云："《续诗》有《大化》《小化》，亦大、小《雅》之义也。及其衰也，四夷僭帝号，故曰'非一帝'。"

③《元经》所以续而作者，其衰世之意乎：参见阮逸注："救世衰，故续《春秋》之法。"

【译文】

文中子说："《小雅》之道被废弃，所以《春秋》应运而生。《小化》之道衰亡，天下不再只有一帝。《元经》续之而起，是衰世的表现吧？"

子在绛，出于野，遇陈守①。曰："夫子何之乎？"子曰："将之夏②。陈守令劝吏息役③。"董常闻之曰："吾知夫子行国矣，未尝虚行也。④"

【注释】

①陈守：指陈叔达，时任绛郡守。

②夏：今山西夏县。阮逸注云："绛州夏城县。"

③陈守令劝吏息役：陈守下令整治吏治，免除徭役。阮逸注云："虑

其师见役民。"

④吾知夫子行国矣,未尝虚行也:行国,巡视各地。阮逸注云:"汉置八使行国,以观天下风俗。文中子一布衣,出行而郡守息役,是不虚行也。"

【译文】

先生在绛州时,某天来到城外,偶遇郡守陈叔达。陈叔达问:"先生去哪里?"先生说:"将要去夏城县。"陈叔达下令整治吏治,轻减徭役。董常听到这件事说:"我就知道先生出游外地,从不虚行。"

贾琼事楚公①,因谗而归,以告子。子曰:"琼,汝将闭门却扫欤?不知缄口而内修也。②琼,未达古人之意焉③。"

【注释】

①楚公:指杨玄感。

②汝将闭门却扫欤?不知缄口而内修也:却扫,不见外客。内修,正心、修身。阮逸注云:"古人杜门却扫者,义在缄口净其内也。"

③未达古人之意焉:不了解古人闭门谢客的真意。阮逸注云:"将谓真闭门。"

【译文】

贾琼事楚公,因谗言归来,把事情的经过告诉先生。先生说:"贾琼,你不是该闭门谢客了吗?你不知道缄口不言、反省自身的道理啊。贾琼,你不了解古人闭门谢客的想法呀。"

仲长子光曰:"在险而运奇,不若宅平而无为。①"文中子以为知言②。

【注释】

①在险而运奇,不若宅平而无为:宅,居。阮逸注云:"运奇,一时之用;无为,长世之图。"

②文中子以为知言:参见阮逸注:"言得大者,远者。"

【译文】

仲长子光说:"身处险境而出奇制胜,不如安居无所作为。"文中子认为他知言。

文中子曰:"其名弥消,其德弥长;其身弥退,其道弥进。此人其知之矣①。"

【注释】

①此人其知之矣:参见阮逸注:"此人,即谓仲长子光也。退宅平无为,则知消长进退之极致也。"

【译文】

文中子说:"名分愈消弱,德行愈增长;身份愈后退,道行愈进步。此人明白这个道理。"

子曰:"知之者不如行之者①,行之者不如安之者②。"

【注释】

①知之者不如行之者:知道不如去行动。阮逸注云:"苟不能行,犹

不知。"

②行之者不如安之者：安，安之若素。《论语·里仁》："仁者安仁。"阮逸注云："委物以能，不劳聪明，安然而事自行，此亦广上文'无为'之义。"

【译文】

先生说："知道不如行动，行动不如顺其自然。"

仲长子光，字不曜①。董常，字履常。子曰："称德矣②。"子之叔弟绩，字无功。子曰："字，朋友之职也③。'神人无功'④，非尔所宜也。"常名之。季弟名静，薛收字之曰"保名"。子闻之曰："薛生善字矣。静能保名⑤，有称有诫，薛生于是乎可与友也。⑥"

【注释】

①曜：同"耀"。

②称德矣：称，称赞。两个人的字与德相称。《论语·宪问》："骥不称其力，称其德也。"

③朋友之职也：朋友的职责。阮逸注云："朋友呼而字之，非自立也。"

④神人无功：语出《庄子·逍遥游》："至人无己，神人无功，圣人无名。"

⑤静能保名：安静其身，修养德行。《韩非子·扬权》："故圣人执一以静，使名自命，令事自定。"

⑥有称有诫，薛生于是乎可与友也：有称赞，有惩戒，可以和薛生交朋友。阮逸注云："表德则称之，未有可称则诫之，盖益友矣。"

【译文】

　　仲长子光，字不曜。董常，字履常。先生说："这是以字称德了。"先生的二弟王绩，字无功。先生说："起字是朋友的职责。'神人无功'，不是适合你的字。"因此，常称呼其名。他三弟王静，薛收为他起字"保名"。先生听后说："薛收善于起字。安静才能保名节，有称赞，有惩戒。薛生可以做朋友。"

卷第七　述史篇

子曰："太熙①之后，述史者几乎骂矣，故君子没称焉②。"

【注释】

①太熙：晋武帝司马炎的第四个年号，用于庚戌年（290）正月至四月，共计4个月。太熙元年四月，晋武帝逝世，晋惠帝司马衷即位，改元永熙元年。

②故君子没称焉：史家彼此诟病的做法不被称道。阮逸注云："太熙，晋惠帝元年也，已后至十六国，载记及南北史有'索虏''岛夷'之呼，如诟骂焉。"

【译文】

先生说："太熙之后，史书作者相互诟骂，因此不为君子所称道。"

楚公作难①，贾琼去之。子曰："琼可谓立不易方②矣。"

【注释】

①楚公作难：杨玄感作乱。阮逸注云："楚难，注见上。"

②立不易方：坚持原则，不改变立场。语出《易·恒卦·象》："雷风，恒。君子以立不易方。"阮逸注云："《恒卦·象》云也。琼事楚公，不预事。"

【译文】

楚公作乱，贾琼离去。先生说："贾琼可以说是'立不易方'。"

温彦博问知。子曰:"无知①。"问识。子曰:"无识②。"彦博曰:"何谓其然?"子曰:"是究是图,亶其然乎?③"彦博退,告董常。常曰:"深乎哉!此文王所以'顺帝之则'④也。"

【注释】

①无知:不知晓。阮逸注云:"彦博本以多知为问,子答以'无知',是知也。"

②无识:无见识。阮逸注云:"不言如愚。"

③是究是图,亶其然乎:《诗经·小雅·常棣》中的诗句。全句意:又研究又谋划,它果然就是这样吗?阮逸注云:"《常棣》诗笺云:'汝深谋之,诚如是矣。'"

④顺帝之则:顺其自然。语出《诗经·大雅·皇矣》。阮逸注云:"《大雅·皇矣》篇云:'不识不知,顺帝之则。'"

【译文】

温彦博问"知"。先生说:"知就是无知。"问"识"。先生说:"识就是无识。"彦博问:"为什么这样说?"先生说:"是究是图,亶其然乎?"彦博告退,告诉董常这番话。董常说:"深奥啊!这就是文王'顺帝之则'。"

子曰:"《诗》有天下之作焉①,有一国之作焉②,有神明之作焉③。"

【注释】

①《诗》有天下之作焉:《诗经》中有天下之诗。阮逸注云:"谓

《大雅》。"

②有一国之作焉：《诗经》中有一国之诗。阮逸注云："谓《国风》。"

③有神明之作焉：《诗经》中有为神明创作的诗。阮逸注云："谓《颂》。"

【译文】

先生说："《诗经》中的篇章，有的为天下而作，有的为一国而作，有的为神明而作。"

吴季札①曰："《小雅》其周之衰乎？《豳》其乐而不淫乎？②"子曰："孰谓季子知乐？《小雅》乌乎衰？其周之盛乎！③《豳》乌乎乐？其勤而不怨乎！④"

【注释】

①季札：姬姓，名札，姑苏（今江苏苏州）人。吴王寿梦第四子。品德高尚，远见卓识。三次让国，广交贤士。周游列国，提倡礼乐，宣扬儒家思想。（《史记·吴太伯世家》）

②《小雅》其周之衰乎？《豳》其乐而不淫乎：参见阮逸注："《左传》襄二十九年，吴季札聘鲁，观周乐，听《小雅》，曰：'思而不贰，怨而不言，其周德之衰乎？'闻《周南》《召南》，曰：'勤而不怨。'听《豳》，曰：'乐而不淫。'"

③《小雅》乌乎衰？其周之盛乎：参见阮逸注："乌，何也。《小雅》自《鹿鸣》至《菁菁者莪》，皆言先王之德也，故《天保》已上治内，《采薇》已下治外。后王能修先王之政，仲尼删诗，谓虽不及先王之大，然亦不失其政，故曰：'《小雅》，言政之小者也。'季子所听云'思而不贰，怨而不言'，则不谓《变雅》者也。幽、厉之世，国异政，家殊俗，

斯《变雅》作矣,然有先王之遗民,不敢怨贰,亦由先王盛德使然。文中子曰:'周之盛也,何衰乎?'"

④《豳》乌乎乐?其勤而不怨乎:参见阮逸注:"季子言《周南》《召南》'勤而不怨',盖古文误也,当谓《豳》诗尔。案:《周南·关雎》乐而不淫,《豳》实无乐。文中子辩季札必知乐,此文之误耳。"

【译文】

吴公子季札说:"《小雅》是西周衰落时期的诗歌吧?《豳风》中的诗歌欢乐而有节制吧?"先生说:"谁说季札懂音乐?《小雅》何衰之有?它恰恰反映了周室的兴盛!《豳风》哪里有欢乐?它表达了豳地百姓勤劳而无怨的心声吧!"

子曰:"太和之主①有心哉!"贾琼曰:"信美矣。"子曰:"未光也②。"

【注释】

①太和之主:太和(477—499),北魏孝文帝年号。阮逸注云:"后魏孝文帝。"

②未光也:没有光大。阮逸注云:"有心于治,美矣;未成化,是未光。"

【译文】

先生说:"太和之主孝文帝有心于王道事业啊!"贾琼说:"诚然美善啊。"先生说:"可惜,没能光大王道。"

文中子曰:"《元经》作,君子不荣禄矣①。"

【注释】

①君子不荣禄矣：禄，俸禄，指官职。阮逸注云："《易·否卦》：'天地不交，否。君子以俭德避难，不可荣以禄。'言晋惠而下否矣，故《元经》作。"

【译文】

文中子说："《元经》出现后，君子不以出仕为荣耀。"

董常习《书》①，告于子曰："吴、蜀遂忘乎②？"子慨然叹曰："通也敢忘大皇③、昭烈④之懿识，孔明、公瑾之盛心哉⑤！"

【注释】

①《书》：指《续书》。

②吴、蜀遂忘乎：参见阮逸注："《续书》有魏而无吴、蜀。"

③大皇：孙权谥号"大皇帝"。

④昭烈：刘备谥号"昭烈皇帝"。

⑤孔明、公瑾之盛心哉：参见阮逸注："蜀相诸葛亮，字孔明，吴相周瑜，字公瑾。'懿识'谓能任贤也。'盛心'谓亮云'普天之下，莫匪汉民'，瑜云'曹公托名汉相，实汉之贼'是也。"

【译文】

董常习读《续书》，问先生："（《续书》中有魏而无）吴、蜀，是把它们忘了吗？"先生感叹道："我怎敢忘记孙权、刘备的美德与见识，怎敢忘记孔明、周公瑾的一片赤胆忠心呢？"

董常曰："大哉中国！五帝三王①所自立也，衣冠礼义所自出也，故圣贤景慕焉②。中国有一，圣贤明之；中国有并③，圣贤除之邪④？"子曰："噫，非中国不敢以训⑤。"

【注释】

①五帝三王：参见阮逸注："五帝：少昊都曲阜，颛顼都濮阳，帝喾都亳，尧都冀，舜都蒲。三王：夏都安邑，汤都亳，周都雍洛。皆中原之国也。"

②故圣贤景慕焉：圣君贤臣都仰慕中国。《战国策·赵策二·武陵王平昼间居》："中国者，聪明睿知之所居也，万物财用之所聚也，贤圣之所教也，仁义之所施也，诗书礼乐之所用也，异敏技艺之所试也，远方之所观赴也，蛮夷之所义行也。"阮逸注云："《春秋》以中国为法。"

③中国有并：中国有并立存在的政权。阮逸注云："并谓吴、蜀是也。"

④圣贤除之邪：圣贤消除分裂。阮逸注云："除吴、蜀。"

⑤非中国不敢以训：训，法规、典范。阮逸注云："周、孔之志。"

【译文】

董常说："伟大啊！中国。五帝三王在此兴起，人文制度在此诞生，因此圣贤都仰慕中国。中国一统，圣贤就会发扬王道；中国群雄并立，圣贤就会消除分裂吗？"先生说："啊！只有中国之共主可以这样做啊！"

董常曰："《元经》之帝元魏①，何也？"子曰："乱离斯瘼，吾谁适归？②天地有奉，生民有庇，即吾君也。③且居先王之国④，受先王之道⑤，予先王之民矣⑥，谓之何哉⑦？"董常曰："敢问皇始之授魏而帝晋⑧,何也?"子曰:"主中国者,将非中国也。⑨我闻有命,未敢以告人,⑩则犹伤之者也。伤之者,怀之也。⑪"董常曰:"敢问卒帝之⑫,何也?"子曰:"贵其时,大其事,于是乎用义矣。⑬"

【注释】

①《元经》之帝元魏:元魏,北魏。阮逸注云:"《元经》纪年,书'帝,春正月',起晋惠帝,止东晋及宋,未忘中国,故帝之。至齐、梁则中国有元魏,故帝魏矣。"

②乱离斯瘼,吾谁适归:语出《诗经·小雅·四月》。瘼,疾病、疾苦。吾谁适归,原意是"我将帝号归于谁呢",此句是反问句,可意译为"谁配得上帝号便授予谁"。阮逸注云:"《诗·四月》篇云:'乱离瘼矣,爰其适归。'笺云:'今政乱,忧病,必有之归。'"

③生民有庇,即吾君也:参见《申鉴·杂言上》:"人主承天命以养民者也。"阮逸注云:"必君元魏。"

④且居先王之国:北魏孝文帝时迁居洛阳。阮逸注云:"都洛。"

⑤受先王之道:阮逸注云:"建明堂,修典礼。"

⑥予先王之民矣:予,我。阮逸注云:"予,文中子自谓,言予自晋阳穆公已来事魏,故曰'先王之民'。"

⑦谓之何哉:有什么可说的?阮逸注云:"何为不帝?"

⑧敢问皇始之授魏而帝晋:参见阮逸注:"魏太祖入长安,始有中原,是岁丙申皇始元年,当东晋孝武帝尽太元二十一年也。然《元经》尚以安恭纪年。"

⑨主中国者,将非中国也:参见阮逸注:"晋主中国,至孝武帝,名存而实去矣,故曰'非中国'。"

⑩我闻有命,未敢以告人:语出《诗经·唐风·扬之水》:"我闻有

命,不敢以告人。"阮逸注云:"《扬之水》篇云也,闻有善政之命,未敢告动民心去之。"

⑪伤之者,怀之也:心痛的人是怀念的人。阮逸注云:"虽实去,尚追怀之。"

⑫敢问卒帝之:参见阮逸注:"魏至孝文方得纪帝。"

⑬贵其时,大其事,于是乎用义矣:用义,做应该做的事情。阮逸注云:"天时、人事盛大而帝之,得其宜也。"

【译文】

董常问:"《元经》以北魏为帝,这是为什么?"先生说:"天下饱受离乱疾患之苦,我将帝号归于谁呢?北魏之主奉行天地之道,庇护生灵,所以他即是我的君主。何况居住在先王之国,接受先王的学说,我就是先王的子民了,还有什么可说的呢?"董常说:"请问,用皇始年号授以魏,而以晋为帝,这是为什么?"先生说:"中国之主,将不能行中国之道了。我知道天命如此,但不敢告诉他人,因此很悲伤。悲伤东晋失去帝位,怀念过去的岁月。"董常又问:"请问最后奉北魏为帝,这是为什么?"先生说:"重视这一契机,强调它的意义,这是顺应历史的发展趋势。"

子曰:"穆公来,王肃①至,而元魏达矣②。"

【注释】

①王肃(464—501):字恭懿,琅邪临沂(今山东临沂西北)人。少聪辩,涉猎经史,有大志。初仕萧赜,历任著作郎、太子舍人、司徒主簿、秘书丞。太和十七年,父兄为萧赜所杀,投奔北魏,除辅国将军、大将军长史。出任平南将军,讨伐萧鸾,积功为豫州刺史、扬州大中正。孝文帝驾崩,为顾命宰辅,进位开府仪同三司,封昌国县开国侯,出为散骑

常侍，持节都督淮南诸军事、扬州刺史。景明二年，卒于寿春，终年三十八岁，追赠侍中、司空公，谥号宣简。(《魏书·王肃传》)

②而元魏达矣：参见阮逸注："穆公虮，宋顺帝升明二年奔魏。王肃，字恭懿，齐明帝建武四年亦奔魏，并魏孝文时也。虮为晋阳太守，肃为平南将军，皆预国政。虮累荐肃，肃制典章律令，故曰'达矣'。"

【译文】

先生说："穆公和王肃来到北魏，北魏就昌盛起来了。"

子曰："非至公①不及史也。"

【注释】

①公：阮逸注云："以先王为公。"

【译文】

先生说："没有这些人的到来，北魏也不会有辉煌的历史。"

叔恬曰："敢问《元经》书陈亡而具五国①，何也？"子曰："江东，中国之旧也，衣冠礼乐②之所就也。永嘉之后，江东贵焉③，而卒不贵④，无人也⑤。齐、梁、陈于是乎不与其为国也⑥。及其亡也，君子犹怀之，⑦故书曰'晋、宋、齐、梁、陈亡'，具五以归其国⑧，且言其国亡也⑨。呜呼，弃先王之礼乐，以至是乎！⑩"叔恬曰："晋、宋亡国久矣，今具之，何谓也？"子曰："衣冠文物之旧，君子不欲其先亡；宋尝有树晋之功，有复中国之志，⑪亦不欲其先亡也。故具齐、梁、陈以归其国也，其未亡，则君子夺其国焉。"曰："中国之礼乐安在⑫？其已亡，则君子与其国焉？"曰：

"犹我中国之遗人也⑬。"叔恬曰:"敢问其志。"文中子泫然而兴,曰:"铜川府君之志也⑭,通不敢废。书五国并时而亡,盖伤先王之道尽坠。故君子大其言,极其败,于是乎埽地而求更新也⑮。'期逝不至,而多为恤'⑯,汝知之乎?此《元经》所以书也⑰。"

【注释】

①敢问《元经》书陈亡而具五国:参见阮逸注:"书'隋九年春,帝正月,晋、宋、齐、梁、陈亡'。"

②衣冠礼乐:指中原文化,中国文明。

③江东贵焉:参见阮逸注:"晋怀帝永嘉二年,琅邪王叡自徐州移镇建业,中国衣冠往依焉。"

④而卒不贵:最终没有兴盛。阮逸注云:"贵犹兴也。"

⑤无人也:参见阮逸注:"元、明、成三帝,二十余年,赖王导为之辅;康、穆之世,桓温专政,晋祚中微;至孝武朝,赖谢安为之佐,江东复振;安卒后,桓玄篡位,刘裕兴焉。是无多贤人使然。"

⑥齐、梁、陈于是乎不与其为国也:参见阮逸注:"宋尝有树晋之功,君子犹与之也;至齐、梁、陈,无复念中国,但自相篡立,故曰'不与其为国也'。"

⑦及其亡也,君子犹怀之:君子指王通的父亲王隆。阮逸注云:"齐、梁、陈亡,君子犹怀晋、宋。"

⑧具五以归其国:参见阮逸注:"归晋旧国。"

⑨且言其国亡也:说他们国家已亡。阮逸注云:"《春秋》书梁亡,言自亡也。江东亦然。不任贤,不修典礼,尚淫靡之文,自取亡国,故曰'自亡'。"

⑩弃先王之礼乐,以至是乎:参见阮逸注:"南朝丧弃古道。"

⑪宋尝有树晋之功，有复中国之志：参见阮逸注："宋祖刘裕平桓玄、卢循，此树晋功也；伐南燕，擒慕容超，伐后秦姚泓，平洛阳，修谒五陵，留子义真守长安，此复中国志也。"

⑫中国之礼乐安在：参见阮逸注："齐、梁、陈不修礼乐，但自谋立，故君子至公及史，以其未亡而必夺之也。"

⑬犹我中国之遗人也：遗人，即遗民。阮逸注云："礼乐犹存先王之化，衣冠犹有中国之人。故君子及史，虽其已亡，而必与之也。"

⑭铜川府君之志也：铜川府君，王通的父亲王隆。阮逸注云："铜川，子之父也，著《兴衰要论》，言六代得失，此其志也。"

⑮于是乎埽地而求更新也：埽，同"扫"，意指自省。

⑯期逝不至，而多为恤：语出《诗经·小雅·杕杜》。阮逸注云："《杕杜》篇云：'匪载匪来，忧心孔疚；期逝不至，而多为恤。'逝，往也。恤，忧也。言君子未来，我忧恤之，往不可期其来，至而徒多日为病也。文中子喻己怀先王之道，亦犹此诗尔。"

⑰此《元经》所以书也：参见阮逸注："所以书'五国皆亡也'。"

【译文】

叔恬说："请问，《元经》记陈亡，写为晋、宋、齐、梁、陈五国亡，这是为什么？"先生说："江东，中国旧地，成就衣冠礼乐制度的地方。永嘉之后，江东显贵一时，但最终还是衰亡，是因为无贤才啊。于是，齐、梁、陈不再被视为中国的国家了。这几国灭亡后，君子仍怀念它，所以《元经》写下'晋、宋、齐、梁、陈亡'，将它们再次归入中国，说他们国已亡。唉，他们抛弃了先王的礼乐制度，才致灭亡啊！"叔恬又问："晋、宋亡国已经许久了，今又提及他们，这是何意？"先生说："晋先王之故居礼仪、名物尤存，君子不想让其亡国；宋曾经建立伟业，并有志向统一中原，君子也不希望他们早亡。因此让晋、宋与齐、梁、陈一同作为国家,他们没有灭亡,只是君子夺其'国'名而已。"叔恬又问:"中原的礼乐制度在哪里?如果礼乐沦丧,君子还认同这个国家吗?"先生说:"像我这样的都是中国的遗民啊。"叔恬又问:"请问您的志向。"先生流着泪站起,说:"这是铜川府君的志向,我怎敢忘记。写五国同时衰亡,是感伤先王正道完全废弃。因此君子夸大言辞,极力说其败亡,并自省,以期待全新局面的出现。'期逝不至,而多为恤',你知道吗?这就是写《元经》的原因啊!"

文中子曰:"汉魏,礼乐其末,不足称也;①然书不可废,尚有近古对、议存焉②;制、志、诏、册,则几乎典诰矣。③"

【注释】

①礼乐其末,不足称也:参见阮逸注:"末,谓末节也。"

②尚有近古对、议存焉:对,大臣的奏对。阮逸注云:"《续书》有对、议。问对,若高贵乡公问诸儒经义,淳于俊、马昭等对曰'三王以德化民,三王以礼为治'是也。议,若夏侯玄议时事曰'铨衡台阁,上之分;孝悌闾里,下之分'是也。"

③制、志、诏、册,则几乎典诰矣:参见阮逸注:"制,发于君心也;志,臣下志君之善也;诏,君告于下也;册,君求于贤也,皆近于二典九诰。"

【译文】

文中子说:"汉魏的礼乐制度是不足称道的末节,但是书不可尽废,其中尚有接近古代的奏对和议论,制、志、诏、册几乎可以和《尚书》中的典、诰相媲美。"

薛收问仁，子曰："五常之始也①。"问性，子曰："五常之本也②。"问道，子曰："五常一也③。"

【注释】

①五常之始也：五常，仁、义、礼、智、信。阮逸注云："五常一曰仁，在《乾》'四德'为善长，在《孟子》'四端'为恻隐。"

②五常之本也：参见阮逸注："本，谓善也。孟子曰：'人性无不善。'孔子曰：'继之者善也，成之者性也。'"

③五常一也：一，合一，一致。阮逸注云："性善，其道一也。《礼》曰：'率性之谓道。'"

【译文】

薛收问什么是仁，先生说："仁是五常的起始。"问什么是性，先生说："性是五常的根本。"问什么是道，先生说："道是五常合一。"

贾琼曰："子于道有不尽矣乎①？"子曰："通于三才五常有不尽者，神明殛也。②或力不足者，斯止矣。③"

【注释】

①子于道有不尽矣乎：是否尽心教授道。阮逸注云："言夫子以门人不可教，而夫子不尽以道教之乎？"

②通于三才五常有不尽者，神明殛（jí）也：殛，诛杀。《史记·夏本纪》："乃殛鲧于羽山。"阮逸注云："责贾琼不知心也，言三才五常之道，有为之教，吾尽之矣；如要无为，则退藏于密，不能尽焉。"

③或力不足者，斯止矣：参见阮逸注："智不及则有不尽焉，故不教

尔也。此谦辞。"

【译文】

贾琼问："先生对道有不尽心教授的地方吗？"先生说："我对于三才五常如有不尽心的地方，就让神灵诛杀我吧。或许我会有能力不及之处，也只能如此了。"

裴晞①问穆公之事②。子曰："舅氏不闻凤皇乎？览德晖而下，何必怀彼也？"③叔恬曰："穆公之事，盖明齐魏。"④

【注释】

①裴晞：王通之舅。

②穆公之事：479年，穆公投奔北魏。阮逸注云："《续书》有此篇名，事则未详。"

③舅氏不闻凤皇乎？览德晖而下，何必怀彼也：凤皇，即凤凰。传说，王者有德，则凤凰出现。《尚书·益稷》："箫韶九成，凤凰来仪。"阮逸注云："凤翔千仞，有德则来，无德则去。"

④穆公之事，盖明齐魏：参见阮逸注："言《续书》之事非为穆公而已，盖明南齐篡国，君子振凤翮而去之，穆公所以来魏也。"

【译文】

裴晞问穆公奔魏之事。先生说："舅父，您没听说过凤凰吗？看见仁德的光辉便落下，又何必怀念故地呢？"叔恬说："穆公之事，可以明晓南齐与北魏的不同。"

裴晞曰："人寿几何？吾视仲尼何其劳也①！"子曰："有之矣，

其劳也。敢违天乎②？焉知后之视今不如今之视昔也③？"

【注释】

①何其劳也：多么辛苦啊。阮逸注云："应聘列国，未尝暂暇。"

②敢违天乎：不敢违背天意。阮逸注云："仲尼诚有此劳也，然天行健，君子自强不息，岂敢违天？"

③焉知后之视今不如今之视昔也：语出《论语·子罕》："后生可畏，焉知来者之不如今也？"阮逸注云："子自谓：我勤道亦劳也，然后人视我，亦将讥人寿几何也。"

【译文】

裴晞说："人的寿命能有几年啊？我看孔子太辛苦了！"先生说："是呀，很辛劳，但怎敢违背天命呢？又怎知后人看我们不像我们看古人呢？"

温大雅问："如之何可使为政？"子曰："仁以行之，宽以居之，深识礼乐之情。①""敢问其次？"子曰："言必忠，行必恕，鼓之以利害不动。②"又问其次，子曰："谨而固，廉而虑，龊龊焉自保，不足以发也。③"子曰："降此则穿窬之人尔④，何足及政？抑可使备员矣。⑤"

【注释】

①仁以行之……深识礼乐之情：情，本质、真义。阮逸注云："若周公是也。"

②言必忠……鼓之以利害不动：参见《论语·子路》："言必信，行必果，硁（kēng）硁然小人哉！"阮逸注云："若孟轲是也。"

③谨而固，廉而虑，龊（chuò）龊焉自保，不足以发也：龊龊，拘谨的样子。阮逸注云："若伯夷、叔齐是也。"

④降此则穿窬（yú）之人尔：窬，门旁的小门洞。穿窬之人指不走正道的人。《论语·阳货》："色厉而内荏，譬诸小人，其犹穿窬之盗也与？"阮逸注云："苟无周公之深识，孟轲之不动，又无伯夷、叔齐之谨固，则是窃禄，如穿窬者尔。"

⑤何足及政？抑可使备员矣：阮逸注云："若汉之张禹，魏之锺繇，晋之张华之类，备员相位，实非及民之政也。"

【译文】

温大雅问："怎样做才可以从政？"先生说："以仁义行事，待人宽容厚道，深晓礼乐之义。""请问其次是什么？"先生说："言语必定由衷而出，行动必定以宽恕为本，不受利益蛊惑。"又问再次。先生说："严谨又稳固，廉正又多虑，谨小慎微以求自保，就不能充分理解而很好发挥。"先生说："再往下就是不走正道之人，哪里谈得上从政？不过充数罢了。"

子曰："宗祖废而氏姓离矣①，朋友废而名字乱矣②。"

【注释】

①宗祖废而氏姓离矣：参见阮逸注："大宗小宗，同尊其祖，所以亲族不离。"

②朋友废而名字乱矣：参见阮逸注："朋友相字，以表其德，所以称谓不乱。"

【译文】

先生说："宗族之道废除，氏与姓就分离了；朋友之道荒废，名与字就混乱了。"

内史薛公谓子曰:"吾文章可谓淫溺矣①。"文中子离席而拜曰:"敢贺丈人之知过也。"薛公因执子手,喟然而咏曰:"老夫亦何冀,之子振颓纲。②"

【注释】

①吾文章可谓淫溺矣:淫溺,繁缛没有节制。阮逸注云:"薛道衡自谓淫文溺于所习。"

②老夫亦何冀,之子振颓纲:冀,希望。《韩非子·五蠹》:"冀复得兔。"颓纲,指朝文之弊。阮逸注云:"咏古诗也,颓纲,谓六朝文弊。"

【译文】

内史薛公对先生说:"我的文章过于繁缛,没有节制。"文中子离席叩拜说:"恭贺您能自知过失。"薛公拉着文中子的手感叹道:"我还有什么指望,希望您能振兴颓废的文风。"

子将之陕①,门人从者锵锵②焉被于路。子止之曰:"散矣,不知我者,谓我何求。③"门人乃退。

【注释】

①子将之陕:陕,陕州。阮逸注云:"河南陕县,唐置陕州。"
②锵锵:盛大、众多的样子。
③不知我者,谓我何求:语出《诗经·王风·黍离》:"知我者,谓我心忧;不知我者,谓我何求。"

【译文】

先生要去陕州，前来送行的门人和随从站满了路。先生劝阻他们说："散去吧，不了解我的人，还以为我有什么请求呢。"门人这才退去。

子谓贺若弼曰："'壮于趾'而已矣①。"

【注释】

①"壮于趾"而已矣：语出《易·大壮·初九》："壮于趾，征凶，有孚。"阮逸注云："《大壮·初九》：'壮于趾，征凶。'言居下用刚也。"

【译文】

先生评论贺若弼说："不过是逞匹夫之勇罢了。"

子曰："天下未有不劳而成者也①。"

【注释】

①天下未有不劳而成者也：阮逸注云："孟子曰：君子劳心，小人劳力。"

【译文】

先生说："天下没有不付出努力就成功的人。"

贾琼问正家之道。子曰："言有物而行有恒①。"

【注释】

①言有物而行有恒：语出《易·家人·象》："风自火出，家人。君

子以言有物而行有恒。"阮逸注云:"答以家人卦大象词。"

【译文】

贾琼问正家风的方法。先生说:"不说空话,做事有恒心。"

王孝逸谓子曰:"盍说①乎?"子曰:"呜呼!言之不见信久矣②,吾将'正大人'③以取吉,尚口则穷④也。且'致命遂志'⑤,其唯君子乎!"

【注释】

①盍说:盍,何不。说,游说。

②言之不见信久矣:参见阮逸注:"《困卦》繇云:'有言不信。'周公之词也,故曰'久矣'。"

③正大人:即"贞,大人"。《易·困卦》:"亨,贞,大人吉,无咎。有言不信。"王弼注:"处困而言,不先见信之时也。"阮逸注云:"《困卦》繇云:'正大人吉。'"

④尚口则穷:语出《易·困卦·象》:"'困',刚掩也。险以说,困而不失其所,'亨',其唯君子乎?'贞,大人吉',以刚中也。'有言不信',尚口乃穷也。"阮逸注云:"《象》曰:正大人吉,以刚中也,有言不信,尚口乃穷也。"

⑤致命遂志:舍命实现理想。语出《易·困卦·象》:"泽无水,困。君子以致命遂志。"阮逸注云:"《象》曰:君子以致命遂志,言命虽致困,志必遂通。"

【译文】

王孝逸问先生:"为何不游说呢?"先生说:"唉!言辞不被信任已经很久了,我将刚正居中以取吉象,崇尚口舌之利则会更加困窘。且舍弃生命去实现志向，只有君子能做到吧！"

文中子曰："《春秋》其以天道终乎，故止于获麟；①《元经》其以人事终乎，故止于陈亡。②于是乎天人备矣③。"薛收曰："何谓也？"子曰："天人相与之际，甚可畏也，④故君子备⑤之。"

【注释】

①《春秋》其以天道终乎，故止于获麟：参见《春秋·哀公十四年》："春，西狩获麟。"《公羊传》："西狩获麟，孔子曰：'吾道穷矣！'"后人认为孔子绝笔于获麟。阮逸注云："麟不遇时，天命穷矣。"

②《元经》其以人事终乎，故止于陈亡：参见阮逸注："先王之道扫地，而求更新，是人事极矣。"

③于是乎天人备矣：参见阮逸注："《春秋》王次春，正次王，是天人之道参焉。孔子因天命之穷，仲淹因人事之极，天人之道一也。"

④天人相与之际，甚可畏也：参见阮逸注："此董仲舒解《春秋》云也。"

⑤备：具备，指都呈现出来。

【译文】

文中子说："《春秋》因为天道终结，所以只写到获麟之年；《元经》因为人事终结，所以只写到陈灭亡之年。这样一来，天人之理都具备了。"薛收问："为什么这样说？"先生说："天人相结合之际，非常令人敬畏，因此君子具备其说。"

子曰："可与共乐，未可与共忧；可与共忧，未可与共乐。吾未见可与共忧乐者也①。二帝三王可与忧矣②。"

【注释】

①吾未见可与共忧乐者也：参见阮逸注："乐，谓守成也，治成则与民同乐；忧，谓虑始也，事初则与民同患。凡可与守成者，难与虑始，若成王初疑周公是也；可与虑始，不可与守成，若范蠡终避勾践是也。有始有卒，难全也哉。"

②二帝三王可与忧矣：阮逸注云："尧禅舜，舜禅禹，天下共乐矣。汤伐桀，武王伐纣，天下共忧矣。忧乐皆以天下，故文中子以天下之道共与而言之也。"俞樾《诸子平议补录·文中子》："'可与忧矣'当作'可与忧乐矣'。"

【译文】

先生说："可以和他共享乐的，不能和他共患难；可以和他共患难的，不能和他共享乐。我没有见过可与他共患难、共享乐的人。二帝三王是可共患难的人。"

子曰："非君子不可与语变①。"

【注释】

①非君子不可与语变：变，权变。阮逸注云："变，权也，反经合道之谓也。孔子曰：'可与适道，未可与权。'"

【译文】

先生说："不是君子，不可以与他谈权变。"

子赞①《易》,至于《革》②,叹曰:"可矣,其孰能为此哉③?"至《初九》④,曰:"吾当之矣,又安行乎?"

【注释】

①赞:注释。

②《革》:《易》卦名,卦象离上兑下。《易·革卦·象》曰:"天地革而四时成,汤武革命,顺乎天而应乎人,革之时大矣哉。"

③其孰能为此哉:谁能做这件事。阮逸注云:"大业可革。"

④《初九》:阮逸注云:"《革》初九曰:'巩用黄牛之革。'《象》曰:'不可以有为也。'"

【译文】

先生注释《易》,到《革》卦,感叹道:"可以这样做了,可是谁能担此大任呢?"到《初九》,又说:"说的就是我了,可是又能做什么呢?"

薛收问一卦六爻①之义。子曰:"卦也者,著天下之时也②。爻也者,效天下之动也。③趋时有六动焉,吉凶悔吝所以不同也④。"收曰:"敢问六爻之义?"子曰:"六者非他也,三才之道⑤,谁能过乎?"

【注释】

①爻(yáo):《易》中组成卦的符号。"—"是阳爻,"--"是阴爻。每三爻构成一卦,有八卦。两卦相重得六十四卦。

②著天下之时也:参见阮逸注:"《关氏易传》曰:'乾、坤、屯、济,四卦时之门,变之,开阖也,余六十卦,为六十时而小言之,六时

而已。'"

③爻也者，效天下之动也：语出《易·系辞下》："爻也者，效天下之动者也。"阮逸注云："爻，效也。"

④吉凶悔吝所以不同也：语出《易·系辞下》："吉凶悔吝者，生乎动者也。"阮逸注云："一卦一时之动，适时则吉，失时则凶。"

⑤三才之道：语出《易·系辞下》："《易》之为书也，广大悉备。有天道焉，有人道焉，有地道焉。兼三才而两之，故六。六者非它也，三才之道也。"阮逸注云："天时、人事不过乎六。《关氏易传》曰：'六者，天地生成之谓也。'"

【译文】

薛收问一卦六爻的含义。先生说："卦，显示天下的时运。爻，模仿万物的运动。时运有六种不同的运动，形成了吉、凶、悔、吝各种不同的情况。"薛收问："为何爻数是六？"先生说："这六爻非他物，是三才运动、消长产生的，有什么能超过三才呢？"

程元、薛收见子。子曰："二生之学文①奚志也？"对曰："尼父之经，夫子之续，不敢殆也②。"子曰："'允矣君子，展也大成。'③居而安，动而变，可以佐王矣。④"

【注释】

①学文：学习礼乐制度。

②不敢殆也：不敢怠慢。阮逸注云："殆、怠同。"

③允矣君子，展也大成：语出《诗经·小雅·车攻》。阮逸注云："《车攻》诗云也。允，信。展，诚也。大成，谓致太平。"

④居而安，动而变，可以佐王矣：参见阮逸注："居而安，可与立也；

动而变，可与权也。"

【译文】

程元、薛收来见先生。先生说："你们两人学文，志在何方？"回答道："孔子的'六经'、先生的《续六经》，从不敢怠慢。"先生说："诚然，君子会有所成就。闲居时安然，行动时机变，可以辅佐君王了。"

董常之丧，子赴洛①，道于沔池②，主人不授馆。子有饥色，坐荆棘间，赞《易》不辍也。谓门人曰："久矣，吾将辍也③，而竟未获④。不知今也，而遇大困。困而不忧⑤，穷而不慑，通能之，斯学之力也。"主人闻之，召舍具餐焉⑥。

【注释】

①子赴洛：阮逸注云："常死在洛。"

②沔池：汉水上源，今陕西西南。阮逸注云："河南有沔池县，唐置谷州。"

③吾将辍也：辍，中间停顿、停止。阮逸注云："辍赞《易》。"

④而竟未获：阮逸注云："未获已。"

⑤困而不忧：语见《易·乾·文言》："居上位而不骄，在下位而不忧。"

⑥召舍具餐焉：阮逸注云："世俗亦知非常人。"

【译文】

董常过世，先生赴洛阳奔丧，路过沔池，当地主人不肯接待。先生面带饥色，坐在荆棘间，注解《易》，不停歇。对门人说："许久以前，我要中断注解《易》，却一直没有做到。没想到今日会如此狼狈。身处困难而不担忧，贫穷而不屈服，我能做到这一点，完全是学习的力量啊。"主人听到此番话，招他们进屋加以款待。

贾琼请绝人事①。子曰："不可。"请接人事。子曰："不可②。"琼曰："然则奚若？"子曰："庄以待之③，信以从之。去者不追，来者不拒，④泛如也。斯可矣⑤。"

【注释】

①人事：说情、请托，也指人际交往，赠送的礼品。《后汉书·黄琬传》："时权富子弟，多以人事得举。"

②不可：参见阮逸注："绝之、接之，是执一端。"

③庄以待之：参见《论语·卫灵公》："知及之，仁不能守之，虽得之，必失之。知及之，仁能守之，不庄以莅之，则民不敬。知及之，仁能守之，庄以莅之，动之不以礼，未善也。"

④去者不追，来者不拒：参见《孟子·尽心下》："夫子之设科也，往者不追，来者不拒。"

⑤斯可矣：参见阮逸注："乱世当如此。"

【译文】

贾琼询问可否拒绝赠送的礼品或是说情。先生说："不可以。"那就接受它们。先生说："不可以。"贾琼说："那该怎么办？"先生说："恭敬待人，做事诚信。离去的不追赶，前来的不拒绝，一切顺其自然。如此就可以。"

文中子曰："贾谊①夭，孝文崩，则汉祚可见矣②。"

【注释】

①贾谊（前200—前168）：洛阳（今河南洛阳东）人，少有才名，以善文为郡人所称。文帝时任博士，迁太中大夫，受大臣周勃、灌婴排挤，谪为长沙王太傅，故后世亦称贾长沙、贾太傅。三年后被召回长安，为梁怀王太傅。梁怀王坠马而死，贾谊深自歉疚，抑郁而亡，时仅三十三岁。（《汉书·贾谊传》）

②则汉祚可见矣：祚，福。班固《述韩英彭卢吴传》："非柞惟殃。"阮逸注云："贾谊年十八，上书孝文帝，谓才堪卿相，然未及大用而谊夭。帝崩，使汉祚不及三代之永，诚以此尔。"

【译文】

文中子说："贾谊早亡，孝文帝驾崩，汉朝的国运可以预见了。"

子曰："我未见谦而有怨①，亢而无辱②，恶而不彰者也③。"

【注释】

①我未见谦而有怨：参见《尚书·大禹谟》："满招损，谦受益，时乃天道。"

②亢而无辱：亢，高傲。

③恶而不彰者也：参见阮逸注："三者必然之理。"

【译文】

先生说："我没有见过谦虚却招致怨恨，高傲却不受到侮辱，行恶却不被人知道的人。"

董常曰:"子之《十二策》奚禀也①?"子曰:"有天道焉,有地道焉,有人道焉,此其禀也。②"董常曰:"噫!三极之道,禀之而行,不亦焕乎!③"子曰:"《十二策》若行于时,则《六经》不续矣。"董常曰:"何谓也?"子曰:"仰以观天文,俯以察地理,中以建人极④。吾暇矣哉⑤,其有不言之教,行而与万物息矣。⑥"

【注释】

①子之《十二策》奚禀也:《文中子世家》:"仁寿三年,文中子冠矣,慨然有济苍生之心,西游长安,见隋文帝。帝坐太极殿召见。因奏《太平策》十有二,策尊王道,推霸略,稽今验古,恢恢乎运天下于指掌矣。"禀,陈说,根据。

②有天道焉……此其禀也:参见阮逸注:"《策》今亡。"

③三极之道,禀之而行,不亦焕乎:焕,光明。阮逸注云:"极者,谓动也。"

④人极:人伦。

⑤吾暇矣哉:阮逸注云:"足得无为。"

⑥其有不言之教,行而与万物息矣:语见《老子》:"圣人处无为之事,行不言之教。"息,滋生。阮逸注云:"尧民曰'日出而作,日入而息,帝何力于我哉'是也。"

【译文】

董常问:"先生的《十二策》讲的是什么?"先生说:"上天的运行规律,大地的运行规律和社会的运行规律,就是它所讲的。"董常说:"啊!天、地、人三才的规律,接受并按照它做事,天下就焕然一新了!"先生说:"如果《十二策》能在世上推行,我就不用作《续六经》了。"董常问:"为什么这么说?"先生说:"抬头观察上天的变化,俯身察看地理情况，中间建立人伦的准则。我不用再做什么了，因为明白了不言之教，加以实行，则万物滋息生长。"

文中子曰："天下有道，圣人藏焉；①天下无道，圣人彰焉。②"董常曰："愿闻其说。"子曰："反一无迹，庸非藏乎？③因贰以济，能无彰乎？④如有用我者，当处于泰山矣。⑤"董常曰："将冲而用之乎⑥？《易》不云乎？易简而天地之理得矣⑦。"

【注释】

①天下有道，圣人藏焉：天下有道，圣人隐匿。阮逸注云："闲暇，故藏。"

②天下无道，圣人彰焉：天下无道，圣人现身。阮逸注云："辩不得已。"

③反一无迹，庸非藏乎：一，道。反一，归于道。《庄子·齐物论》："道通为一。"阮逸注云："反一，谓反复一性也；复静则万虚何有？老子曰'归根曰静'是也。无迹，谓无形也。无形，圣人所以藏诸用，盖不言之教也。"

④因贰以济，能无彰乎：贰，不一，不定。《易·系辞下》："因贰以济民行，以明失得之报。"阮逸注云："贰，谓异端也。异端乖乎大义，我则辟之尔。如尼父因史法之贰，作《春秋》以济之；孟子因邪说之贰，举仁义以济之；文中子因乱华之贰，尊《元经》以济之，盖有为之典也。"俞樾《诸子平议补录·文中子》："贰，异端也，乖于大义，我则辟之耳。"

⑤如有用我者，当处于泰山矣：泰山，指王道。阮逸注云："太（泰）山，鲁国、周公礼乐之地。文中子周之后，故慕焉。一说太山，黄帝有合宫在其下，可以立明堂之制焉。"

⑥将冲而用之乎：参见《老子》："道冲，而用之或不盈。"阮逸注云："冲，虚也。老子曰：'道冲而用之。'言子不求官达而思慕太（泰）山黄帝、周公之道，是将假冲虚为词乎？"

⑦易简而天地之理得矣：语见《易·系辞上》："易简而天下之理得矣。"阮逸注云："易简，言无为也。道冲用，则知子之志有不可为矣。"

【译文】

文中子说："天下行正道，圣人就会隐藏；天下无道，圣人就会出现。"董常说："愿听您详述。"先生说："与道同一，可无思无为，这不是藏吗？局势动荡，积极济世救民，能不彰显吗？如果有任用我的人，我将重建先王礼法。"董常说："您将无为而治吧？《易》不是说了吗？易言辞简单却蕴含天地之理。"

杜淹问七制之主，子曰："有大功也。"问："贾谊之道何如。"子曰："群疑亡矣①。"或问楚元王②，子曰："惠人也。"问河间献王③，子曰："智人也。"问东平王苍④，子曰："仁人也。"问东海王强⑤。子曰："义人也。保终荣宠⑥，不亦宜矣？"

【注释】

①群疑亡矣：消除众人的疑虑。阮逸注云："《易·睽卦》曰：'遇雨则吉，群疑亡也。'谊上书文帝曰：'汉兴二十余年，当更秦之法，定官名礼乐。'又对鬼神之事，君臣相和，如遇雨，吉矣。此其道也。"

②楚元王（？—前179）：刘交，字游，沛郡丰邑（今徐州丰县）人。汉高祖刘邦异母弟，母为太上皇后李氏。爱好读书，多才多艺，少时，与鲁穆生、白公、申公在荀子的弟子浮丘伯那里学习《诗经》。刘邦即位后，封为楚王。汉文帝元年（前179），去世，谥号为元。(《汉书·楚元

王传》）阮逸注云："惠，才惠也。元王名交，好书多才，尝与鲁申公、白公、穆生同受《诗》，作传曰《元王诗》。又，穆生不饮酒，王设醴待之，是惠也。"

③河间献王（？—前130）：刘德，京兆长安（今陕西西安）人。汉景帝刘启第二子。汉景帝前元二年（前155），刘德以皇子身份受封河间王，为王二十六载，毕生精力投入古籍的收集与整理，为《毛诗》《左传》等古文献的保存和流传做出贡献。晚年受汉武帝猜疑，忧悒成疾。元光五年（前130），逝于河间，谥号为献。（《汉书·景十三王传》）阮逸注云："智，谓能周防也。献王名德，好收书，与朝廷等。是时淮南王亦好书，多招浮辩。献王修礼乐，服儒术，帝策问三十余事，王对以道术，得事之中立，是智也。"

④东平王苍（？—83）：刘苍，东汉光武帝刘秀之子，汉明帝刘庄同母弟，母为光烈皇后阴丽华。建武十五年（39）受封为东平公，十七年进封东平王。汉明帝永平元年为骠骑将军，在朝辅政，七年归国。汉章帝建初八年（83），去世。（《后汉书·光武十王列传》）阮逸注云："仁，谓乐善也。王名苍，明帝重之，位三公上，苍意不安，上疏归藩。帝问处家何乐？苍曰'为善最乐'，是仁也。"

⑤东海王强（25—58）：东汉王朝开国太子，光武帝刘秀长子，母为废后郭圣通。建武二年（26），册立为皇太子。建武十七年，因生母被废后，主动辞让太子之位，封为东海王。永平元年（58），去世，享年三十四岁，谥号为恭。（《后汉书·光武十王列传》）阮逸注云："光武太子，名强，母郭后有罪废，而强不自安，乞归藩，光武不忍，迟回数年方许之，遂封东海大国。后明帝立，盖强让之也，故曰义。"

⑥保终荣宠：终保荣禄和恩宠。阮逸注云："言四王皆善终，有惠、智、仁、义。"

【译文】

杜淹问两汉七制之主如何,先生说:"他们都有大功。"问:"贾谊的学说怎样?"先生说:"可解众人之疑。"又问楚元王刘交为人如何,先生说:"他是慈惠之人。"问河间献王刘德,先生说:"他是有智慧之人。"问东平王刘苍,先生说:"他是仁爱之人。"问东海王刘强,先生说:"他是仁义之人。此四人终保荣禄和恩宠,难道不是很正常的吗?"

子曰:"妇人预事①而汉道危乎,大臣均权而魏命乱矣②,储后不顺而晋室堕矣③。此非天也,人谋不臧咎矣夫!④"

【注释】

①妇人预事:指外戚干预朝政。阮逸注云:"吕后、梁后,产、禄之擅权,冀之跋扈,终危汉也。"

②大臣均权而魏命乱矣:均权,分散权力,指专权。阮逸注云:"司马宣王与曹爽争权相倾,终乱魏也。"

③储后不顺而晋室堕矣:储后,太子妃。阮逸注云:"惠帝衷太子遹未加师训而立,果堕晋祚。"

④此非天也,人谋不臧咎矣夫:臧,善。《诗经·小雅·小旻》:"谋之不臧,则具是依。"阮逸注云:"天,谓历数也;人,谓典礼也。汉、魏、晋历数不及三代者,典礼不修故也,此是人谋不臧之咎。"

【译文】

先生说:"外戚干政使汉朝国运衰微,大臣专权使魏朝乱象丛生,太子选妃不当使晋室堕落。这些不是上天的安排,而是人为谋化不善咎由自取呀!"

文中子中说 | 287

卷第八　魏相篇

子谓魏相①真汉相。识兵略，达时令，远乎哉！②

【注释】

①魏相（？—前59）：字弱翁，济阴定陶（今山东菏泽市定陶区西北）人。先后任茂陵令、扬州刺史、谏大夫、河南太守等职。治郡有方，深得民心。汉宣帝征魏相为大司农，后任御史大夫。官至丞相，封高平侯。在任相期间，整顿吏治，抑治豪强，选贤任能，平昭冤狱，与丙吉同心辅政，使君臣交泰，人民安乐。神爵三年（前59），去世，获谥"宪"。（《汉书·魏相丙吉传》）

②识兵略，达时令，远乎哉：参见阮逸注："魏相，字弱翁，学易道，举贤良，为汉宣帝相，谏伐西域，是'识兵略'；作《明堂月令议》，是'达时令'也。"

【译文】

先生说魏相是真正的汉相。懂兵法，识时令，有远谋啊！

子曰："孰谓齐文宣瞢？而善杨遵彦也。①谓孝文明，吾不信也。②谓尔朱荣③忠，吾不信也。谓陈思王善让也，能污其迹④，可谓远刑名⑤矣。人谓不密，吾不信也。⑥"

【注释】

①孰谓齐文宣瞢（méng），而善杨遵彦也：瞢，目不明，意指糊涂。

《山海经·中山经》："甘枣之山……有草焉……名曰䔄，可以已瞽。"齐文宣，齐文宣帝高洋。杨遵彦，杨愔。皆参见第三章注释。阮逸注云："北齐文宣帝高洋即位，以法御下，以功业自矜，而瞽于为政，然善待杨遵彦，又似非瞽。杨愔，字遵彦。事迹注见上。"

②谓孝文明，吾不信也：孝文，魏孝文帝。阮逸注云："后魏孝文帝元氏，名宏，都洛阳，文物制度始备。然有王虬不能用，有尔朱荣不能图，似不明也。"

③尔朱荣（493—530）：字天宝，北秀容人，世为部落酋帅。北魏孝明帝时为六州大都督。武泰元年，胡太后毒死明帝立钊，荣自太原起兵，入洛阳杀太后及钊，立庄帝。封太原王，又进位太师。后擒葛荣，还庄帝于洛阳，加天柱大将军，荣虽居外，遥制朝廷。永安三年九月，庄帝乘荣入谒时，伏兵于明光殿，杀之于廷中。终年三十八岁。（《魏书·尔朱荣传》《北史·尔朱荣传》）。阮逸注云："荣，字天宝，有战功，为都督将军。害灵后及少主而奉庄帝，恐其难制也，手刃杀之。"

④能污其迹：参见阮逸注："醉酒驰马，是污迹也。"

⑤远刑名：远离杀戮。《庄子·养生主》："为善无近名，为恶无近刑。"阮逸云："求小责，免大患，是远刑也。"

⑥人谓不密，吾不信也：密，谨密。阮逸注云："皆谓植以才自显，不知污迹保晦，其心密矣。"

【译文】

先生说："谁说齐文宣帝高洋糊涂？他知道善待杨遵彦。说孝文帝英明，我不信。说尔朱荣忠义，我不信。说陈思王曹植善于谦让，他肯自损名誉以远离刑戮。有人说他心思不缜密，我不信。"

董常问："古者明而不视，聪而不闻，有是夫？"①子曰："又有圆而不同，方而不碍②，直而不诋③，曲而不佞者矣④。"常曰："浊而不秽，清而不皎，刚而和，柔而毅，可乎？"⑤子曰："出而不声，隐而不没；用之则成，舍之则全。吾与尔有矣⑥。"

【注释】

①古者明而不视，聪而不闻，有是夫：阮逸注云："古知道者，视听不用耳目，故问。"

②方而不碍：碍，限制、阻挡。汉扬雄《法言·问道》："圣人之治天下也，碍诸以礼乐。"又有遮蔽之意。唐岑参《与高适薛据同登慈恩寺浮图》："四角碍白日，七层摩苍穹。"

③直而不诋：耿直但不咄咄逼人。阮逸注云："诋，讦也。"

④曲而不佞者矣：曲，委婉。阮逸注云："广推其类，终乎中道。"

⑤常曰……可乎：阮逸注云："常问一知十。"

⑥吾与尔有矣：龚鼎臣本无此句。阮逸注云："既泛言其道，故终显其志。"

【译文】

董常问："据说古人目明却不视，耳聪却不闻。有这样的事吗？"先生说："还有圆融而不附合，方正但不阻碍，率直但不咄咄逼人，委婉但不谄媚的人。"董常又问："浑浊却不污秽，清亮却不耀眼，刚强又温和，柔弱又坚毅，这样可以吗？"先生说："出仕不声名显赫，退隐不淹没于流俗；被任用就会有所建树，被舍弃又能全身而退。我与你有共同的志向。"

子游马颊之谷，遂至牛首之溪，①登降信宿②，从者乐。

【注释】

①子游马颊之谷,遂至牛首之溪:阮逸注云:"晋州有马颊河,牛首山。"王应麟《困学纪闻·诸子》引龚鼎臣本《文中子》作"子游黄颊之谷,遂至白牛之溪"。王绩《负苓者传》曰:"昔者文中子讲道于白牛之溪。"(《唐文粹》卷九十九)《游北山赋》曰:"白牛溪里,峰峦四峙,……吾兄通……大业中隐居此溪。"(《文苑英华》卷九十七)故"牛首之溪"应为"白牛之溪"。"马颊",或为"黄颊",不明。

②信宿:连住两晚。《诗经·豳风·九罭》:"公归不复,于女信宿。"

【译文】

先生在马颊谷游玩,又到白牛溪,住了两晚后下山,随行的人都很快乐。

姚义、窦威进曰:"夫子遂得潜乎①?"子曰:"潜虽伏矣,亦孔之昭。②"威曰:"闻朝廷有召子议矣③。"子曰:"彼求我则,如不我得;执我仇仇,亦不我力。④"姚义曰:"其车既载,乃弃尔辅。⑤"窦威曰:"终逾绝险,曾是不意。⑥"子喟然,遂歌《正月》终焉。⑦既而曰:"不可为矣⑧!"

【注释】

①夫子遂得潜乎:先生退隐不出了吗?阮逸注云:"潜,隐也。"

②潜虽伏矣,亦孔之昭:昭,明显、显著。《诗经·小雅·正月》:"潜虽伏矣,亦孔之昭。"郑玄《笺》:"池鱼之所乐而非能乐,其潜伏于渊,又不足以逃,甚昭昭易见。以喻时贤者在朝廷,道不行无所乐,退而

穷处，又无所止也。"阮逸注云："《诗·正月》篇也，《笺》云：'喻贤人道不行，虽潜伏，亦甚易见。'"

③闻朝廷有召子议矣：参见阮逸注："大业十一年再征，皆不至。"

④彼求我则，如不我得；执我仇仇，亦不我力：语出《诗经·小雅·正月》。阮逸注引《诗经》郑玄《笺》云："彼王求我如不得，言礼命多也。仇仇，謷（áo）謷也，虽执留我，然不问我功力。"此句指征求贤臣唯恐不得，得到后却傲慢无礼。

⑤其车既载，乃弃尔辅：语出《诗经·小雅·正月》。阮逸注引《诗经》郑玄《笺》云："车载物，喻王之任国事也；弃其辅，远贤也。"此句指时势艰难而不用贤人。

⑥终逾绝险，曾是不意：语出《诗经·小雅·正月》。阮逸注引《诗经》郑玄《笺》云："车度险，曾不为意乎？喻治国亦然。"此句指依靠贤臣，渡过难关，君王却不以为然。

⑦子喟然，遂歌《正月》终焉：《诗经·小雅》篇名，刺周幽王之诗。阮逸注云："感怆长言之，终其意也。"

⑧不可为矣：不可行啊。阮逸注云："言隋必亡，不可救。"

【译文】

姚义、窦威进见说："先生您就这样退隐不出了吗？"先生说："潜虽伏矣，亦孔之昭。"窦威说："听说朝廷正在讨论征召您。"先生说："彼求我则，如不我得；执我仇仇，亦不我力。"姚义说："其车既载，乃弃尔辅。"窦威："终逾绝险，曾是不意。"先生感叹，吟颂《正月》终篇。不久说："不可行啊！"

子曰："《书》以辩事，《诗》以正性，①《礼》以制行②，《乐》以和德③，《春秋》《元经》以举往④，《易》以知来⑤，先王之蕴尽矣⑥。"

【注释】

①《书》以辩事，《诗》以正性：《书》与《诗》分别用来辨析事理和端正本性。阮逸注云："言常道在乎事，思无邪在乎性。"

②《礼》以制行：《礼》用来约束行为。阮逸注云："行不可纵，必礼以制之。"

③《乐》以和德：《乐》用来配合仁德。阮逸注云："德不可苦，必乐以和之。"

④《春秋》《元经》以举往：《春秋》和《元经》用来记载历史。阮逸注云："仲尼举周公之典礼，仲淹修孔父之笔法，是往也。"

⑤《易》以知来：《易》用来预测未来。阮逸注云："生生不穷，是来也。"

⑥先王之蕴尽矣：蕴，内涵，意旨。阮逸注云："蕴，奥赜也。"

【译文】

先生说："《书》用来辨明事理，《诗》用来端正人性，《礼》用来规范行为，《乐》用来配合仁德，《春秋》《元经》用来记录往昔，《易》用来预测未来，先王之道都尽在于此了。"

王孝逸曰："惜哉！夫子不仕，喆①人徒生矣。"贾琼曰："夫子岂徒生哉？以万古为兆人②，五常为四国，三才九畴为公卿，又安用仕？"董常曰："夫子以《续诗》《续书》为朝廷，《礼论》《乐论》为政化，《赞易》为司命，《元经》为赏罚，此夫子所以生也。"叔恬闻之曰："孝悌为社稷，不言为宗庙，无所不知③为富贵，无所不极为死生，天下宗之，夫子之道足矣。④"

【注释】

①喆：通"哲"。聪明，有才能的人。

②兆人：兆民。唐初避李世民讳。

③无所不知：参见《法言·君子》："圣人之于天下，耻一物之不知。"

④天下宗之，夫子之道足矣：天下的人无不尊奉，夫子之道得到充分施展。阮逸注云："虽生乱世，而门人能宗其教以行于天下，生亦足矣。"

【译文】

王孝逸说："可惜呀！先生没有当官，哲人白白过此生。"贾琼说："先生怎会虚度此生？他把万古作为黎民，把五常作为四方之国，把三才九畴作为公卿大臣，又何须做官？"董常说："先生把《续诗》《续书》作为朝廷，把《礼论》《乐论》作为政事，把《赞易》化作司命，把《元经》演为赏罚，先生就是为此而生的。"叔恬听到这番话后说："他以孝悌为社稷，以不言为宗庙，以无所不知为富贵，以无所不极为死生，天下之人无不尊奉，夫子之道得到充分施展了。"

贾琼曰："中山吴钦①，天下之孝者也。其处家也，父兄欣欣然；其行事也，父兄焦然，若无所据。②"子曰："吾党之孝者异此③。其处家也，父母晏然；④其行事也，父兄恬然，若无所思。⑤"

【注释】

①吴钦：其人不详。阮逸注云："吴钦，史传不显。"

②父兄欣欣然……父兄焦然，若无所据：参见阮逸注："欣，悦也；焦，犹子也；子然如无依据，言事自集。"俞樾《诸子平议补录·文中

子》："子弟行事而使父兄焦然，若无所据，尚得谓之孝哉？此必有误。疑'事'字衍文，本作'其处家也，父兄欣欣然；其行也，父兄焦然，若无所据'。……下文子曰（略）'事'字亦衍文。盖吴钦之孝，其处家父兄欣欣然，不处家父兄焦然，尚未能相忘于行迹之间；若吾党之孝，则处家晏然，不处家恬然，无往不有以安亲之心，故行与处一也。衍'事'字，失其意矣。"

③吾党之孝者异此：我亲族中的孝与你所说的不同。阮逸注云："设此以证彼之非。"

④其处家也，父母晏然：他在家时，父母生活如常。阮逸注云："晏，安也。言不欣嚣而自安。"

⑤父兄恬然，若无所思：父兄安之若素，无所牵挂。阮逸注云："无思，言无事也，安用据哉。"

【译文】

贾琼说："中山人吴钦，天下皆知的孝子。他在家时，父兄都很高兴；他外出办事时，父兄都很焦急，好像没有什么依靠。"先生说："我亲族中的孝与你所说的不同。他在家时，父母生活如常；他外出时，父兄也很安然，仿佛无所牵挂。"

裴嘉①有婚会，薛方士②预焉。酒中而乐作，方士非之而出。③子闻之曰："薛方士知礼矣，然犹在君子之后乎④？"

【注释】

①裴嘉：其人不详。阮逸注云："裴嘉未见。"
②薛方士：王通弟子。阮逸注云："方士未见。"
③酒中而乐作，方士非之而出：参见阮逸注："士婚礼，三日不

举乐。"

④然犹在君子之后乎：参见阮逸注："孔子言'先进于礼乐'，谓情生礼乐之前也；'后进于礼乐'，谓文修于礼乐之后也。方士不先为语之而后非之，无益也。故礼则然矣，而用之何不从先进？"

【译文】

裴嘉举办婚礼，薛方士参加。酒宴中奏起音乐，方士指责不合礼制而离席。先生听到这件事，说："薛方士知礼，但他的所为不是君子。"

文中子曰："《元经》有常也，所正以道，于是乎见义。①《元经》有变也，所行有适，于是乎见权。②权义举而皇极立矣③。"董常曰："夫子《六经》，皇极之能事毕矣④。"

【注释】

①《元经》有常也，所正以道，于是乎见义：义，常道。阮逸注云："常，经也。经正则义存，若五始不可移易是也。"

②《元经》有变也，所行有适，于是乎见权：权，权宜、变通。阮逸注云："《公羊传》曰'反经合道为权'，言顺时有适，不执常道，若与夺南北以尊中国是也。"

③权义举而皇极立矣：皇极，帝王统治的准则。《尚书·洪范》："皇极，皇建其有极。"阮逸注云："取衷，义见上。"

④皇极之能事毕矣：参见阮逸注："董常知《六经》，一贯而道皆归乎大中也。"

【译文】

文中子说："《元经》有常道，符合正道，表现为义。《元经》有变通，随机而动，表现为权。兼有常道和变通，皇极就会确立。"董常说：

"先生的《续六经》,将皇极之理都写尽了。"

文中子曰:"《春秋》一国之书也①,其以天下有国而王室不尊乎?故约诸侯以尊王政②,以明天命之未改③,此《春秋》之事也。《元经》天下之书也④,其以无定国而帝位不明乎⑤?征天命以正帝位,以明神器之有归,此《元经》之事也。⑥"

【注释】

①《春秋》一国之书也:记周朝历史。阮逸注云:"周室一国。"

②故约诸侯以尊王政:约束诸侯,尊崇周室。阮逸注云:"约之以礼法。"

③以明天命之未改:阮逸注云:"天命在周,未改。"

④《元经》天下之书也:阮逸注云:"罢侯置守,天下为一国。"

⑤其以无定国而帝位不明乎:朝代更迭,国无常主。阮逸注云:"无定国,谓南北分,各无一定也。不明,谓僭号作也。"

⑥征天命以正帝位,以明神器之有归,此《元经》之事也:神器,帝位。阮逸注云:"天命不改,则周室以一国为《春秋》;天命有归,则晋、宋、魏、周、隋,合天下为《元经》。文体虽殊,其志一也。"

【译文】

文中子说:"《春秋》是关于一个国家的书籍,因天下诸侯分立、周室衰微而作吧?因此约束诸侯,尊重周王,以示天命未改,这是《春秋》要解决的问题。《元经》是一本关于天下的书籍,因天下动荡,国无常主而作吧?根据天命来确定帝位,从而明确神器的归属,这是《元经》要解决的问题。"

董常曰："执小义妨大权，《春秋》《元经》之所罪欤①？"子曰："斯谓皇之不极②。"

【注释】

①《春秋》《元经》之所罪欤：《春秋》和《元经》所谴责的做法。阮逸注云："上文云'权义举而皇极立'，董常推此意，以为义大权小，则正以义欤？或义小权大，则适乎权欤？"

②斯谓皇之不极：不成为皇极。阮逸注云："执小妨大，是大之不中也，故必执大弃小，是谓大中。"

【译文】

董常说："拘泥小节而妨碍大局，这是《春秋》和《元经》所谴责的做法吧？"先生说："这就叫皇之不极。"

御河之役①，子闻之曰："人力尽矣②。"

【注释】

①御河之役：隋炀帝开凿运河。

②人力尽矣：人力耗尽。阮逸注云："魏郡白沟，炀帝开永济渠，名御河，运粮征辽。"

【译文】

隋炀帝开凿运河，先生听到后说："人力耗尽了。"

子居家，不暂舍《周礼》。门人问子。子曰："先师以王道极是也，如有用我，则执此以往。①通也，宗周之介子，敢忘其礼乎?②"

【注释】

①如有用我，则执此以往：语见《论语·阳货》："如有用我者，吾其为东周乎！"《礼记·中庸》："吾学周礼，今用之，吾从周。"阮逸注云："先师，谓孔子也。定礼乐时极周道而已。"

②宗周之介子，敢忘其礼乎：宗周，西周。《诗经·小雅·正月》："赫赫宗周，褒姒灭之。"介子，长子为宗子，庶子为介子。阮逸注云："孔子尚极此说，我小子敢暂舍哉？"

【译文】

先生平日居家，研习《周礼》手不释卷。门人问先生为何如此。先生说："孔子认为王道尽在《周礼》，如果有人任用他，他将按此行事。我，是宗周的后代，怎敢忘记这些礼法呢？"

子曰："《周礼》其敌于天命乎①？《春秋》抗王而尊鲁，其以周之所存乎？②《元经》抗帝而尊中国，其以天命之所归乎？③"

【注释】

①《周礼》其敌于天命乎：敌，匹配，相当。阮逸注云："周公典礼与天命齐其长久，故曰'敌'也。"

②《春秋》抗王而尊鲁，其以周之所存乎：抗，通"亢"，高。阮逸注云："抗，举也。《春秋》举周王正朔而书于《鲁史》者，以周礼尽在鲁故也。"

③《元经》抗帝而尊中国，其以天命之所归乎：中国，指北魏政权。

阮逸注云："《元经》举帝号,以得中国者为正朔,盖天命归中国也。"

【译文】

先生说:"《周礼》与天命相配吧?《春秋》尊王而敬鲁,是因为鲁国保存了周礼吧?《元经》崇帝制而尊北魏,是因为天命所归吧?"

张玄素①问礼,子曰:"直尔心,俨尔形;动思恭,静思正。"问道,子曰:"礼得而道存矣②。"玄素出,子曰:"有心乎礼也。夫礼有窃之而成名者,况躬亲哉?③"

【注释】

①张玄素(?—664):本名张朴,字玄素,蒲州虞乡(今山西永济)人。隋末为景城户曹。后为窦建德所执,授治书侍御史和黄门侍郎。李世民平定窦建德后,授予景城都督府录事参军。唐太宗即位后,授侍御史,迁给事中,太子少詹事,辅佐皇太子李承乾。贞观十四年(640),拜银青光禄大夫、太子左庶子。太子被废后,作为东宫官员,坐罪免职。贞观十八年(644),迁潮邓二州刺史。唐高宗即位,加授银青光禄大夫。麟德元年(664),卒于家中。(《旧唐书·张玄素传》《新唐书·张玄素传》)阮逸注云:"史传未见。"

②礼得而道存矣:得到礼而道在其中。阮逸注云:"上四事合礼,则道在其中。"

③夫礼有窃之而成名者,况躬亲哉:伪装尚礼,能窃得美名,何况身体力行之人呢?阮逸注云:"窃,谓非己有也。假外饰而行之尚得成名,况玄素有心于克己哉?孟子曰:'尧、舜性之,汤、武身之,五霸假之也。久假而不归,焉知其非有也?'"

【译文】

张玄素问礼,先生说:"内心正直,仪表庄重;行动时勿忘恭敬,安静时思考中正。"问道,先生说:"得到礼的神髓道就会存在。"玄素告退,先生说:"他对礼制有诚心。有些人伪装好礼,尚且得到名誉,更何况有心躬行的人呢?"

魏徵问君子之辩。子曰:"君子奚辩①?而有时乎为辩,不得已也。其犹兵乎!②"董常闻之,曰:"君子有不言之辩,不杀之兵,亦时乎?③"子曰:"诚哉!不知时,无以为君子。④"

【注释】

①君子奚辩:奚,何。君子还用辩说吗?

②而有时乎为辩,不得已也。其犹兵乎:兵,战争。阮逸注云:"若汤武之兵伐桀纣,孟子之辩排杨墨,皆不得已也。"

③君子有不言之辩,不杀之兵,亦时乎:参见阮逸注:"若颜回不言如愚,知时之不可为也。老子云:善战不阵,时可无为也。"

④不知时,无以为君子:参见《论语·尧曰》:"不知命,无以为君子也。"阮逸注云:"言董常闻辩知时也。"

【译文】

魏徵问君子辩论之道。先生说:"君子哪里需要争辩?偶尔辩说,也是不得已为之。这就和用兵一样吧!"董常听到这番话后,问:"君子有不出声的争辩,有不杀人的征战,也是懂得时宜了吧?"先生说:"对啊,不洞悉时机,谈不上是君子。"

文中子曰:"闻谤而怒者,谗之由也;见誉而喜者,佞之媒也。①绝由去媒,谗佞远矣。"

【注释】

①闻谤而怒者,谗之由也;见誉而喜者,佞之媒也:佞,奸佞。阮逸注云:"为谤誉所动静,则谗佞得计矣。"

【译文】

文中子说:"听到批评就愤怒,谗言由此而生;听到赞誉就喜悦,奸佞由此而兴。断绝这两种媒介,谗言、奸佞就会与你远离。"

子曰:"闻难思解,见利思避,好成人之美,可以立矣。"

【译文】

先生说:"听到困难就想着解决,见到利益就想着躲避,喜好成全他人的美事,这样就可以立于世间了。"

子谓董常曰:"我未见勤者矣①。盖有焉,我未之见也②。"

【注释】

①我未见勤者矣:我没有见过勤勉的人。阮逸注云:"如天不息者。"
②我未之见也:参见阮逸注:"因以激常。"

【译文】

先生对董常说:"我没见过勤奋的人。可能有,但我没见过。"

子曰:"年不丰,兵不息,吾已矣夫。①"

【注释】

①年不丰，兵不息，吾已矣夫：参见阮逸注："年，天也；兵，人也。"

【译文】

先生说："年成不好，兵事不断，我没有指望了。"

子谓北山黄公①善医，先寝食而后针药②；汾阴侯生③善筮，先人事而后说卦。

【注释】

①北山黄公：其人不详。阮逸注云："黄公、侯生未见。"

②先寝食而后针药：针，用针刺，针灸。《汉书·广川惠王刘越传》："笞问昭平，不服，以铁针针之，强服。"

③汾阴侯生（？—611？）：参见《太平广记》卷二三〇《王度》篇："隋汾阴侯生，天下奇士也，王度常以师礼事之。"侯生有一面黄帝宝镜，"大业七年五月，度自御史罢归河东，适遇侯生卒，而得此镜"。阮逸注曰："黄公、侯生未见。"

【译文】

先生说北山黄公善于医病，先查寝食，后用针灸和药物；说汾阴侯生善于卜筮，先问人事，后说卦象。

房玄龄问正主庇民之道。子曰："先遗其身。"曰："请究其说。"子曰："夫能遗其身，然后能无私；无私，然后能至公；至公，然后以天下为心矣，道可行也。"①玄龄曰："如主何②？"子曰："通也不可究其说，萧、张其犹病诸③。噫，非子所及！姑守尔恭，执尔慎，庶可以事人也。④"

【注释】

①夫能遗其身……道可行也：阮逸注云："修己以及天下，渐也。"

②如主何：如何匡正君主？阮逸注云："再问正主之说。"

③萧、张其犹病诸：萧、张指萧何和张良。阮逸注云："萧何知其主不可以正也，而私营物产。张良亦私自从赤松子游，皆病也。"

④姑守尔恭，执尔慎，庶可以事人也：阮逸注云："言隋主不可正。"

【译文】

房玄龄问匡正君主、庇护黎民的方法。先生说："先忘记自身。"房玄龄说："请您详细说来。"先生说："能够忘记自身，然后才能做到无私心；无私心，才能做到一心为公；一心为公，之后才能以天下为己任，这样就可行道了。"玄龄问："如何匡正君主呢？"先生说："我也说不清楚，萧何、张良尚且没有做到。这不是你所能完成的事啊！姑且坚守你的恭敬，保持你的谨慎，也就可以事人了。"

江都有变①，子有疾，谓薛收曰："道废久矣②，如有王者出，三十年而后礼乐可称也③，斯已矣④。"收曰："何谓也？"子曰："十年平之，十年富之，十年和之，斯成矣。⑤"

【注释】

①江都有变：指大业十三年五月李渊父子太原起兵。阮逸注云："炀帝幸江都宫，宇文化及弑逆。"

②道废久矣：王道荒废许久了。阮逸注云："道，谓先王典礼。"

③三十年而后礼乐可称也：三十年后礼乐可再兴。阮逸注云："称，举也。"

④斯已矣：如此而已。《庄子·逍遥游》："定乎内外之分，辩乎荣辱之境，斯已矣。"阮逸注云："斯，隋不能举。"

⑤十年平之，十年富之，十年和之，斯成矣：参见阮逸注："平乱富民，和以礼乐。自江都有变，是岁庚辰，唐高祖武德三年也，平之十年。至太宗贞观三年，天下大定，又富之。至贞观十三年，房玄龄奏太平，又和之。终贞观二十三年，太宗崩，礼乐已和，然未大成尔。"

【译文】

李渊太原起兵，先生正有病在身，对薛收说："先王正道废亡已久，如有明君出现，三十年后礼乐可再兴，现在也就这样了。"薛收问："为什么这样说？"先生说："十年平定祸乱，十年使民富裕，十年教化人民，就能成就大业了。"

子曰："早婚少娉，教人以偷；①妾媵无数，教人以乱。②且贵贱有等③，一夫一妇，庶人之职也。④"

【注释】

①早婚少娉，教人以偷：娉，同"聘"，订婚。《荀子·富国》："婚姻娉内，送逆无礼。"阮逸注云："偷，薄也。"此处指苟且偷安。

②妾媵无数，教人以乱：媵，古代贵妇出嫁时，随嫁的人或物品。《韩非子·外储说左上》："从衣文之媵七十人。"阮逸注云："言弃古礼，是掌教者之罪也。"

③且贵贱有等：贵贱有等级区别。阮逸注云："妻、妾、媵，各有等

降之数。"

④一夫一妇，庶人之职也：职，值守，职责。阮逸注云："《国风》正夫妇，王化之本也。"

【译文】

先生说："少时结婚缺少订婚仪式，教人得过且过；妾及随嫁多得无数，教人败坏伦常。贵贱有等级差别，平民百姓应当一夫一妻。"

子谒见隋祖①，一接而陈《十二策》，编成四卷②。薛收曰："辩矣乎？"董常曰："非辩也，理当然尔。"③房玄龄请习《十二策》④。子曰："时异事变，不足习也。⑤"

【注释】

①隋祖：隋文帝。

②编成四卷：阮逸注云："门人编之。"

③非辩也，理当然尔：不是辩论之辞，所陈皆为常理。阮逸注云："理奥则言辩，非务其辩也。"

④房玄龄请习《十二策》：房玄龄请求学习《十二策》。阮逸注云："诵习。"

⑤时异事变，不足习也：阮逸注云："适救隋弊，非经久策。"

【译文】

先生觐见隋文帝，一见面就上呈《十二策》，后来编成四卷。薛收问："是游说之辞吗？"董常说："不是游说之辞，都是理所当然之事。"房玄龄请求学习《十二策》。先生说："时过境迁，不值得学习了。"

虞世基①遣使谓子曰："盍仕乎？"子曰："通有疾，不能仕也。"饮使者，歌《小明》②以送之。世基闻之曰："吾特游缯缴之下也，若夫子可谓冥冥矣。③"

【注释】

①虞世基（？—618）：字茂世，会稽余姚（今属浙江）人。个性恬静，师事顾野王，擅草隶。初仕南陈，任太子中舍人、尚书左丞。入隋，任通直郎、内史舍人，受炀帝器重，专典机密，参掌朝政。大业八年（612），从征高丽，授金紫光禄大夫。数次劝谏不纳，惧祸及己，不敢忤逆。大业十四年（618），宇文化及弑逆，遇害。（《隋书·虞世基传》）阮逸注云："世南兄也。炀帝时参掌朝政，唯诺取容而已。炀帝遇弑，世基见害。"

②《小明》：《诗经·小雅》篇名。阮逸注云："《小雅》诗。大夫悔仕于乱世也。首章云：'岂不怀归？畏此罪罟。'言世基必罪死。"

③吾特游缯（zēng）缴（zhuó）之下也，若夫子可谓冥冥矣：缯，同"矰"，射鸟的短箭。缴，系在箭上的生丝绳。《战国策·楚策》："治其缯缴，将加己乎百仞之上。"冥冥，高远。阮逸注云："杨子曰：'鸿飞冥冥，弋者何慕？'"

【译文】

虞世基派使者对先生说："何不从政呢？"先生说："我有病，不能从政。"招待使者宴饮，吟唱《小明》为其送行。虞世基知道后说："我游弋于弓矢之下，时刻处于危险之中，而先生却如飞鸿畅翔于茫茫天地之间。"

文中子曰："问则对，不问则述，①窃比我于仲舒②。"

【注释】

①问则对，不问则述：阮逸注云："若策问之则对，不尔则自述其道，待时而行。"

②仲舒：董仲舒。阮逸注云："董仲舒，汉武帝时对贤良策，后为公孙弘所抑，退免以著书为业。"

【译文】

文中子说："有问就答，不问就著述，私下里我把自己比作董仲舒。"

子曰："吾不仕，故成业；①不动，故无悔；②不广求，故得；③不杂学，故明。④"

【注释】

①吾不仕，故成业：不从政，故能成就学业。阮逸注云："成所述业。"

②不动，故无悔：不妄动，故无悔恨。阮逸注云："悔生乎动。"

③不广求，故得：不多求，故有所得。阮逸注云："得，足也。"

④不杂学，故明：不杂学旁支，故而明道。阮逸注云："明道也。"

【译文】

先生说："我不从政，因此能成就事业；不妄动，因此行事无悔；不广求，因此有所得；不学别的旁支，因此能明道。"

文中子曰："凝滞①者，智之蟊②也。忿憾者，仁之螣③也；纤吝者，义之蠹④也。"

【注释】

①凝滞：拘泥，黏滞。《楚辞·渔父》："圣人不凝滞于物，而能与世推移。"

②蟊（máo）：吃禾苗的害虫。"蟊贼"（同"蝥贼"）比喻对人或国家有害的人。

③螣（téng）：稻子上的一种小青虫，爱吃稻苗，害虫。

④蠹（dù）：蛀蚀器物的虫子。阮逸注云："蟊、螣、蠹，皆喻害物。"

【译文】

文中子说："拘泥黏滞是智慧的蟊贼。怨愤遗憾是仁德的螣虫。吝惜吝啬是仁义的蠹虫。"

子曰："《元经》之专断，盖蕴于天命，吾安敢至哉？①"董常闻之曰："《元经》之与天命，夫子而不至，其孰能至也？"

【注释】

①《元经》之专断，盖蕴于天命，吾安敢至哉：参见阮逸注："天命未改于晋祚，则《元经》断之于江南；天命有归于中国，则《元经》断之后魏。言此皆天命所蕴，非我能至也。"

【译文】

先生说："《元经》决断是非，是因为它蕴含天命，我怎敢擅自专断？"董常听到后说："《元经》与天命相配，如果先生的认识都没有达到，谁又能达到呢？"

子谓窦威曰："既冠读《冠礼》,将婚读《婚礼》,居丧读《丧礼》,既葬读《祭礼》,朝廷读《宾礼》,军旅读《军礼》,故君子终身不违礼。①"窦威曰:"仲尼言'不学礼,无以立'②,此之谓乎③?"

【注释】

①既冠读《冠礼》……故君子终身不违礼:阮逸注云:"言学礼有次序。"古礼包括吉、凶、宾、嘉、军五大部分。祭礼属于吉礼。婚礼、冠礼属于嘉礼。丧礼属于凶礼。

②不学礼,无以立:语见《论语·季氏》。

③此之谓乎:阮逸注云:"言孔子教鲤,亦谓此次序。"

【译文】

先生对窦威说:"成年时读《冠礼》,结婚时读《婚礼》,守丧时读《丧礼》,葬后读《祭礼》,身在朝廷读《宾礼》,从军读《军礼》,因此,君子终身不违反礼制。"窦威说:"孔子言'不学礼法,不能立于社会',就是这个意思吧?"

子述《婚礼》。贾琼曰:"今皆亡,又焉用续?①"子曰:"琼,尔无轻礼,无谄俗,②姑存之可也③。"

【注释】

①今皆亡,又焉用续:续,延续、承继。阮逸注云:"续,补亡也。"

②尔无轻礼,无谄俗:不要因媚俗而轻视古礼。阮逸注云:"轻古礼,阿时俗,是汝也。"

③姑存之可也：姑且存续，待后世所用。阮逸注云："续而存之，待时而行。"

【译文】

先生记述《婚礼》。贾琼说："此礼今已消亡，还要传承下去吗？"先生说："贾琼呀，不要轻视礼法，不要谄媚陋俗，姑且把它记录下来以待他日使用。"

子赞《易》至《观卦》①，曰："可以尽神矣②。"

【注释】

①《观卦》：《易》六十四卦之一，卦象为坤下巽上，云："盥而不荐，有孚颙若。"

②可以尽神矣：穷尽神妙。阮逸注云："盥而不荐，可以尽神之奥。"

【译文】

先生注释《易》到《观卦》，说："可以穷尽神道的奥妙。"

子曰："古者进贤退不肖①，犹患不治；今则吾乐贤者而哀不贤者②，如是寡怨③，犹惧不免④。《诗》云：'惴惴小心，如临空谷。⑤'"

【注释】

①古者进贤退不肖：过去的人亲近贤人，疏远小人。阮逸注云："有天下，举贤才，则不肖者远矣。"

②今则吾乐贤者而哀不贤者：如今的人喜欢贤者，怜悯小人。阮逸注

云："乐之，不能进之也；哀之，不敢退之也。"

③如是寡怨：这样减少怨恨。阮逸注云："不退之，故不肖者不怨。"

④犹惧不免：害怕招致不幸。阮逸注云："不免怨害。"

⑤惴惴小心，如临空谷：参见《诗经·小雅·小宛》："惴惴小心，如临于谷。"惴惴，战战兢兢。阮逸注云："《诗·小宛》篇注云：'衰乱之世，贤人君子虽无罪，犹恐惧。'"

【译文】

先生说："古时的人，亲近贤良、远离不肖之徒，仍旧担心治理不好；如今的人喜爱贤良、同情不贤之人，以此减少怨恨，仍害怕招致不幸。如《诗经》所云：'惴惴小心，如临空谷。'"

子读《说苑》①，曰："可以辅教矣②。"

【注释】

①《说苑》：又名《新苑》，西汉刘向编。成书于鸿嘉四年（前17）。原二十卷，后仅存五卷，大部分散佚，后经宋曾巩搜辑，复为二十卷，每卷各有标目。按类记述春秋战国至汉代的遗闻逸事，每类之前列总说，事后加按语。其中以记述诸子言行为主，不少篇章有关于治国安民、家国兴亡的哲理格言。主要体现了儒家的哲学思想、政治理想以及伦理观念。阮逸注云："刘向撰，三十卷。"

②可以辅教矣：辅助教化。阮逸注云："其说礼乐可左右教化。"

【译文】

先生读《说苑》，说："它可以用来辅助教化。"

子之韩城①，自龙门关先济②，贾琼、程元后③。关吏仇璋④止之曰："先济者为谁⑤？吾视其颡，颡如也，重而不亢；⑥目灿如也，澈而不瞬；⑦口敦如也，闳而不张；⑧凤颈龟背，须垂至腰，参如也。⑨与之行，俯然而色卑；与之言，泛然而后应。⑩浪惊拖旋而不惧⑪，是必有异人者也。吾闻之："天下无道，圣人藏焉。鞠躬守默，斯人殆似也。⑫"程元曰："子知人矣，是王通者也。"贾琼曰："吾二人师之而不能去也⑬。"仇璋曰："夫杖一德，乘五常，扶三才，控六艺，吾安得后而不往哉？"遂舍职从于韩城。子谓贾琼曰："君子哉，仇璋也！比董常则不足，方薛收则有余。"

【注释】

①韩城：今陕西韩城。阮逸注云："冯翊有韩城县。"

②自龙门关先济：从龙门关先过河而去。阮逸注云："龙门，汉皮氏县，魏改为龙门，隋属绛州，今河中有县。"

③贾琼、程元后：贾琼和程元随后而至。阮逸注云："从行在后。"

④仇璋：与董常、薛收、程元同为王通弟子。阮逸注云："字伯成。"

⑤先济者为谁：先渡河的人是谁？阮逸注云："止二子问之。"

⑥吾视其颡（sǎng），颡如也，重而不亢：颡，额头。《孟子·告子上》："今夫水，搏而跃之，可使过颡。"颡，秃貌，首秃。阮逸注云："颡，重之貌；亢，昂也。"

⑦目灿如也，澈而不瞬：目光炯炯有神，清澈而不闪烁。阮逸注云："澈，清也，睫目曰瞬。"

⑧口敦如也，闳而不张：闳，宏大，宽广。《韩非子·难言》："闳大广博。"阮逸注云："敦，厚；闳，深也。"

⑨凤颈龟背，须垂至腰，参如也：参，长貌。阮逸注云："参，参然，

盛貌。"

⑩与之言，泛然而后应：泛然，漫然。《庄子·田子方》："臧丈人昧然而不应，泛然而辞，朝令而夜遁，终身无闻。"

⑪浪惊拖旋而不惧：《汉书·严助传》："拖舟而入水。"阮逸注云："言状貌皆异常人。"

⑫鞠躬守默，斯人殆似也：鞠躬，谦恭状。《论语·乡党》："入公门，鞠躬如也，如不容。"守默，默然自守。阮逸注云："鞠躬，谓卑俯，守默，谓泛应。"

⑬吾二人师之而不能去也：参见《论语·子罕》："夫子循循然善诱人，博我以文，约我以礼，欲罢不能。"

【译文】

先生去韩城，从龙门关先渡河而过，贾琼、程元后到。关吏仇璋拦住他们问："先过河的那人是谁？我看此人额头宽阔而不高昂，目光炯炯有神，清澈而不闪烁，口唇宽厚而不张扬，长颈隆背，须长至腰有惊世之容貌。与他同行的人神色谦恭，与他交谈，他则漫然作答。浪汹涌、拖舟飞旋却不惊慌，他必是非凡之人。我听说："天下无道，圣人就会隐藏。这个人默然自守，很像传说中的圣人啊。"程元说："你很会看人，他就是王通。"贾琼说："我两人跟从他学道不愿离去。"仇璋说："王先生凭靠德行，驾御五常、辅弼三才、执掌六艺。我既然遇到了良师，怎能落在人后呢？"于是舍弃官职跟随王通去往韩城。先生对贾琼说："仇璋是君子啊！与董常相比有不足之处，但比薛收要强。"

文中子曰："吾闻礼于关生①，见负樵者几②焉。正乐于霍生③，见持竿者几焉。吾将退而求诸野矣④。"

【注释】

①关生：指关子明，隐士。《文中子世家》称王通"问《礼》于河东关子明"。《录关子明事》："关朗，字子明，河东解县人也。"王应麟《困学纪闻》、晁公武《郡斋读书志》、汪吟龙《文中子考信录》均对此说提出质疑。因史载，关子明在太和年间曾见魏孝文帝，以此计算，开皇年间当有一百多岁。

②几：庶几，差不多。阮逸注云："几，近也。"

③霍生：指霍汲，为隐士。《文中子世家》记王通"正《乐》于北平霍汲"，当是此人。

④吾将退而求诸野矣：参见《汉书·艺文志》记孔子言："礼失而求诸野。"《论语·先进》："先进于礼乐，野人也；后进于礼乐，君子也。"阮逸注云："野谓渔、樵。"

【译文】

文中子说："我从关生那里了解礼，砍柴的人可谓知礼了。我向霍生请教乐，持竿的人可谓知乐了。我将退隐山野，在百姓中访求礼乐。"

子曰："多言不可与远谋①，多动不可与久处②，吾愿见伪静诈俭者③。"

【注释】

①多言不可与远谋：参见阮逸注："机易泄。"

②多动不可与久处：参见阮逸注："心易躁。"

③吾愿见伪静诈俭者：参见阮逸注："矫时罕真静俭者。"

【译文】

先生说:"多言之人不可和他谋划大事,妄动之人不可长久相处,我宁愿看到伪饰沉静和假装勤俭的人。"

贾琼曰:"知善而不行,见义而不劝,虽有拱璧之迎,吾不入其门矣。①"子闻之曰:"强哉矫也②。"

【注释】

①虽有拱璧之迎,吾不入其门矣:拱璧:大璧。《左传·襄公二十八年》:"与我其拱璧。"后泛指珍贵之物。阮逸注云:"讥隋朝大臣不劝善而饰虚礼。"

②强哉矫也:矫,强貌。《礼记·中庸》:"故君子和而不流,强哉矫。"阮逸注云:"琼也明而毅,故曰'强矫'。"

【译文】

贾琼说:"知道什么是善却不去做,看到勇义却不加勉励,这种人即使手执奇珍异宝相迎而来,我也不会进他们的门。"先生听到说:"这才是真强啊。"

仇璋谓薛收曰:"子闻三有七无乎?"收曰:"何谓也?"璋曰:"无诺责①,无财怨②,无专利③,无苟说④,无伐善⑤,无弃人⑥,无畜憾⑦。"薛收曰:"请闻三有。"璋曰:"有慈,有俭,有不为天下先。"收曰:"子及是乎?"曰:"此君子之职也,璋何预焉!"子闻之,曰:"唯其有之,是以似之。⑧"

【注释】

①无诺责：不因不履行诺言而受责备。阮逸注云："不责人以必诺。"

②无财怨：不因钱财使人怨恨。阮逸注云："不以财使人怨。"俞樾《诸子平议补录·文中子》认为"财怨"当为"怨财"。

③无专利：不独占利益。阮逸注云："必先利人。"

④无苟说：不妄言。阮逸注云："所悦必以道。"

⑤无伐善：不自吹自擂。阮逸注云："不自矜伐。"

⑥无弃人：不抛弃他人。阮逸注云："片善亦取。"

⑦无畜憾：不念旧仇。阮逸注云："不念旧恶。"

⑧唯其有之，是以似之：语出《诗经·小雅·裳裳者华》末章。阮逸注云："《裳裳者华》篇注曰：'似，嗣也。'"

【译文】

仇璋对薛收说："你听说过三有、七无吗？"薛收说："是什么？"仇璋说："不因不履诺而受责备，不因钱财使人怨恨，不独占利益，不随便乱说，不夸耀自己，不抛弃他人，不念旧怨。"薛收说："请问三有是什么？"仇璋说："有慈心，尚节俭，不为天下先。"薛收说："您达到了吗？"仇璋说："这些都是君子的品德，我怎敢与之相比？"先生听见后说："只因为他有仁德，才能推举类似他的人。"

子曰："君子先择而后交①，小人先交而后择②。故君子寡尤③，小人多怨，良以是夫！"

【注释】

①君子先择而后交：阮逸注云："择可交则与交。"

文中子中说 | 317

②小人先交而后择：阮逸注云："骤以利合，择之即坏。"

③尤：过失、怨恨。

【译文】

先生说："君子是先选择后结交，小人却是先交友后选择。因此君子少过失，小人多抱怨，的确就是这样啊！"

子曰："君子不责人所不及，不强人所不能，①不苦人所不好。夫如此，故免。②"老聃③曰："'吾言甚易行，天下不能行。'④信哉⑤。"

【注释】

①君子不责人所不及，不强人所不能：责，原作"贵"，据《四部丛刊》本改。阮逸注云："强，谓力使之。"

②夫如此，故免：这样做，避免后患。阮逸注云："免今世之祸。"

③老聃：老子。

④吾言甚易行，天下不能行：语出《道德经》七十章，原文："吾言甚易知，甚易行，天下莫能知，莫能行。"

⑤信哉：确实如此。阮逸注云："信，今亦然。"

【译文】

先生说："君子不要求他人做力不能及的事，不强求他人做不能做的事，不强迫他人做不喜欢的事。这样做，所以免于祸患。"老子说："'我所说的非常容易做到，而天下却没有人做到。'确实如此啊。"

仇璋问："君子有争乎？"子曰："见利争让，闻义争为，有不善争改。①"

【注释】

①见利争让，闻义争为，有不善争改：参见阮逸注："言君子果有争，但争为善而已。"

【译文】

仇璋问："君子会争吗？"先生说："君子见到利益争着相让，听到勇义争着去做，有不善之处争相改过。"

薛收问："圣人与天地如何？"子曰："天生之，地长之，圣人成之。①故天地立而《易》行乎其中矣②。"薛收问《易》，子曰："天地之中非他也，人也。③"收退而叹曰："乃今知人事修，天地之理得矣。④"

【注释】

①天生之，地长之，圣人成之：参见《荀子·富国》："父子不得不亲，兄弟不得不顺，男女不得不欢，少者以长，老者以养。故曰：天地生之，圣人成之。"《春秋繁露·立元神》："天地人，万物之本也。天生之，地养之，人成之。"阮逸注云："天阳地阴之谓道，圣人经之以善，诚之以性。"

②故天地立而《易》行乎其中矣：参见《易·系辞上》："天地设位，而《易》行乎其中矣。"俞樾《诸子平议补录·文中子》认为此句应在"天地之中非他也，人也"一句之后。

③天地之中非他也，人也：阮逸注云："曰仁与义，成性之本。"

④乃今知人事修，天地之理得矣：参见《易·系辞上》："易简而天

下之理得矣。"阮逸注云："始悟《易》。"

【译文】

薛收问："圣人与天地有何关系？"先生说："天孕育万物，地生长万物，圣人成就万物。因此天地确立后，道才能运行其中。"薛收问《易》，先生说："天地之间别无他物，只是人啊。"薛收退出感叹道："今日才知修好人事，天地之理可得。"

子谓收曰："我未见欲仁好义而不得者也①。如不得，斯无性者也。②"

【注释】

①我未见欲仁好义而不得者也：阮逸注云："言人性修，则天理得。"

②如不得，斯无性者也：参见阮逸注："仁义，性之本也；感物而动，性之欲也。应物而不化物，则能复性，故曰'欲仁好义'，此言明天理也。若化物而不能反躬复性，则是天理灭矣，故曰'无性'，此言昧人事也。"

【译文】

先生对薛收说："我没有见过想求仁义却得不到的人。如果得不到，那就是没有人性的人。"

子曰："严子陵钓于湍石①，尔朱荣控勒天下②，故君子不贵得位③。"

【注释】

①严子陵钓于湍石：严子陵即严光。阮逸注云："严光，字子陵，汉

光武故人，不仕，隐钓于七里湍。"

②尔朱荣控勒天下：尔朱荣，北魏权臣。阮逸注云："注见上文。"此句龚鼎臣本曰："严子陵钓于湍石，民到于今称之；尔朱荣控勒于天下，死之日，民无得而称焉。"（转引自《陈亮集》卷十六《书类次文中子后》）

③故君子不贵得位：参见阮逸注："尔朱荣得位，严光不贵之也。"

【译文】

先生说："严子陵垂钓于七里湍却望重朝野，尔朱荣权倾天下却祸国殃民，因此君子不看重权位。"

子曰："火炎上而受制于水，水趋下而得志于火，①故君子不欲多上人②。"

【注释】

①火炎上而受制于水，水趋下而得志于火：参见《尚书·洪范》："水曰润下，火曰炎上。"

②故君子不欲多上人：上人，高居人上。《左传·桓公五年》："君子不欲多上人，况敢陵天子乎！"阮逸注云："言君子如水之性，无不下。"

【译文】

先生说："火炎居上却被水控制，水流下湍却能控制火炎，因此君子不求高居人之上。"

子赞《易》至"山附于地，剥"①，曰："固其所也②，将安之乎③？是以君子思以下人④。"

【注释】

①山附于地,剥:参见《易·剥卦·象》:"山附于地,剥。上以厚下安宅。"意思是:山依平地而起。

②固其所也:参见阮逸注:"山固宜附地,人固宜复静。"

③将安之乎:参见阮逸注:"隋乱道剥,我将何之?"

④是以君子思以下人:参见《论语·颜渊》:"夫达也者,质直而好义,察言而观色,虑以下人。"阮逸注云:"孔子《象》曰:'君子以厚下安宅。'"

【译文】

先生注释《易》至"山附于地,剥",说:"巩固他们的居所,这样就安稳了吧?因此,君子想着谦卑退让。"

芮城府君①读《说苑》②,子见之曰:"美哉,兄之志也!于以进物,不亦可乎?③"

【注释】

①芮城府君:王度。

②《说苑》:刘向著。

③于以进物,不亦可乎:阮逸注云:"《说苑》有进物义。"

【译文】

芮城府君王度读《说苑》,先生看到后说:"兄长的志向了不起啊!以此接近万物,不也是可以的吗?"

子之居常湛如①也，言必恕，动必义，与人款曲以待其会②。故君子乐其道，小人怀其惠③。

【注释】

①湛如：神清气爽。

②与人款曲以待其会：与人应酬恰到好处。阮逸注云："会，谓理与情会合。"

③小人怀其惠：阮逸注云："小人但知惠。"

【译文】

先生在家时，总是神清气爽，言语必宽厚，行动必合正义，与人应酬恰到好处。因此，君子喜爱他的品行，小人感怀他的恩惠。

叔恬曰："凝于先王之道，行思坐诵，常若不及，临事往来，常若无诲。①道果艰哉！"子曰："吾亦然也②。"叔恬曰："天下恶直丑正，凝也独安之乎？"子悄然③作色曰："神之听之，介尔景福。④君子之于道也，死而后已⑤。天不为人怨咨而辍其寒暑，君子不为人之丑恶而辍其正直。⑥然汝不闻《洪范》之言乎？'平康，正直。'夫如是，故全。⑦今汝屑屑焉，三德无据而心未树也。⑧无挺⑨、无讦⑩、无固⑪、无抵⑫，斯之谓'侧僻'⑬'民用僭忒'⑭，无乃汝乎⑮？"叔恬再拜而出。

【注释】

①临事往来，常若无诲：阮逸注云："若无人教诲我。"

②吾亦然也：阮逸注云："言先王之道非凝能及，答云吾亦然，实勉

之尔。"

③悄然：忧愁的样子。《诗经·邶风·柏舟》："忧心悄悄，愠于群小。"指神情不悦。

④神之听之，介尔景福：参见《诗经·小雅·小明》："嗟尔君子，无恒安息。靖共尔位，好是正直。神之听之，介尔景福。"阮逸注云："《诗·小明》篇：'靖恭尔位，好是正直。'注：景，大也；好，与也；介，助也。言有明王则道行而得福。"

⑤死而后已：参见《论语·泰伯》曾子言："仁以为己任，不亦重乎？死而后已，不亦远乎？"

⑥天不为人怨咨而辍其寒暑，君子不为人之丑恶而辍其正直：参见《荀子·天论》："天不为人之恶寒也而辍冬，地不为人之恶辽远也而辍广，君子不为小人之匈匈也而辍行。"阮逸注云："《书》曰：'冬祁寒，夏暑雨，小民怨咨。'"

⑦然汝不闻《洪范》之言乎……夫如是，故全：参见《尚书·洪范》："三德：一曰正直，二曰刚克，三曰柔克。平康，正直；强弗友，刚克；燮友，柔克。"阮逸注云："正直必平康，故全身全道。"

⑧今汝屑屑焉，三德无据而心未树也：屑屑，轻忽，轻视貌。阮逸注云："三德，平康、正直为首，其次高明柔克，沉潜刚克，皆谓正必平易，直必康和，明必柔克，潜必刚克，率归之中道也。今凝虽正直而无据于德，心亦未能务兹。故曰'未树立'也。"

⑨挺：挺立。阮逸注云："挺然，立不屈貌。"

⑩讦（jié）：斥责。阮逸注云："讦，斥言也。"

⑪固：坚守。阮逸注云："固执。"

⑫抵：对抗。阮逸注云："抵触。"

⑬侧僻：不公平。侧，不平。僻，不公。

⑭僭忒：逾越常规，心有猜疑。僭，僭越。忒，过。语见《尚书·洪范》："人用侧颇僻，民用僭忒。"

⑮无乃汝乎：阮逸注云："终《洪范》之词教之也，言凝有是四者，与无正直同。"

【译文】

叔恬说："我对于先王的学说，常常吟诵、思考，唯恐不及，但在处事往来中，常常觉得没有什么教益。先王的道太难学了！"先生说："我也有同感。"叔恬又说："如今，天下厌恶耿直丑化公正，我能独自安心行道吗？"先生脸色微变，说："神明有知，赐你大福。君子学道，应该至死而方休。天不会因为人们怨恨寒暑而使冬夏中止，君子不应该因他人的丑恶喜好而放弃正直。你难道没有听说过《洪范》中的这句话吗？'平康，正直。'正因为这样，才能保全天性。今日你畏首畏尾，不恪守三德而不能一心向道。不能挺立不屈、不能嫉恶如仇、不能持之以恒、不能对抗世俗，这就叫'侧僻''民用僭忒'，说和不就是你吗？"叔恬再次拜谢退出。

仇璋进曰："君子思以下人，直在其中欤？①"子笑而不答。薛收曰："君子乐然后笑②，夫子何为不与其进也？"子曰："唯狂克念，斯非乐乎？③"

【注释】

①君子思以下人，直在其中欤：阮逸注云："璋言《赞易·剥卦》得'平康'之德。"

②君子乐然后笑：参见《论语·宪问》："夫子时然后言，人不厌其言；乐然后笑，人不厌其笑；义然后取，人不厌其取。"

③唯狂克念,斯非乐乎:语出《尚书·多方》:"惟圣罔念,作狂;惟狂克念,作圣。"意谓圣明的人不以善为念,则会变得狂躁;狂躁的人一心向善,则会变得圣明。阮逸注云:"《易》道至深,非璋尽达。然嘉其狂念,故乐然笑之。"有学者认为此段应承接前文"君子思以下人"之后。

【译文】

仇璋进前说:"君子常想着谦卑退让,正道在其中吗?"先生笑而不答。薛收说:"君子喜悦而后露笑,先生为何不赞许他的进取态度?"先生说:"用善念克制狂躁,这难道不令人高兴吗?"

子谓仇璋、薛收曰:"'非知之艰,行之惟艰。'①"

【注释】

①非知之艰,行之惟艰:语出《尚书·商书·说命中》。阮逸注云:"言克念之,必须克行之。"有学者认为此句应承接前文"叔恬再拜而出"之后。

【译文】

先生对仇璋、薛收说:"并非难于知晓,而是难以推行。"

卷第九　立命篇

　　文中子曰："命之立也，其称人事乎！①故君子畏之②。无远近高深而不应也，无洪纤曲直而不当也。③故归之于天④。《易》曰：'乾道变化，各正性命。⑤'"魏徵曰："《书》云：'惠迪吉，从逆凶，惟影响。⑥'《诗》云：'不戢不难，受福不那。彼交匪傲，万福来求。⑦'其是之谓乎？"子曰："徵，其能自取矣⑧。"董常曰："自取者，其称人邪？⑨"子曰："诚哉，惟人所召⑩。"贾琼进曰："敢问'死生有命，富贵在天'⑪，何谓也？"子曰："召之在前，命之在后，⑫斯自取也，庸非命乎⑬？噫！吾末如之何也已矣⑭。"琼拜而出，谓程元曰："吾今而后知元命可作，多福可求矣。⑮"程元曰："敬佩玉音，服之无斁。⑯"

【注释】

　　①命之立也，其称人事乎：称，相称。阮逸注云："人生天地之间，所以立命也。是命者，因人而称，天有情于人而命之者也。"俞樾《诸子平议补录·文中子》："此'称'字乃'称物平施'之称，言适与人事相称也。下文云'无远近高深而不应也，无洪纤曲直而不当也'，'应'与'当'正相称之意。"

　　②故君子畏之：参见《论语·季氏》："子曰：'君子有三畏：畏天命，畏大人，畏圣人之言。'"阮逸注云："孔子畏天命者，盖畏人事不修而违天也。"

③无远近高深而不应也,无洪纤曲直而不当也:参见阮逸注:"《易》曰:'其受命如响。'"

④故归之于天:参见阮逸注:"圣人无不应,无不当,与天合德,故立命则曰'天命'。"

⑤乾道变化,各正性命:语出《易·乾卦·象》,意谓天道变化,万物各自成就自身的命运。阮逸注云:"引《易》以明命,因性而称也。"

⑥惠迪吉,从逆凶,惟影响:语出《尚书·大禹谟》,意谓顺应天道就吉祥,违背天道则有凶灾,两者的关系如影随形,似响应声。阮逸注云:"《书·大禹谟》云也。惠,顺;迪,道也。顺道即吉,从逆即凶。"

⑦不戢(jí)不难,受福不那。彼交匪傲,万福来求:参见《诗经·小雅·桑扈》:"之屏之翰,百辟为宪。不戢不难,受福不那。兕觥其觩,旨酒思柔。彼交匪敖,万福来求。"阮逸注云:"《诗·桑扈》篇注:戢,聚;难,难也;那,多也。言不聚法,不戒难,则福多矣。彼贤交非傲即福,亦就求之也。"

⑧其能自取矣:参见阮逸注:"自取福。"

⑨自取者,其称人邪:阮逸注云:"明魏徵能自取多福,则显上文其称人事也。"

⑩惟人所召:参见《左传·襄公二十三年》:"祸福无门,唯人所召。"阮逸注云:"召,亦取也。"

⑪死生有命,富贵在天:参见《论语·颜渊》子夏语:"死生有命,富贵在天。"阮逸注云:"何独死生言命而富贵则言天乎?"

⑫召之在前,命之在后:参见阮逸注:"凡未死,则世人皆云命合生也;已死矣,则世人皆云命不生也。未富贵,则世人皆云命合贫贱也;既富贵,则世人皆云命不贫贱。是死生富贵皆人先自召之在前,而后从而言命是在后也。"

⑬庸非命乎：庸，岂，难道。难道不是命吗？

⑭吾末如之何也已矣：参见阮逸注："末，莫也。言我莫知所如，乱世不可自取理矣。宁求退藏而已。"

⑮吾今而后知元命可作，多福可求矣：参见《诗经·大雅·文王》："永言配命，自求多福。"阮逸注云："若周公乞代武王、仲尼求为东周，皆自作元命，终获多福，此知命之大者。"

⑯敬佩玉音，服之无斁（yì）：参见《诗经·周南·葛覃》："为絺为綌，服之无斁。"谢庄《月赋》："敬佩玉音，复之无斁。"阮逸注云："斁，厌也。"

【译文】

文中子说："命的确立，是与人事相称的吧？因此君子敬畏它。无论远与近、高与深，没有不相称的，无论洪与纤、曲与直，也没有不匹配的。所以，这一切都归于天意。"《易经》所说："乾坤运转，各与其性命相印证。"魏徵问："《尚书》说：'顺迪道则吉，逆之则凶，两者的关系，就像物体和它们的影子、声响和它们的回音那样不可分离。'《诗经》说：'不聚法不戒难则受福不多。贤者交往不倨傲则万福汇聚于身。'就是说的这个意思吧？"先生说："魏徵，你能自取福命了。"董常问："自取，与人事相称吧？"先生说："是呀！一切都是自己招致的。"贾琼进前问道："请问'死生有命，富贵在天'又为何解？"先生说："自己的某种行动在前，必然会带来相应的后果，这就是自取。这不就是命吗？唉！如果不懂得这一点，我也没办法了。"贾琼拜谢退出，对程元说："我从今以后知道，天命可自己创造，福分可自己求得。"程元说："金玉良言，反复记诵。"

文中子曰："度德而师①，易子而教②，今亡矣③。"

【注释】

①度（duó）德而师：度，衡量、审度。阮逸注云："度己不如即师之。"

②易子而教：参见《孟子·离娄上》："古者易子而教之，父子之间不责善。"阮逸注云："易，互也。"

③今亡矣：阮逸注云："亡，废。"

【译文】

文中子说："根据德行选择老师，请他人教育自己的孩子，这些做法今日都已废亡。"

子曰：不以伊尹①、周公之道康其国，非大臣也②；不以霍光、诸葛亮之心事其君者，皆具臣也。③

【注释】

①伊尹：姒姓，伊氏，名挚，生于有莘国。因其母居伊水之上，故以伊为氏。聪明颖慧，勤学上进。商汤三聘之后，辅助商汤打败夏桀，拜为尹，尊号"阿衡"。整顿吏治，洞察民心，推动经济繁荣、政治清明。历事成汤、外丙、仲壬、太甲、沃丁五代君主，辅政五十余年。后葬于亳都。(《史记·殷本纪》)

②非大臣也：算不上真正的大臣。阮逸注云："以己之道安人之国，不以嫌疑惜其身，是大臣矣。"

③不以霍光、诸葛亮之心事其君者，皆具臣也：具臣，徒有其位之臣。阮逸注云："受先君之顾命，保后王之未明，尽己之心，不苟其位，非具臣矣。"

【译文】

先生说:"不用伊尹、周公的思想使国家富强,不是真正的大臣;不以霍光、诸葛亮之心辅助君主的人,都是徒有其位之臣。"

董常叹曰:"善乎,颜子之心也!三月不违仁矣①。"子闻之,曰:"仁亦不远,姑虑而行之,②尔无苟羡焉③。'惟精惟一''诞先登于岸'。④"常出,曰:"虑不及精,思不及睿,⑤焉能无咎⑥?焉能不违⑦?"

【注释】

①三月不违仁矣:参见《论语·雍也》:"子曰:'回也,其心三月不违仁,其余则日月至焉而已矣。'"阮逸注云:"日久不违,是仁人矣。"

②仁亦不远,姑虑而行之:仁离我们不远,姑且去做。阮逸注云:"上文谓常也'时有虑焉',亦三月之义。"

③尔无苟羡焉:不必羡慕他人。阮逸注云:"颜回曰:'舜何人也,余何人也。有为者亦若是。'彼颜回不羡舜也,故常亦无羡回。但虑而行之,自及矣。"

④"惟精惟一""诞先登于岸":语出《尚书·大禹谟》和《诗经·大雅·皇矣》。阮逸注云:"《书》云:'惟精惟一,允执厥中。'言道心精微,仁性则一也。《诗》云:'帝谓文王:无然畔援,无然歆羡,诞先登于岸。'岸,喻仁之地也,言仁道不可畔、不可羡,亦执中而得也。"

⑤虑不及精,思不及睿:睿,精微。阮逸注云:"虑即道心也,思曰睿。"

⑥焉能无咎:怎么能没有过错呢?阮逸注云:"咎,谓贰过也。"

⑦焉能不违:怎么能不违背仁义呢?阮逸注云:"不违三月。"

【译文】

　　董常感叹道："颜子之心能够长久不违背仁义，真好啊！"先生听到后，说："仁德距离我们并不遥远，思考什么是善并且有所行动，你不必羡慕他人。只要诚心诚意专一于道，一定能到达仁的彼岸。"董常退出，说："思虑不缜密，思维不精细，怎能无误呢？怎能不违背仁义呢？"

　　繁师玄闻董常贤，问贾琼以齿①。琼曰："始冠矣②。"师玄曰："吁！其幼达也③。"琼曰："夫子十五为人师焉④。陈留王孝逸，先达之慠者也⑤，然白首北面⑥，岂以年乎⑦！琼闻之：德不在年⑧，道不在位⑨。"

【注释】

　　①齿：年龄。阮逸注云："年齿。"

　　②始冠矣：古代男子二十而冠。阮逸注云："年二十。"

　　③其幼达也：年纪轻轻便已经悟道。阮逸注云："达，谓达道。"

　　④夫子十五为人师焉：王通十五岁时成为老师。阮逸注云："夫子，谓文中子。"

　　⑤先达之慠者也：慠，骄傲。《韩非子·内储说下》："令尹甚傲而好兵。"阮逸注云："慠，谓未尝服人也。"

　　⑥白首北面：北面，古以南面为尊，北面为卑，此指学生敬师之礼。谓年老犹拜师受业。

　　⑦岂以年乎：不是因为他的年龄。阮逸注云："达不在年齿。"

　　⑧德不在年：有德不在年纪大小。阮逸注云："《左传》曰：'年均择贤'，是则贤德为上。"

　　⑨道不在位：有道不在地位高低。阮逸注云："《语》曰：'富与贵，

是人之所欲，不以其道得之，不处也。'"《语》指《论语》，此句出自《里仁》篇。

【译文】

繁师玄听说董常贤良，向贾琼询问他的年龄。贾琼说："刚刚二十岁。"师玄说："啊！小小年龄便如此达悟。"贾琼说："王先生十五岁已为人师了。陈留王孝逸，一向目中无人，但对先生恭敬有加，这岂是年龄的问题！我听说：有德的人不一定年高，通道的人不一定身居高位。"

门人有问姚义："孔庭之法，曰《诗》曰《礼》，①不及四经，何也？"姚义曰："尝闻诸夫子矣②：《春秋》断物，志定而后及也；③《乐》以和德，全而后及也；④《书》以制法，从事而后及也；⑤《易》以穷理，知命而后及也。⑥故不学《春秋》无以主断，不学《乐》无以知和，不学《书》无以议制，不学《易》无以通理⑦。四者非具体不能及，故圣人后之，⑧岂养蒙之具邪⑨？"或曰："然则《诗》《礼》何为而先也？"义曰："夫教之以《诗》，则出辞气，斯远暴慢矣。约之以《礼》，则动容貌，斯立威严矣。⑩度其言，察其志，考其行，辩其德。⑪志定则发之以《春秋》，于是乎断而能变；⑫德全则导之以《乐》，于是乎和而知节；⑬可从事则达之以《书》，于是乎可以立制；⑭知命则申之以《易》，于是乎可与尽性。⑮若骤而语《春秋》，则荡志轻义；⑯骤而语《乐》，则喧德败度；⑰骤而语《书》，则狎法；⑱骤而语《易》，则玩神。⑲是以圣人知其必然，故立之以宗，⑳列之以次㉑：先成诸己，然后备诸物；先济乎近，然后形乎远。㉒亶其深乎㉓！亶其深乎！"子闻之，曰："姚子得之矣㉔。"

【注释】

①孔庭之法,曰《诗》曰《礼》:参见《论语·季氏》:陈亢问于伯鱼曰:"子亦有异闻乎?"对曰:"未也。尝独立,鲤趋而过庭,曰:'学《诗》乎?'对曰:'未也。''不学《诗》,无以言。'鲤退而学《诗》。他日又独立,鲤趋而过庭,曰:'学《礼》乎?'对曰:'未也。''不学《礼》,无以立。'鲤退而学《礼》。闻斯二者。"阮逸注云:"鲤趋而过庭,子曰:'学《诗》乎?学《礼》乎?'"

②尝闻诸夫子矣:参见阮逸注:"夫子,谓文中子。"

③《春秋》断物,志定而后及也:断物,判定物名、定夺事情。阮逸注云:"志在断。"

④《乐》以和德,全而后及也:参见《礼记·乐记》:"乐者,天地之和也。"阮逸注云:"乐象德。"

⑤《书》以制法,从事而后及也:制法,制定法度。从事,从事事务。阮逸注云:"事以制立。"

⑥《易》以穷理,知命而后及也:穷理,穷究事物之理。《易·说卦》:"穷理尽性,以至于命。"阮逸注云:"理性至于命。"

⑦不学《易》无以通理:理,性命之理,化成之道。不学《易》无法通达性命之理。《易·说卦》:"昔者圣人之作《易》也,将以顺性命之理。"

⑧四者非具体不能及,故圣人后之:具体,初具规模。《孟子·公孙丑上》:"子夏、子游、子张皆有圣人之一体,冉牛、闵子、颜渊则具体而微。"阮逸注云:"言孔子不教鲤者,待其具而后教之尔。此并文中子言,姚义志之也。"

⑨岂养蒙之具邪:养蒙,即蒙养,教育童蒙。蒙,蒙昧,幼稚。养,

教养。《易·蒙卦·象》："蒙以养正，圣功也。"

⑩夫教之以《诗》，则出辞气，斯远暴慢矣。……斯立威严矣：参见《论语·泰伯》："君子所贵乎道者三：动容貌，斯远暴慢矣；正颜色，斯近信矣；出辞气，斯远鄙倍矣。"阮逸注云："此亦小成也。"

⑪度其言，察其志，考其行，辩其德：参见阮逸注："凡师教人，量其志行。"

⑫志定则发之以《春秋》，于是乎断而能变：参见阮逸注："不变则断不适中。"

⑬德全则导之以《乐》，于是乎和而知节：参见阮逸注："不节则荡。"

⑭可从事则达之以《书》，于是乎可以立制：参见阮逸注："事无制不永。"

⑮知命则申之以《易》，于是乎可与尽性：参见阮逸注："性与天道合为元命。"

⑯若骤而语《春秋》，则荡志轻义：参见阮逸注："志未定故。"

⑰骤而语《乐》，则喧德败度：喧，乱。喧德败度，喧扰仁德，败坏尺度。阮逸注云："德未全。"

⑱骤而语《书》，则狎法：狎，轻忽。狎法，戏弄法度。阮逸注云："狎法犹舞文也。"

⑲骤而语《易》，则玩神：玩，玩弄。玩神，玩弄玄虚。阮逸注云："不知性，则以神为虚玩。"

⑳是以圣人知其必然，故立之以宗：宗，统言六经。阮逸注云："宗即统言《六经》也。"

㉑列之以次：排列学习的次序。阮逸注云："次谓先《诗》《礼》，而后次之四经也。"

㉒先成诸己，然后备诸物；先济乎近，然后形乎远：参见《易·系辞下》："近取诸身，远取诸物。"阮逸注云："己、近，谓近取诸身也，若出辞气、动容貌是也；物、远，谓远取诸物也，若断物、和行、制法、穷理是也。"

㉓亶（dǎn）其深乎：确实很深奥。阮逸注云："亶，信也。信乎孔子先《诗》《礼》，其教深奥。"

㉔姚子得之矣：姚义已经领会。阮逸注云："得《六经》之深，故能言此。"

【译文】

门人问姚义："孔庭之法，为何只说《诗》《礼》，而不说《春秋》《乐》《书》和《易》呢？"姚义回答说："曾在先生那里听到这种说法：《春秋》判断名物，等到意志坚定之后再去学；《乐》中和德行，等到德行具备之后再去学；《书》制定法令，等到从政后再去学；《易》穷理尽性，知天命后再去学。不学《春秋》则难以决断是非，不学《乐》则无法知晓中和，不学《书》则无法议定制度，不学《易》则无法通晓天理。这四者非初具圣贤品格的人不能做到，因此，圣人将它们放在后面，它们怎么会是幼童的启蒙读物呢？"又有人问："那么为什么先要学习《诗》和《礼》呢？"姚义回答说："用《诗》教导人，他就会注意言辞和语气，远离暴躁与傲慢；用《礼》来约束人，他就会注重仪表，树立威信。揣测他的言语，观察他的志向，考验他的行动，辨明他的品德。志向稳定后，用《春秋》启发他，他就能够决断应变；品德具备后，用《乐》引导他，他就能够仁和而知节制；可以办事后，用《书》让他提高，他就能够制定法令；知天命后，用《易》开导他，他就能够尽晓人性。如果骤然和他讲《春秋》，他就会摇摆意志、轻视大义；如果骤然和他讲《乐》，他就会乱德行和常规；如果骤然和他讲《书》，他就会轻视法度；

如果骤然和他讲《易》，他就会玩弄玄虚。圣人知道这种必然性，因此立此《六经》为大宗，又排列好顺序：先成就自身，而后再扩及他物；先令近者开悟，而后施于远者。实在深奥啊！实在深奥啊！"先生听到后说："姚义已领悟《六经》的精髓了。"

子曰："识寡于亮①，德轻于才，斯过也已②。"

【注释】

①识寡于亮：亮，同"谅"，诚信。《孟子·告子下》："君子不亮，恶乎执？"

②斯过也已：阮逸注云："有亮少识，必有太缓之过；有才少德，必有太浅之过。"

【译文】

先生说："诚信有余而见识不足，才学有余而德行不足，这些都是不好的。"

子曰："治乱，运也，有乘之者，有革之者。①穷达，时也，②有行之者，有遇之者。③吉凶，命也，有作之者，有偶之者。④一来一往，各以数至，岂徒云哉？⑤"

【注释】

①治乱，运也，有乘之者，有革之者：乘，借助。《孟子·公孙丑上》："虽有智慧，不如乘势。"革，改变。《易·革卦·象》："汤武革命，顺乎天而应乎人。"阮逸注云："治乱皆由运则同也，而乘之、革之异焉。

乘之，谓舜乘尧之类；革之，谓汤革夏之类是也。"

②穷达，时也：参见阮逸注："《关氏易传》曰：'时也者，系乎君天下者也。君天下，得君子之道则时亨，得小人之道则时塞。'"

③有行之者，有遇之者：行，推行。《庄子·让王》："宪闻之：无财谓之贫，学而不能行谓之病。"遇，偶遇。阮逸注云："穷达皆由时，然有行非其道而自穷于时者，有虽行得道而遇时不明者。时则一，而行之、遇之异焉。"

④吉凶，命也，有作之者，有偶之者：参见阮逸注："作，谓自作孽，自求多福，皆由人作之者也。偶，谓庸人偶贵，善人偶祸，皆偶然者也。"

⑤一来一往，各以数至，岂徒云哉：数，因果循环。阮逸注云："往来循环，数有奇偶，人不能逃。"

【译文】

先生说："国家的太平与混乱，是国运，有形势造成的，有变革造成的；仕途的困苦与发达，是时运，有经个人努力达到的，也有偶遇机会上位的；吉凶祸福，是天命，有个人行为造成的，也有偶然遭遇的。一来一往，各自按规律到来，岂是说说而已？"

辽东之役，天下治船。子曰："林麓尽矣①，帝省其山②，其将何辞以对③？"

【注释】

①林麓尽矣：阮逸注云："治船伐尽。"

②帝省其山：省，视察。《诗经·大雅·皇矣》："帝省其山，柞棫斯拔，松柏斯兑。"

③其将何辞以对：阮逸注云："掌林麓之官，何辞对帝？"

【译文】

隋炀帝东征高句丽，全国都在造船。先生说："森林都砍伐干净了，帝王来巡视山林，掌林麓的官员将何言以对？"

或非《续经》，薛收、姚义告于子。子曰："使贤者非耶，吾将饰诚以请对；①愚者非耶，吾独奈之何？②"因赋《黍离》之卒章③，入谓门人曰："五交三衅④，刘峻亦知言哉！"

【注释】

①使贤者非耶，吾将饰诚以请对：参见阮逸注："对之以道，贤者当悟。"

②愚者非耶，吾独奈之何：参见阮逸注："愚者不知道，不可对。"

③因赋《黍离》之卒章：参见《诗经·王风·黍离》卒章："知我者谓我心忧，不知我者谓我何求。"

④五交三衅：衅，通"衅"。《文选·刘孝标（峻）广绝交论》："凡斯五交，义同贾鬻。"谓势交、贿交、谈交、穷交、量交都不是交友的正道。三衅为败德殄义、仇讼所聚、名陷饕餮。阮逸注云："孝标《论》曰：'惟兹五交，是生三衅。'"

【译文】

有人质问《续经》，薛收、姚义告诉了先生。先生说："如果是贤良之人质问，我将开诚布公地向他解释；如果是愚笨之人，我能拿他怎么办呢？"因而吟诵《黍离》卒章，进屋对门人说："刘峻说'五交三衅'，他知道言语的微妙啊！"

房玄龄问:"善则称君,过则称己,可谓忠乎?"子曰:"让矣①。"

【注释】

①让矣:参见阮逸注:"无过而称己过,是隐也;隐非忠也,盖让美于君而已。"

【译文】

房玄龄问:"好事就说是君主所为,过失就说是自己失误,这可以称为忠心吗?"先生说:"只是谦让而已。"

杜如晦问政,子曰:"推尔诚,举尔类①,赏一以劝百,罚一以惩众,夫为政而何有②?"如晦出谓窦威曰:"谠人容其讦③,佞人杜其渐④,赏罚在其中,吾知乎为政矣⑤。"

【注释】

①举尔类:类,同道。任用志同道合之人。

②夫为政而何有:除了这,为政还需要什么?阮逸注云:"未有过此,得为政之要者。"

③谠人容其讦(jié):谠,正直。《汉书·叙传上》:"今日复闻谠言。"谠人,指正直的人。阮逸注云:"虽太讦,必容。"

④佞人杜其渐(jiān):渐,欺诈。《尚书·吕刑》:"民兴胥渐,泯泯棻棻。"阮逸注云:"渐犹不可,况深乎。"

⑤吾知乎为政矣:我知道如何为政了。阮逸注云:"容一讦直,示赏百善之门;绝一佞媚,示罚众恶之柄。"

【译文】

杜如晦问为政,先生说:"开诚布公,举荐志同道合的人,赏一人来规劝百人，罚一人来惩戒众人，除此，为政还有什么呢？"杜如晦出来对窦威说："宽容地对待正人君子的批评，杜绝奸佞小人的侵染，赏罚嘉奖在其中。我知道如何为政了。"

文中子曰："制命不及黄初①，志事不及太熙②，褒贬不及仁寿③。"叔恬曰："何谓也？"子泫然曰："仁寿、大业之际，其事忍容言耶？④"

【注释】

①制命不及黄初：黄初（220—226），魏文帝曹丕的年号。阮逸注云："《续书》帝制公命，惟汉有之，不及魏矣。黄初，魏文帝初即位年号。"

②志事不及太熙：太熙，晋惠帝初用年号。阮逸注云："《续书》君志、臣事至晋太康而止矣，不及惠帝。太熙，惠帝年号。"

③褒贬不及仁寿：仁寿（601—604），隋文帝晚年所用年号。阮逸注云："《元经》至隋开皇而止矣，不及仁寿。仁寿四年，炀帝弑立。"

④仁寿、大业之际，其事忍容言耶：参见阮逸注："大业，炀帝年号。事不忍言，安所褒贬？"

【译文】

文中子说："《续书》和《元经》中的制和命不到黄初便终结，志和事不到惠帝太熙元年，褒贬不到仁寿年前。"叔恬说："这是为什么呢？"先生泫然泪下说："仁寿、大业年间发生的事，怎么忍心谈起呢？"

贾琼问："'富而教之'①，何谓也？"子曰："仁生于歉②，义生于丰③，故富而教之，斯易也。④古者圣王在上，田里相距，鸡犬相闻，人至老死不相往来，盖自足也。⑤是以至治之代⑥，五典⑦潜，五礼措⑧，五服不章⑨，人知饮食，不知盖藏，人知群居，不知爱敬。上如标枝，下如野鹿，⑩何哉？盖上无为，下自足故也。"贾琼曰："淳漓朴散，其可归乎⑪？"子曰："人能弘道，苟得其行，如反掌尔。⑫昔舜禹继轨而天下朴，夏桀承之而天下诈，成汤放桀而天下平，殷纣承之而天下陂⑬，文武治而幽厉散，文景宁而桓灵失。斯则治乱相易，浇淳有由。⑭兴衰资乎人，得失在乎教。⑮其曰太古不可复，是未知先王之有化也。《诗》《书》《礼》《乐》复何为哉⑯？"董常闻之，谓贾琼曰："孔孟云亡⑰，夫子之道行，则所谓'绥之斯来，动之斯和'⑱乎？孰云淳朴不可归哉⑲？"

【注释】

①富而教之：使人民富裕之后，再去教化。出自《论语·子路》："子适卫，冉有仆。子曰：'庶矣哉！'冉有曰：'既庶矣，又何加焉？'曰：'富之。'曰：'既富矣，又何加焉？'曰：'教之。'"

②仁生于歉：歉，匮乏。阮逸注云："岁歉则仁者恻隐。"

③义生于丰：丰，富足。阮逸注云："丰盈则义者制宜。"

④故富而教之，斯易也：参见《管子·牧民》："仓廪实则知礼节，衣食足则知荣辱。"阮逸注："以丰思歉，则为教易。"

⑤古者圣王在上……盖自足也：参见阮逸注："解上文'富'。"

⑥是以至治之代：参见阮逸注："谓三皇时。"

⑦五典：五典是五常的又一种说法，指五种行为规则。语出《尚书·泰誓下》："狎侮五常。"唐孔颖达疏云："五常即五典，谓父义、母

慈、兄友、弟恭、子孝。"《尚书·舜典》："慎徽五典，五典克从。"

⑧五礼措：五礼，吉礼、凶礼、宾礼、军礼、嘉礼。措，弃之不用。

⑨五服不章：五服指天子、诸侯、卿、大夫、士五等之服。《尚书·皋陶谟》："天命有德，五服五章哉。"章，彰显。阮逸注云："天子、诸侯、卿、大夫、士，五者之服必章明，曰'五章'。"

⑩上如标枝，下如野鹿：上，统治者。标枝，高树的枝条。《庄子·天地》："至德之世，不尚贤，不使能；上如标枝，民如野鹿。端正而不知以为义，相爱而不知以为仁，实而不知以为忠，当而不知以为信，蠢动而相使，不以为赐。"阮逸注云："标枝、野鹿，自然分上下也。"

⑪淳漓朴散，其可归乎：淳、朴，本真的状态。漓，浇薄，刻薄。《庄子·缮性》："德又下衰，及唐虞始为天下，兴治化之流，浇淳散朴，离道以善，险德以行，然后去性而从于心。"阮逸注云："归，复也。"

⑫人能弘道，苟得其行，如反掌尔：弘，发扬。《论语·卫灵公》："人能弘道，非道弘人。"阮逸注云："人存则道行，言亦易尔。"

⑬殷纣承之而天下陂（bēi）：陂，山坡。阮逸注云："陂，险也。"

⑭斯则治乱相易，浇淳有由：浇淳，浇漓和淳朴。浮薄的风气破坏了淳厚的风气。阮逸注云："由上之所化。"

⑮兴衰资乎人，得失在乎教：参见阮逸注："解上文'人弘道'。"

⑯《诗》《书》《礼》《乐》复何为哉：阮逸注云："若言经籍不能复古，何为虚设耶？"

⑰孔孟云亡：参见《诗经·大雅·瞻卬》："人之云亡，邦国殄瘁。"

⑱绥之斯来，动之斯和：安抚他们，他们就会来归顺；发动他们，他们就会协力做事。参见《论语·子张》："夫子之得邦家者，所谓立之斯立，道之斯行，绥之斯来，动之斯和。"

⑲孰云淳朴不可归哉：谁说淳朴之风不可回归呢？阮逸注云："当为

决'淳漓朴散'之疑。"

【译文】

贾琼问:"'富裕之后而行教化',是什么意思?"先生说:"仁产生于贫困,义产生于富足,因此,人民富裕后再推行教化,容易实现。古时圣王在上,田地邻里相近,鸡犬之声相闻,老死不相往来,是因自给自足。在三皇治世的时代,五典隐藏、五礼废弃、五服不彰明,人们知道饮食而不知藏隐,知道群居而不知爱护敬仰。帝王在上如树末端的枝,百姓在下如野鹿自由自在,为什么如此安宁呢?是因为上无所作为,下自足自给的缘故。"贾琼问:"淳朴之风已离散,可归复吗?"先生说:"人能弘扬道法,如果得以推行,归复将易如反掌。昔日舜、禹继承先道而天下淳朴,夏桀承继时却人心狡诈;成汤放逐夏桀后天下太平,殷纣承继后又天下倾覆;周文王、武王时天下大治,幽王、厉王却致国散;汉文帝、景帝时天下安宁,而桓帝、灵帝时却世道沦丧。天下治乱相替,浇薄与淳朴亦随之变化。兴衰在于人,得失在于教化。有人说无法回到上古之世,这是因为不了解先王的教化,还要《诗》《书》《礼》《乐》做什么?"董常听到后,对贾琼说:"孔子和孟子都不在了,先生的学说如果能够推行,就是'绥之斯来,动之斯和'了吧?谁说淳朴之风不可回归呢?"

子曰:"以性制情者鲜矣。我未见处歧路而不迟回者①。《易》曰:'直方大,不习,无不利',则不疑其所行也。②"

【注释】

①我未见处歧路而不迟回者:我没有见过在歧路上不犹豫彷徨的人。阮逸注云:"路分二曰歧,性感物而动曰情,亦二之义也。言情之惑性如歧之惑路也,能制者少矣。"

②"直方大，不习，无不利"，则不疑其所行也：参见《易·坤卦·六二》："直方大，不习，无不利。"《周易·直方》："'直'其正也，'方'其义也。君子敬以直内，义以方外，敬义立而德不孤。'直方大，不习，无不利'，则不疑其所行也。"阮逸注云："直方，性也。不习，谓不疑惑。"

【译文】

先生说："很少有人能以天性制约情感。我没有见过处于歧路却不迟疑徘徊的人。《易》说'德行方正之人，去做不熟悉的事情，也不会遭遇不利'，就不会怀疑自己的行为。"

窦威曰："大哉，《易》之尽性①也！门人孰至焉？"子曰："董常近之②。"或问："威与常也何如？"子曰："不知③。"

【注释】

①尽性：穷尽万物之理。《易·说卦》："昔者圣人之作《易》也……穷理尽性，以至于命。"

②董常近之：董常差不多能达到。阮逸注云："近，庶几也。"

③不知：不知道。阮逸注云："恐门人轻威而重常，故答以不知。"

【译文】

窦威说："《易》穷尽万物之理，真是伟大啊！您的弟子中谁能达到此种境界？"先生说："董常接近。"有人问："窦威与董常相比怎样？"先生说："不知道。"

子曰："大雅或几于道①，盖隐者也，'默而成之，不言而信'②。"

文中子中说 | 345

【注释】

①大雅或几于道：阮逸注云："温大雅。或几，犹屡中也。"

②默而成之，不言而信：参见《易·系辞上》："默而成之，不言而信，存乎德行。"《注》："德行，贤人之德行也。顺足于内，故默而成之也，体与理会，故不言而信也。"阮逸注云："几道则默也，默似隐。"

【译文】

先生说："温大雅大概接近于道了，是隐士一类的人物，'默而成之，不言而信'。"

或问陶元亮①。子曰："放人也。《归去来》有避地之心焉②。《五柳先生传》则几于闭关矣③。"

【注释】

①陶元亮：陶渊明，名潜，字渊明，又字元亮，自号"五柳先生"，私谥"靖节"，世称靖节先生，浔阳柴桑人。曾任江州祭酒、建威参军、镇军参军、彭泽县令等职，最末一次出仕为彭泽县令，八十多天便弃职而去，从此归隐田园。中国第一位田园诗人，被称为"古今隐逸诗人之宗"，有《陶渊明集》。阮逸注云："潜，字元亮。"

②《归去来》有避地之心焉：参见阮逸注："潜作《归去来词》。"

③《五柳先生传》则几于闭关矣：参见阮逸注："潜种五柳以自号，闭关，注见上。"

【译文】

有人问陶渊明。先生说："他是放达之人。《归去来辞》显现了他隐避于山水之心。《五柳先生传》则接近闭关自守了。"

子曰："和大怨者，必有余怨；①忘大乐者，必有余乐。②天之道也③。"

【注释】

①和大怨者，必有余怨：参见阮逸注："若舜不怨而慕是也。"
②忘大乐者，必有余乐：参见阮逸注："如颜回不改其乐是也。"
③天之道也：参见阮逸注："性与天道相合，故能如此。"

【译文】

先生说："和解大的怨恨的人，必定有残余的怨恨；忘记大乐的人，必定有余乐。这是天之常理。"

子曰："气为上，形为下，识都其中①，而三才备矣。气为鬼，其天乎？识为神，其人乎？②吾得之理性焉③。"薛收曰："敢问天神、人鬼何谓也？周公其达乎④？"子曰："大哉，周公！远则冥诸心也⑤，心者，非他也，穷理者也，⑥故悉本于天⑦；推神于天，盖尊而远之也，故以祀礼接焉⑧。近则求诸己也⑨，己者，非他也，尽性者也，⑩卒归之人⑪；推鬼于人，盖引而敬之也，故以飨礼接焉⑫。古者观盥而不荐，思过半矣。⑬"薛收曰："敢问地祇⑭？"子曰："至哉！百物生焉，万类形焉，示之以民，斯其义也。⑮形也者，非他也，骨肉之谓也，⑯故以祭礼接焉⑰。"收曰："三者何先？"子曰："三才不相离也，措之事业则有主焉。圜丘⑱尚祀，观神道也；方泽⑲贵祭，察物类也；宗庙用飨，怀精气也。"收曰："敢问三才之蕴⑳?"子曰:"至哉乎问!夫天者,统元气焉,非止荡荡苍苍之谓也;地者,统元形焉,非止山川丘陵之谓也;人者,统元识焉,非止圆首方足之谓也㉑。乾坤之蕴㉒,汝思之乎?"于是收退而学《易》㉓。

【注释】

①识都其中:都,居,在。阮逸注云:"都,居也。"

②气为鬼,其天乎;识为神,其人乎:参见阮逸注:"《易》曰:'精气为物,游魂为变,是故知鬼神之情状。'鬼者,精气之变也,故曰气为鬼。《易》曰:'神而明之,存乎其人。'非识则不能神,故曰识为神。"

③吾得之理性焉:参见阮逸注:"穷理尽性,则能行变化,通鬼神。"

④周公其达乎:参见阮逸注:"仲尼曰:'鬼神之事,吾亦难明。'周公曰:'不若旦多才多艺,能事鬼神。'故止问周公。"

⑤远则冥诸心也:冥,契合。参见《法言·问神》:"或问神,曰:'心。'请问之,曰:'潜天而天,潜地而地。天地,神明而不测者也。心之潜也,犹将测之,况于人乎?况于事伦乎?'"

⑥心者,非他也,穷理者也:参见阮逸注:"心,谓天理。"

⑦故悉本于天:参见阮逸注:"悉,尽也。尽我于天理也。《孟子·尽心章》义同。"

⑧故以祀礼接焉:《尚书·盘庚上》孔颖达疏:"《周礼·大宗伯》祭祀之名:天神曰祀,地祇曰祭,人鬼曰享。"阮逸注云:"此宗祀天神也。"

⑨近则求诸己也:参见阮逸注:"己,谓人伦。"

⑩己者,非他也,尽性者也:参见阮逸注:"反己复性。"

⑪率归之人:参见阮逸注:"如父与子性,人人一同。"

⑫故以禘礼接焉：参见阮逸注："此大禘人鬼也。"

⑬古者观盥而不荐，思过半矣：盥而不荐，只祭酒不献牲。盥，祭祀时以酒浇地以迎神。荐，献也，献牲于神。《易·观卦》："盥而不荐，有孚颙若。"阮逸注云："盥，洁，贵敬也。"思过半矣，近乎道。

⑭敢问地祇：祇，同"祇"，地神。阮逸注云："既问天神人鬼，故又问地祇。"

⑮百物生焉，万类形焉，示之以民，斯其义也：参见《易·坤卦·象》："至哉坤元，万物资生，乃顺承天。"《易·系辞上》："在天成象，在地成形。"阮逸注云："古'祇'字，'示'旁作'民'。"

⑯形也者，非他也，骨肉之谓也：参见阮逸注："骨肉属土。"

⑰故以祭礼接焉：参见阮逸注："此既葬则祭于地下也。"

⑱圜丘：祭天的圆形高台，又称泰坛。《礼记·祭法》："燔柴于泰坛，祭天也。"《四部丛刊》本写为"圆丘"。

⑲方泽：夏至祭地之处，掘地为方池，贮水以祭地，故曰方泽。《汉书·郊祀志》颜师古注："折，曲也。言方泽之形，四曲折也。"

⑳敢问三才之蕴：参见阮逸注："蕴者，精奥之称。"

㉑非止圆首方足之谓也：参见阮逸注云："三才取其气、形、识，不止形而已。"

㉒乾坤之蕴：天地之道，代指《易》。《易·系辞上》："乾坤，其《易》之缊邪？乾坤成列，而《易》立乎其中矣。"

㉓于是收退而学《易》：参见阮逸注："易行乾坤之中，故因三才之蕴始悟《易》。"

【译文】

先生说："气在上，形在下，识居其中，于是三才齐备了。气为鬼，它属于天吧？识为神，它属于人吧？我在探究事物运动规律时认识到这一点。"薛收问："请问天神、人鬼指的是什么？周公了解它们吗？"先生说："伟大啊，周公！深入地思考这些远渺而深奥的问题，心，不是他物，是深究事物的义理，所以，一切以天为根本；推崇天上之神，尊敬又保持距离，因而用祀礼来对待它。近处之事则反求自身，自身，不是他物，是用来深究本性，最终归结为人；从人又推出鬼，引出它而对其恭敬，因此用缟礼来对待它。古人只祭酒不献牲，是经过深思熟虑的。"薛收问："请问地祇又作何解？"先生说："你问得好！土地使万事生成，使万物形成，把万事万物展现在人的面前，这是它的意义。形，不是他物，是指人的骨肉之躯，因此用祭礼来对待它。"薛收问："三者谁为先？"先生说："天、地、人三才不可分割，在具体实践过程中，才有主次。圆形高坛用来行祀礼，是为了观察天的运行规律；方坛用来行祭礼，是为了观察事物生长；宗庙用缟礼，是为缅怀先人的遗志。"薛收说："请问天、地、人三才有何深奥之处？"先生说："这个问题问得好！天，是用来统一元气的，不只限于荡荡苍苍的虚空；地，是用来统一元形的，不只限于山川丘陵；人，可以充分认识世界，不只是圆首方足的动物。乾坤的含义，你考虑过吗？"于是薛收退下开始学习《易》。

子曰："射以观德，今亡矣。古人贵仁义，贱勇力。"

【译文】

先生说："通过射箭观察人的品德，这种做法今日已经亡废。古人重视仁义，轻视勇力。"

子曰："弃德背义，而患人之不己亲；好疑尚诈，而患人之不己信，则有之矣[①]。"

【注释】

①则有之矣：参见阮逸注："讥时。"

【译文】

先生说："舍弃道德，违背仁义，却又担心他人不亲近自己；善猜疑好欺诈，却又担忧他人不信任自己，有这样的人啊。"

子曰："君子服人之心，不服人之言；①服人之言，不服人之身；②服人之身，力加之也。君子以义，小人以力，难矣夫。③"

【注释】

①君子服人之心，不服人之言：参见《孟子·公孙丑上》："以力服人者，非心服也，力不赡也；以德服人者，中心悦而诚服也，如七十子之服孔子也。"阮逸注："孟子曰：'七十子之服仲尼，中心悦而诚服也。'"

②服人之言，不服人之身：参见阮逸注："此其次也。"

③君子以义，小人以力，难矣夫：参见阮逸注："并讥当世尚力，不知义者。"

【译文】

先生说："君子使人心服，而不是使人口服；以言语服人，而不是逼迫人屈服；逼迫人屈服，就要对他施加暴力。君子施行仁义，小人则诉诸暴力，这是灾难啊！"

子曰："太熙之后，天子所存者号尔。①乌乎！索《化》列之以《政》，则蕃君比之矣，②《元经》何以不兴乎③？"

【注释】

①太熙之后，天子所存者号尔：太熙，晋武帝年号。

②乌乎！索《化》列之以《政》，则蕃君比之矣：蕃君，诸侯。阮逸注云："《续诗》有《政》《化》。"

③《元经》何以不兴乎：参见阮逸注："《诗》亡则《春秋》作。"

【译文】

先生说："太熙年间之后，天子所存的仅有名号而已。唉！《续诗》中的《化》列在《政》下，是把天子视为蕃君了，《元经》怎能不作呢？"

房玄龄谓薛收曰："道之不行也必矣。夫子何营营乎①？"薛收曰："子非夫子之徒欤②？天子失道，则诸侯修之；③诸侯失道，则大夫修之；④大夫失道，则士修之；⑤士失道，则庶人修之。⑥修之之道，从师无常⑦，诲而不倦⑧，穷而不滥⑨，死而后已⑩。得时则行，失时则蟠。⑪此先王之道所以续而不坠也，古者谓之继时⑫。《诗》不云乎：'纵我不往，子宁不嗣音？⑬'如之何以不行而废也？"玄龄惕⑭然谢曰："其行也如是之远乎⑮？"

【注释】

①夫子何营营乎：营营，忙碌状。阮逸注云："嗟师勤。"

②子非夫子之徒欤：你难道不是先生的弟子吗？阮逸注云："不知道。"

③天子失道，则诸侯修之：参见阮逸注："若桓、文。"

④诸侯失道，则大夫修之：参见阮逸注："若子产、叔向。"

⑤大夫失道，则士修之：参见阮逸注："若孔、孟。"

⑥士失道，则庶人修之：参见阮逸注："若董仲舒居家推灾异。"

⑦从师无常：参见《尚书·咸有一德》："德无常师，主善为师。"《论语·述而》："三人行，必有我师焉。择其善者而从之，其不善者而改之。"

⑧诲而不倦：参见《论语·述而》："若圣与仁，则吾岂敢。抑为之不厌，诲人不倦，则可谓云尔已矣。"

⑨穷而不滥：参见《论语·卫灵公》："君子固穷，小人穷斯滥矣。"阮逸注云："滥，谓不苟于禄而弃道。"

⑩死而后已：参见《论语·泰伯》："士不可以不弘毅，任重而道远。仁以为己任，不亦重乎？死而后已，不亦远乎？"

⑪得时则行，失时则蟠：蟠，蜷曲，隐藏。参见《论语·泰伯》："天下有道则见，无道则隐。"阮逸注云："蟠，屈。"

⑫古者谓之继时：参见阮逸注："若孔子继周公，孟子继孔子，其适时一也。"

⑬纵我不往，子宁不嗣音：《诗经·郑风·子衿》诗句。阮逸注云："《子衿》篇，刺乱世学校不修也。注：'嗣，续也'音，谓弦诵。"

⑭惕：惶恐。

⑮其行也如是之远乎：参见阮逸注："乃知营营非止身而已，继时之道当远大。"

【译文】

房玄龄对薛收说："道不能推行是必然的，先生何必因此而忙碌呢？"薛收说："您难道不是先生的弟子吗？天子不推行道，诸侯替他修治；诸侯不推行道，大夫代他修治；大夫不推行道，士替他修治；士不推行道，庶人替他修治。修治的方法，拜各种人为师，不加懈怠地教诲，穷尽但不泛滥，直到死才停止。获得时机就推行，失势则隐退。这就是先王的学说能够接续而不废弛的原因。古人称之为继时。《诗经》中说：'纵使我不前往，你难道不续弦诵吗？'如此这般，道怎会不推行而废亡呢？"玄龄惶恐觉醒，谢道："行道有这么深远的意义啊！"

卷第十　关朗篇

或问关朗①。子曰："魏之贤人也。孝文没而宣武②立，穆公③死，关朗退。魏之不振有由哉④。"

【注释】

①关朗：字子明，河东解州人。北魏太和末，尚书署朗为公府记室。王虬与之谈《易》，叹服，荐于孝文帝。帝崩，朗遂不仕。王彦师之，受《春秋》及《易》，共隐临汾山。参见附录《录关子明事》。

②宣武：魏宣帝元恪（483—515），孝文帝元宏次子。太和二十一年（497），册立为皇太子。太和二十三年（499），即位于鲁阳，由"六辅"秉政。在位期间，扩建洛阳城，巩固汉化统治；向南朝发动系列战争，攻取益州。向北攻打柔然，拓展疆域，国势盛极一时。笃信佛教，取消"子贵母死"制度。在位后半期，外戚专权，朝政日趋黑暗，国力逐渐衰弱。延昌四年（515），驾崩，终年三十三岁，庙号世宗，谥号宣武皇帝，葬于景陵。（《魏书·世宗纪》）

③穆公：晋阳穆公，王通四世祖王虬。

④魏之不振有由哉：参见阮逸注："国不振，由贤人不用。"

【译文】

有人问关朗。先生说："他是北魏的贤人。孝文帝死后，宣武帝即位，穆公死后，关朗隐退。北魏不能重振河山是有原因的。"

子曰:"中国失道①,四夷知之。"魏徵曰:"请闻其说。"子曰:"《小雅》尽废,四夷交侵,斯中国失道也,非其说乎?"徵退谓薛收曰:"时可知矣②。"

【注释】

①中国失道:中原王朝王道废亡。

②时可知矣:参见阮逸注:"时炀帝失道可知。"

【译文】

先生说:"中原失去正道,四方夷人皆知。"魏徵问:"愿听此说。"先生说:"《小雅》被废弃,四夷相继侵入,这都是中原失道的表现,不正说明了这一点吗?"魏徵退出后对薛收说:"乱世可知啊!"

薛收问曰:"今之民胡无诗①?"子曰:"诗者,民之情性也。情性能亡乎?②非民无诗,职诗者之罪也。③"

【注释】

①今之民胡无诗:参见阮逸注:"因闻古诗,乃问今民何不作诗。"

②诗者,民之情性也。情性能亡乎:参见阮逸注:"情不亡,诗不废。"

③非民无诗,职诗者之罪也:职诗者,采诗官。《礼记·王制》:"(天子)命大师陈诗,以观民风。"《汉书·艺文志》:"古有采诗之官,王者所以观风俗,知得失,自考正也。"阮逸注云:"职诗,谓史官不明变。"

【译文】

薛收问:"今日民众中为何没有诗了?"先生说:"诗是人性情的表

露。人的性情怎会消亡？并非民众中无诗，而是采诗官失职没有把它们记录下来。"

姚义困于窭①。房玄龄曰："伤哉，窭也！盍请②乎？"姚义曰："古之人为人请，犹以为舍让也，③况为己乎？吾不愿。"子闻之，曰："确④哉，义也！实行古之道矣，有以发我也，难进易退⑤。"

【注释】

①窭（jù）：贫寒。王安石《上凌屯田书》："窭而不能葬也。"阮逸注云："窭，贫。"

②请：请求帮助。

③古之人为人请，犹以为舍让也：让，辞让。阮逸注云："古冉子为公西赤之母请粟，孔子曰'君子周给急不继富'，盖非冉子弃让也。"

④确：坚强。《易·乾·文言》："乐则行之，忧则违之，确乎其不可拔，潜龙也。"

⑤难进易退：参见《礼记·儒行》："儒有衣冠中，动作慎。其大让如慢，小让如伪；大则如威，小则如愧。其难进而易退也，粥粥若无能也。"阮逸注云："儒有难进易退，姚义发明于我。"

【译文】

姚义生活贫寒。房玄龄说："可怜啊，这样贫寒！为何不请求帮助呢？"姚义说："古人替他人请求，尚且认为舍弃了辞让之礼，更何况是为自己呢？我不愿意请求帮助。"先生听到后说："姚义真是坚强啊！他践行了古人之道，对我有很大的启发，进步难而退步简单。"

子曰："虽迩言必有可察，求本则远。①"

【注释】

①虽迩言必有可察，求本则远：迩，近。阮逸注云："舜好察迩言，若不察其本则谄说殄行至矣。远，谓难及。"

【译文】

先生说："虽是浅近的言论也必然有可取之处，推究其中的道理就深远了。"

王珪①从子求《续经》。子曰："叔父，通何德以之哉②？"珪曰："勿辞也。当仁不让于师③，况无师乎？吾闻关朗之筮④矣，积乱之后，当生大贤，世习礼乐，莫若吾族；天未亡道，振斯文者，非子谁欤？⑤"

【注释】

①王珪（571—639）：字叔玠，太原祁县（今属山西）人。隋文帝开皇十三年，召入秘书内省，授为太常治礼郎。受叔父王颇牵连，逃遁终南山。入唐，历任世子府咨议参军、太子中舍人、太子中允，成为隐太子李建成的心腹，后因杨文干事件被流放巂州。贞观年间，征召回朝，历任谏议大夫、黄门侍郎、侍中、同州刺史、礼部尚书，封永宁郡公。贞观十三年，病逝，终年六十九岁，追赠吏部尚书，谥号为懿。（《新唐书·王珪传》）阮逸注云："珪，字叔玠，子之从叔。太宗朝为谏议，多直言，敕中书、门下、三品入阁，使谏臣随之，自珪始也。"

②通何德以之哉：参见阮逸注："有何德以当叔父之求学。"

③当仁不让于师：参见《论语·卫灵公》："当仁不让于师。"

④关朗之筮：王通高祖王彦曾请关朗占卜未来，朗曰："黄初元年庚子至今八十四年，更八十二年丙午，三百六十六矣，达者当生。更十八年甲子，其与王者合乎？用之，则王道振，不用，洙泗之教修矣。"参见附录《录关子明事》。阮逸注云："事在《关朗传》。"

⑤天未亡道，振斯文者，非子谁欤：参见阮逸注："珪言直，故举'吾族'。"

【译文】

王珪跟从先生求学《续经》。先生说："叔父，我有何德，敢当您的老师？"王珪说："不要推辞。面临仁义之事，即使面对老师，也不必和他谦让，更何况你是无师自通呢？我听说关朗卜筮，说累年祸乱之后，会出现大贤之人。世代修习礼乐，没有赶得上我们家族的；如果天意不让先王的正道亡佚，重振斯文之人，除了你还会有谁呢？"

魏徵问："议事以制①，何如？"子曰："苟正其本，刑将措焉；如失其道，议之何益？故至治之代，法悬而不犯；②其次犯而不繁③，故议事以制。噫！中代④之道也。如有用我，必也无讼乎！⑤"

【注释】

①议事以制：依照法制商议政务。《尚书·周官》："议事以制，政乃不迷。"

②故至治之代，法悬而不犯：参见阮逸注："画衣冠为法。"

③其次犯而不繁：虽有触犯，但人数少。阮逸注云："三代。"

④中代：中古之世，具体指历史上的哪个朝代，说法不一。《易·系辞下》："《易》之兴也，其于中古乎？"指商周之间。《韩非子·五蠹》：

"中古之世，天下大水，而鲧、禹决渎。"指传说的虞夏时期。左思《蜀都赋》："夫蜀都者，盖兆基于上世，开国于中古。"指战国。现在学界一般认为，魏晋南北朝至隋唐时期为我国历史上的中古时代。王通所言中代，大概是商周。《左传·昭公六年》："夏有乱政而作禹刑，商有乱政而作汤刑，周有乱政而作九刑。"阮逸注云："商、周已后为中代。"

⑤如有用我，必也无讼乎：出自《论语·颜渊》："听讼，吾犹人也，必也使无讼乎。"阮逸注云："此仲尼之志。"

【译文】

魏徵问："依照法制商议政务，怎么样？"先生说："如果能匡正其根本，刑罚将被废弃；如果失去先王正道，议政又有什么益处？天下大治时，法制高悬而无人触犯；次一点，虽有人触犯，但人数很少，因此用法制来商议政务。唉！这是中古时期的做法。如果任用我，必定不会出现诉讼！"

文中子曰："平陈①之后，龙德亢②矣，而卒不悔，悲夫！③"

【注释】

①平陈：隋开皇八年（588）冬伐陈，杨广为行军元帅，第二年灭陈。

②亢：高。《易·乾卦·上九》："亢龙，有悔。"《象》："'亢龙有悔'，盈不可久也。"《文言》："上九曰'亢龙有悔'，何谓也？子曰：'贵而无位，高而无民，贤人在下位而无辅，是以动而有悔也。'"

③而卒不悔，悲夫：参见阮逸注："隋文过亢不知，故及弑。"

【译文】

文中子说："隋平陈之后，不知'亢龙有悔'，以至于今日，可悲啊！"

子曰："吾于《续书》《元经》也，其知天命而著乎^①！伤礼乐则述章志^②，正历数则断南北^③，感帝制而首太熙^④，尊中国而正皇始^⑤。"

【注释】

①其知天命而著乎：参见阮逸注："《诗》《书》亡，然后《元经》作，皆天命也。"

②章志：参见阮逸注："乐章、礼志。"

③正历数则断南北：历数，朝代更替的次序。《论语·尧曰》："天之历数在尔躬，允执其中。"南北，阮逸注云："南北朝。"

④感帝制而首太熙：阮逸注云："《书》帝制尚不及黄初，况太熙乎！然《元经》首于太熙者，盖感帝制之绝而特振之也。"

⑤尊中国而正皇始：皇始（396—398），北魏道武帝拓跋珪年号。阮逸注云："晋宋卒不振，则历数断归北朝，以后魏孝文皇始年都洛阳，得中国也。"

【译文】

先生说："我作《续书》和《元经》，是在知道天命后啊！伤感礼乐衰亡所以述乐章、礼志，考察历代运数来判别正统，感叹帝制衰亡而记述太熙以来历史，尊崇中国而使用皇始年号纪年。"

文中子曰："动失之繁，静失之寡。^①"

【注释】

①动失之繁，静失之寡：参见阮逸注："不得中。"

【译文】

文中子说:"动失之于繁,静失之于寡。"

子曰:"罪莫大于好进①,祸莫大于多言②,痛莫大于不闻过③,辱莫大于不知耻④。"

【注释】

①罪莫大于好进:参见《道德经》:"祸莫大于不知足,咎莫大于欲得。"阮逸注:"进不以道。"
②祸莫大于多言:参见阮逸注:"言不以中。"
③痛莫大于不闻过:参见阮逸注:"自蔽。"
④辱莫大于不知耻:参见《孟子·尽心上》:"人不可以无耻,无耻之耻,无耻矣。"阮逸注云:"自得。"

【译文】

先生说:"没有比好胜逞强更大的错误,没有比言语不慎更大的灾祸,没有比不能听到自己的过失更可悲的事,没有比不知道羞耻更大的耻辱。"

子曰:"天子之子,合冠而议封①,知治而受职②,古之道也③。"

【注释】

①合冠而议封:合冠,二十岁。阮逸注云:"年二十成人,始封之土。"
②知治而受职:参见阮逸注:"齿胄学古。"
③古之道也:参见《礼记·文王世子》:"知为人子,然后可以为人

父;知为人臣,然后可以为人君;知事人,然后能使人。"阮逸注云:"此周制。"

【译文】

先生说:"天子之子,二十岁后分封,懂得治理之道后接受官职,这是古时的做法。"

薛收问政于仲长子光。子光曰:"举一纲,众目张;弛一机,万事堕①。不知其政也②。"收告文中子。子曰:"子光得之矣③。"

【注释】

①举一纲,众目张;弛一机,万事堕:纲,提网的总绳。目,网上的眼。机,枢机。《吕氏春秋·用民》:"壹引其纲,万目皆张。"《韩非子·说林下》:"操弓关机。"阮逸注云:"引古语。"

②不知其政也:参见阮逸注:"隐者言放。"

③子光得之矣:参见阮逸注:"得为政之要也。"

【译文】

薛收向仲长子光问为政之道。子光说:"提起总绳,细目自明;枢机松弛,万事堕废。不知如何为政。"薛收告诉文中子此番话。先生说:"子光懂得为政之道了。"

文中子曰:"不知道,无以为人臣,况君乎?①"

【注释】

①不知道,无以为人臣,况君乎:参见《新书·君道》:"君国子民

者，反求之己，而君道备矣。"阮逸注云："君更须知道。"

【译文】

文中子说："不懂得道，不配为人臣，何况为君王呢？"

子曰："人不里居①，地不井受②，终苟道也③，虽舜禹不能理矣④。"

【注释】

①人不里居：里，乡里。百姓不能比户相连，列里而居。《尚书·酒诰》："越在内服，百僚庶尹，惟亚惟服，宗工，越百姓里居，罔敢湎于酒。"

②地不井受：不实行井田制。

③终苟道也：阮逸注云："秦废井田，开阡陌，意在徙豪杰，强本国，然弃礼义，起兼并，为苟且之道。"

④虽舜禹不能理矣：阮逸注云："如此，虽圣人复生，难矣。"

【译文】

先生说："人不居住在乡里，土地不实行井田制，终非长久之计，就算舜禹也治理不好。"

子曰："政猛，宁若恩；①法速，宁若缓；②狱繁，宁若简。③臣主之际，其猜也宁信④。执其中者，惟圣人乎？⑤"

【注释】

①政猛，宁若恩：猛，严苛。苛政不如施恩。阮逸注云："先恩

临之。"

②法速，宁若缓：执法宁缓勿急。阮逸注云："缓，宽也。"

③狱繁，宁若简：治狱宁简勿繁。阮逸注云："简，不滋彰。"

④臣主之际，其猜也宁信：猜，猜忌。阮逸注云："并讥时。"

⑤执其中者，惟圣人乎：参见阮逸注："圣人之道不难知，能行上四事，则执中矣。"

【译文】

先生说："苛政不如施恩，执法急不如缓，治狱繁不如简。君臣之间相互猜疑，不如彼此信任。能做到恰如其分的，只有圣人。"

子曰："委任不一，乱之媒也；监察不止，奸之府也。①"裴晞闻之曰："左右相疑，非乱乎？上下相伺，非奸乎？古谓之蛇豕②之政。噫，亡秦之罪也③！"

【注释】

①监察不止，奸之府也：府，场所。阮逸注云："隋由此亡。"

②蛇豕：长蛇，比喻凶残之徒。《左传·定公四年》申包胥语："吴为封豕长蛇，以荐食上国，虐始于楚。"

③亡秦之罪也：阮逸注云："言王道丧自秦始。"

【译文】

先生说："委任不专一，是政事混乱的媒介；监督察看不止息，是奸佞产生的根源。"裴晞听到后说："左右相互猜疑，能不乱吗？上下相互窥伺，能不奸吗？古人称之为贪残害人之政。唉，都是秦朝的罪过啊。"

文中子中说 | 365

杜淹问隐。子曰："非伏其身而不见也，时命大谬则隐其德矣①，惟有道者能之②，故谓之退藏于密③。"杜淹曰："《易》之兴也，天下其可疑乎？故圣人得以隐。④"子曰："显仁藏用⑤，中古之事也⑥。"淹曰："敢问藏之之说。"子曰："泯其迹，閟其心⑦，可以神会，难以事求，斯其说也。"又问道之旨。子曰："非礼勿动，非礼勿视，非礼勿听。⑧"淹曰："此仁者之目也⑨。"子曰："道在其中矣⑩。"淹退，谓如晦曰："'瞻之在前，忽然在后'⑪，信颜氏知之矣⑫。"

【注释】

①时命大谬则隐其德矣：时命，时运。谬，背谬。参见《庄子·缮性》："古之所谓隐士者，非伏其身而弗见也，非闭其言而不出也，非藏其知而不发也，时命大谬也。"

②惟有道者能之：参见阮逸注："有道，谓知命。"

③退藏于密：语出《易·系辞上》："圣人以此洗心，退藏于密，吉凶与民同患。"指隐藏。

④天下其可疑乎？故圣人得以隐：参见阮逸注："纣疑文王，则文王隐。"

⑤显仁藏用：道体现为仁，潜藏在日用之中。语出《易·系辞上》："显诸仁，藏诸用，鼓万物而不与圣人同忧，盛德大业至矣哉！"阮逸注云："演卦，显也；就拘，藏也。"

⑥中古之事也：指商周时期。《易·系辞下》："《易》之兴也，其于中古乎？"

⑦閟其心：閟，通"闭"，关闭、止息。《诗经·鄘风·载驰》："视

尔不臧，我思不閟。"

⑧非礼勿动，非礼勿视，非礼勿听：语出《论语·颜渊》孔子告颜渊："非礼勿视，非礼勿听，非礼勿言，非礼勿动。"

⑨此仁者之目也：参见阮逸注："仲尼言仁。"

⑩道在其中矣：参见阮逸注："道在仁中。"

⑪瞻之在前，忽然在后：语出《论语·子罕》颜渊语："仰之弥高，钻之弥坚。瞻之在前，忽焉在后。夫子循循然善诱人，博我以文，约我以礼，欲罢不能。既竭吾才，如有所立卓尔。虽欲从之，末由也已。"

⑫信颜氏知之矣：参见阮逸注："知圣人道大，不可以语言执也。"

【译文】

杜淹问何为隐。先生说："并不是潜藏行迹不让人看见，而是时运背谬时隐藏其美德，只有有道之人能做到，因此说'圣人隐藏于密'。"杜淹又问："《易》的兴起，是因天下有疑惑的问题吗？因此圣人隐藏于密。"先生说："圣人显仁藏用，这是中古时期的事。"杜淹问："请问什么是藏。"先生说："隐藏他的行迹，闭合他的内心，可以与神交会，难以以事相求，这就是藏。"又问道的主旨。先生说："不符合礼的事情不做，不符合礼的事情不看，不符合礼的事情不听。"杜淹说："这是仁的目标吧。"先生说："道也蕴含在其中。"杜淹退出，对如晦说："颜渊说'瞻之在前，忽然在后'，颜氏的确得道了啊！"

文中子曰："四民①不分，五等②不建，六官③不职，九服④不序，皇《坟》帝《典》不得而识矣⑤。不以三代之法统天下，终危邦也。⑥如不得已，其两汉之制乎？⑦不以两汉之制辅天下者，诚乱也已。⑧"

【注释】

①四民：指士、农、工、商。《尚书·周官》："司空掌邦土，居四民、时地利。"

②五等：指公、侯、伯、子、男。《礼记·王制》："王者之制禄爵，公、侯、伯、子、男，凡五等。"

③六官：指六官之职，包括天官冢宰、地官司徒、春官宗伯、夏官司马、秋官司寇、冬官司空。《周礼·天官冢宰·小宰》："以官府之六属举邦治：一曰天官，其属六十，掌邦治，大事则从其长，小事则专达。二曰地官，其属六十，掌邦教，大事则从其长，小事则专达。三曰春官，其属六十，掌邦礼，大事则从其长，小事则专达。四曰夏官，其属六十，掌邦政，大事则从其长，小事则专达。五曰秋官，其属六十，掌邦刑，大事则从其长，小事则专达。六曰冬官，其属六十，掌邦事，大事则从其长，小事则专达。"

④九服：京畿以外的九等地区。《周礼·夏官·职方氏》："乃辨九服之邦国，方千里曰王畿，其外方五百里曰侯服，又其外方五百里曰甸服，又其外方五百里曰男服，又其外方五百里曰采服，又其外方五百里曰卫服，又其外方五百里曰蛮服，又其外方五百里曰夷服，又其外方五百里曰镇服，又其外方五百里曰藩服。"

⑤皇《坟》帝《典》不得而识矣：皇《坟》帝《典》，上古典籍，一般认为指三皇的《三坟书》和五帝的《五典》。《左传·昭公十二年》："是能读《三坟》《五典》《八索》《九丘》。"阮逸注云："生民不复得识也。"

⑥不以三代之法统天下，终危邦也：参见阮逸注："忠、敬、文，相循之法。"

⑦如不得已，其两汉之制乎：参见阮逸注："七制。"

⑧不以两汉之制辅天下者，诚乱也已：参见阮逸注："制度不立则乱。"

【译文】

文中子说："士、农、工、商不分，公、侯、伯、子、男不立，天官、地官、春官、夏官、秋官、冬官不履行职责，侯服、甸服、男服、采服、卫服、蛮服、夷服、镇服、藩服无序，就无法理解《三坟》和《五典》。不用三代之法来治理天下，邦国终究岌岌可危。如实在没有办法推行，也可用两汉的制度统治吧？不用两汉的制度治理天下，必然大乱啊。"

文中子曰："仲尼之述，广大悉备①，历千载而不用，悲夫②！"仇璋进曰："然夫子今何勤勤于述也？"子曰："先师之职也，不敢废。③焉知后之不能用也④？是蔍是衮，则有丰年。⑤"

【注释】

①广大悉备：语出《易·系辞下》："《易》之为书也，广大悉备。"

②历千载而不用，悲夫：参见阮逸注："《六经》示后，而后世但习空文，不用其道，可悲惜。"

③先师之职也，不敢废：先师，孔子。参见阮逸注："儒职在祖述。"

④焉知后之不能用也：参见阮逸注："后必有圣人出，能用之。"

⑤是蔍（biāo）是衮（gǔn），则有丰年：蔍，通"穮"。耕耘。此处指耘田除草。衮，给植物培土。《左传·昭公元年》："譬如农夫，是穮是衮，虽有饥馑，必有丰年。"阮逸注云："逸《诗》：'譬如农夫，是蔍是衮，虽有饥馑，必有丰年。'"

【译文】

文中子说:"孔子的著述,宽广浩大无所不备,但是经历千年却未能施行,可悲啊!"仇璋上前说:"那么先生为何仍刻苦著述呢?"先生说:"先师的工作,我不敢偏废。又怎知后世不会发挥作用呢?只要锄草育苗、辛勤耕耘,则必有丰年。"

子谓薛收曰:"元魏已降,天下无主矣。[1]开皇九载,人始一。[2]先人有言曰[3]:'敬其事者大其始[4],慎其位者正其名。'此吾所以建议于仁寿也[5]:陛下真帝也,无踵伪乱[6],必绍周汉,以土袭火,[7]色尚黄,数用五,除四代之法[8],以乘天命[9]。千载一时,不可失也。高祖伟之而不能用[10],所以然者,吾庶几乎周公之事矣[11]。故《十二策》何先?必先《正始》者也。[12]"

【注释】

[1]元魏已降,天下无主矣:参见阮逸注:"无真主。"

[2]开皇九载,人始一:589年,隋灭陈,统一中国。阮逸注云:"平陈一统。"

[3]先人有言曰:先父或先祖曾言。阮逸注云:"先人,谓铜川府君。"

[4]敬其事者大其始:大,重视。参见《左传·闵公二年》狐突语:"敬其事则命以始。"

[5]此吾所以建议于仁寿也:仁寿三年(603)初春,王通见隋文帝,上《太平十二策》。阮逸注云:"开皇改仁寿。"

[6]无踵伪乱:踵,原指脚后跟,引申为继承、沿袭。《汉书·刑法志》:"踵秦而置材官于郡国。"阮逸注云:"南北朝伪乱相继。"

⑦必绍周汉,以土袭火:绍,继承。以土德继承火德。阴阳家认为五德相始终,周、汉为火德。王通认为隋承接周汉,因此是"以土袭火"。阮逸注云:"周木德,汉火德,隋当为土德。"

⑧除四代之法:参见阮逸注:"四代谓北朝魏、周、齐,南朝陈也。"

⑨以乘天命:参见阮逸注:"时乘御天。"

⑩高祖伟之而不能用:参见阮逸注:"伟其文而已,不用其道。"

⑪吾庶几乎周公之事矣:参见阮逸注:"周公,圣人之时者也,故仲尼宗之。敬其事,大其始,摄位则进,正名则退。公其心,私其迹,此周公之事也。文中子谓隋祖必敬其始,正其名。"

⑫故《十二策》何先?必先《正始》者也:参见阮逸注:"《正始》,策首篇名。"

【译文】

先生对薛收说:"元魏以来,天下就没有定主了。开皇九年,国家重新统一。先人曾言:'办事稳重之人创立伟业,谨慎坚守本职的人匡正名分。'这就是我在仁寿三年向高祖所上《十二策》的原因。我说:陛下是真命天子,不必沿承乱世,一定要效仿周汉,用土德代替火德,崇尚黄色,数字以五为贵,革除四代的弊端,以乘御天命。这是千载难逢的时机,不可错失。高祖表示欣赏,却没有采用。如果被采用,我几乎可以成就周公那样的伟业。因此《十二策》以什么为先?必定以《正始》作为首章。"

魏永①为龙门令,下车而广公舍②。子闻之,曰:"非所先也。劳人逸己,胡宁③是营?"永遽止以谢子。

【注释】

①魏永:其人不详。阮逸注云:"永未见。"

②公舍：官员办公和居住的场所。

③胡宁：为何，为什么。

【译文】

魏永任龙门令，到任后就扩建馆舍。先生听说后，说："这不是应该先做的事。辛劳他人自己安逸，为什么要大事营建呢？"魏永马上停止了扩建，并谢过先生。

子曰："不勤不俭，无以为人上也。①"

【注释】

①不勤不俭，无以为人上也：人上，长官，尤指君主。《墨子·尚同下》："今此何为人上而不能治其下？"阮逸注云："终戒之。"

【译文】

先生说："不勤劳不节俭，不可为君主。"

门人窦威、贾琼、姚义受①《礼》；温彦博、杜如晦、陈叔达受《乐》；杜淹、房乔②、魏徵受《书》；李靖、薛方士、裴晞、王珪受《诗》；叔恬受《元经》；董常、仇璋、薛收、程元备闻《六经》③之义。

【注释】

①受：受业，学习。《颜氏家训·勉学》："皇甫谧二十，始受《孝经》《论语》。"

②房乔：房玄龄。

③《六经》：王通的《续六经》。阮逸注云："《中说》终。"

【译文】

　　先生的弟子中，窦威、贾琼、姚义学习《礼论》；温彦博、杜如晦、陈叔达学习《乐论》；杜淹、房玄龄、魏徵学习《续书》；李靖、薛方士、裴晞、王珪学习《续诗》；王凝学习《元经》；董常、仇璋、薛收、程元诸人通习《续六经》之义。

《中说》外一篇

王凝篇①

【注释】

①王凝篇：《中说》共十篇。外一篇《王凝篇》，原在卷第十《关朗篇》最后，未独立成篇。因本篇记王凝事，非王通《中说》内的篇章，所以分出，并加篇名，为《王凝篇》。王凝，见《王道篇》注释。

凝常闻："不专经者，不敢以受也。《经》别有说，故著之。"①

【注释】

①阮逸注云："此太原府君王凝自记于《中说》之后也。"张沛《中说校注》认为此条为王福畤所记。王凝，原误作"主凝"，据《四部丛刊》本改。

【译文】

王凝常听说："不专于经的人，不敢习学《续六经》。《续六经》另有专门讲解，所以在此标明授受。"

太原府君①曰："文中子之教，不可不宣也。日月逝矣，不可使文中之后不达于兹也②。"召三子而教之略例焉③。

【注释】

①太原府君：王凝，因仕太原县令，故称太原府君。阮逸注云："称府君者，凝三子所记也。"

②不可使文中之后不达于兹也：后，后裔。达，知晓。

③召三子而教之略例焉：三子，王通的三个儿子福奖（福郊）、福祚与福畤。略例，梗概、大义。阮逸注云："《续经》略例。"

【译文】

太原府君说："文中子的学说，不可不传扬。日月流逝，不能让他的后人不知晓他的学说。"于是召来文中子的三个儿子，教授他们文中子的基本思想。

太原府君曰"凝"，当居慄如①也，子弟非公服不见，闺门之内若朝廷焉。

【注释】

①慄（lì）如：肃静貌。慄，同"栗"，庄敬、严肃。《庄子·人间世》："吾甚慄之。"

【译文】

太原府君名"凝"，闲居时不苟言笑，不穿公服不见子弟，在内室也宛若在朝廷上。

昔文中子曰："贤哉，凝也！权则未而可与立矣①。"府君再拜曰："谨受教。"非礼不动，终身焉。

【注释】

①权则未而可与立矣：权，随意应变。立，按礼行动。参见《论语·子罕》："可与共学，未可与适道；可与适道，未可与立；可与立，未可与权。"

【译文】

昔日文中子曾说："王凝是贤人啊！虽然权变方面尚欠火候，但可以和他共同以礼立身。"府君再拜说："我受教了。"此后终身不做不符合礼法的事情。

贞观中，起家监察御史，劾奏侯君集有无君之心①。及退，则乡党以穆。②御家以四教：勤、俭、恭、恕。正家以四礼③：冠、婚、丧、祭。三年之畜备，则散之亲族。④圣人之书及公服礼器不假⑤。垣屋什物必坚朴，曰："无苟费也。"门巷果木必方列，曰："无苟乱也。"事寡嫂以恭顺著⑥。与人不款曲，不受遗。⑦非其力⑧，非其禄，未尝衣食。飨食之礼无加物焉⑨，曰："及礼可矣。"居家不肉食，曰："无求饱。"一布被二十年不易，曰："无为费天下也。"乡人有诬其税者，一岁再输⑩。临官计日受俸。年逾七十，手不辍经⑪。亲朋有非义者，必正之曰："面誉背毁，吾不忍也。"群居纵言⑫，未尝及人之短。常有不可犯之色，故小人远焉。

【注释】

①劾奏侯君集有无君之心：参见阮逸注："天下称其说正，出为胡苏令。时杜淹为御史大夫，王凝为监察，上言侯君集有反状。太宗以君集有

大功，未之信。而长孙无忌与君集善，乃与杜淹不协，而王凝贬，出胡苏令。胡苏，汉东莞县有胡苏亭，隋置县名，今属棣州。"

②及退，则乡党以穆：退，退隐归里。穆，同"睦"。《尚书·尧典》："九族既睦，平章百姓。"阮逸注云："不得志于时，遂退。"

③正家以四礼：参见阮逸注："士礼。"

④三年之畜备，则散之亲族：参见阮逸注："九年耕，所储畜。"

⑤圣人之书及公服礼器不假：参见阮逸注："皆自足。"

⑥事寡嫂以恭顺著：寡嫂，指王通之妻。阮逸注云："文中子之室。"

⑦与人不款曲，不受遗（wèi）：款曲，应酬。遗，馈赠。不受遗，不接受礼物。

⑧非其力：参见阮逸注："力，谓自耕桑者。"

⑨飨食之礼无加物焉：飨食，宴饮。祭祀祖先之礼不多加物品。《左传·庄公十年》："牺牲玉帛，弗敢加也。"

⑩一岁再输：王凝面对诬告，不申辩，再交一次税。

⑪手不辍经：不断地学习儒家经典。

⑫群居纵言：和大家广泛交谈。

【译文】

贞观年间，出任监察御史，弹劾侯君集有不臣之心。退隐后，与乡邻相处和睦。以勤、俭、恭、恕四教持家。用冠、婚、丧、祭四礼治家。储备够三年之用，多余的物品则分给族人。圣人的书籍、公服和礼器都自备，不求他人。营造房屋、器具务求简朴耐用，说："不要随便浪费。"住所前种植的果木排列整齐，说："不可乱摆。"侍奉寡嫂以恭敬闻名。和人交往，不虚意应酬，不接受馈赠。非其力所得，非其俸禄所买，则不食不穿。飨食之礼，从不多加食物，说："成礼即可。"平时不吃肉，说："不求吃饱。"一条被子用了二十年不更换，说："不要浪费物力。"乡中有人诬告他没有交税,他就又交了一次。做官时按日领取俸禄。年逾七十,还孜孜不倦地学习儒家经典。亲朋好友有不义行为者,他必定正言相告:"表面称赞,背后诋毁,我不会这样做!"与大家闲谈时,从不议论他人长短。他总是神色凛然,因此小人敬而远之。

杜淹曰:"《续经》其行乎?"太原府君曰:"王公大人最急也,先王之道布在此矣①。天下有道,圣人推而行之②;天下无道,圣人述而藏之③。所谓流之斯为川焉,塞之斯为渊焉,升则云,施则雨,潜则润,④何往不利也⑤。"

【注释】

①先王之道布在此矣:布,记述、陈述。《礼记·中庸》:"文武之政,布在方策。"

②圣人推而行之:参见《易·系辞下》:"推而行之谓之通。"

③圣人述而藏之:述,述而不作。藏,退藏于密。

④升则云,施则雨,潜则润:参见《淮南子·原道训》:"上天则为雨露,下地则为润泽,万物弗得不生,百事不得不成。"

⑤何往不利也:参见《易·系辞下》:"君子藏器于身,待时而动,何不利之有?"

【译文】

杜淹说:"《续经》能行于世吗?"太原府君说:"先王之道都在里面记载着,是王公大人最急需的。天下有道,圣人就会推广施行;天下无道,圣人著述后将它隐藏起来。正所谓,流动才成为大河,壅塞才成为深渊,上升为云,下降成雨,潜于地下则滋润万物,无往而无不利啊。"

太原府君曰："夫子得程、仇、董、薛而《六经》①益明。对问之作②，四生之力也。董、仇早殁，而程、薛继殂③，文中子之教，其未作矣。呜呼！以俟来哲④。"

【注释】

①《六经》：王通的《续六经》。

②对问之作：《中说》。

③殂：死亡。《尚书·舜典》："二十有八载，帝乃殂落，百姓如丧考妣。"

④以俟来哲：参见阮逸注："此并隐其意，肆其言，以伤河汾之教为长孙无忌所抑，房、魏等不能振之也。"

【译文】

太原府君说："先生得到程元、仇璋、董常、薛收四位弟子，《续六经》更显明于世。《中说》就是他们记录下来的。董常、仇璋早亡，程元、薛收也相继而去，文中子的学说还没有得到发扬。唉！有待后来的贤哲吧。"

叙篇①

　　文中子之教，继素王之道，故以《王道篇》为首。古先圣王，俯仰二仪，必合其德，故次之以《天地篇》。天尊地卑，君臣立矣，故次之以《事君篇》。事君法天，莫如周公，故次之以《周公篇》。周公之道，盖神乎《易》中，故次之以《问易篇》。易者，教化之原也，教化莫大乎礼乐，故次之以《礼乐篇》。礼乐弥文，著明则史，故次之以《述史篇》。兴文立制，燮②理为大，惟魏相有焉，故次之以《魏相篇》。夫阴阳既燮，则理性达矣，穷理尽性以至于命，故次之以《立命篇》。通性命之说者，非《易》安能至乎？关氏，《易》之深者也，故次之《关朗篇》终焉。

【注释】

　　①叙篇：原列在第十卷后，今分出独立成篇。叙篇主要叙述《中说》各篇次序及理由，原文未署作者，有学者认为是阮逸所作，也有学者认为是王福畤所作。

　　②燮（xiè）：调和，谐和。谢灵运《登上戍石鼓山》诗："摘芳芳靡谖，愉乐乐不燮。"

文中子世家①

杜 淹

　　文中子王氏，讳通，字仲淹。其先汉征君霸，洁身不仕。十八代祖殷，云中太守②，家于祁，以《春秋》《周易》训乡里，为子孙资。十四代祖述，克播前烈，著《春秋义统》，公府辟不就。九代祖寓，遭愍怀之难，遂东迁焉。寓生罕，罕生秀，皆以文学显。秀生二子，长曰玄谟，次曰玄则。玄谟以将略升，玄则以儒术进。玄则字彦法，即文中子六代祖也。仕宋，历太仆、国子博士。常叹曰："先君所贵者礼乐，不学者军旅，兄何为哉？"遂究道德，考经籍，谓"功业不可以小成也"，故卒为洪儒；"卿相不可以苟处也"，故终为博士；曰"先师之职也，不可坠"，故江左号"王先生"，受其道曰"王先生业"，于是大称儒门，世济厥美。

　　先生生江州府君焕，焕生虬。虬始北事魏，太和中为并州刺史，家河汾，曰晋阳穆公。穆公生同州刺史彦，曰同州府君。彦生济州刺史一，曰安康献公。安康献公生铜川府君，讳隆，字伯高，文中子之父也。传先生之业，教授门人千余。隋开皇初，以国子博士待诏云龙门。时国家新有揖让之事，方以恭俭定天下。帝从容谓府君曰："朕何如主也？"府君曰："陛下聪明神武，得之于天，发号施令，不尽稽古，虽负尧舜之姿，终以不学为累。"帝默然曰：

"先生朕之陆贾也，何以教朕？"府君承诏著《兴衰要论》七篇。每奏，帝称善，然未甚达也。府君出为昌乐令，迁猗氏、铜川，所治著称，秩满退归，遂不仕。

开皇四年，文中子始生。铜川府君筮之，遇《坤》之《师》，献兆于安康献公。献公曰："素王之卦也，何为而来？地二化为天一，上德而居下位，能以众正，可以王矣，虽有君德，非其时乎？是子必能通天下之志。"遂名之曰通。

开皇九年，江东平。铜川府君叹曰："王道无叙，天下何为而一乎？"文中子侍侧，十岁矣③，有忧色，曰："通闻古之为邦，有长久之策，故夏殷以下数百年，四海常一统也。后之为邦，行苟且之政，故魏晋以下数百年，九州无定主也。上失其道，民散久矣。一彼一此，何常之有？夫子之叹，盖忧皇纲不振，生人劳于聚敛而天下将乱乎？"铜川府君异之，曰："其然乎！"遂告以《元经》之事，文中子再拜受之。

十八年，铜川府君宴居，歌《伐木》而召文中子，子矍④然再拜："敢问夫子之志何谓也？"铜川府君曰："尔来，自天子至庶人，未有不朋友而成者也。在三之义，师居一焉。道丧已来，斯废久矣，然何常之有？小子勉旃⑤，翔而后集。"文中子于是有四方之志。盖受《书》于东海李育，学《诗》于会稽夏琠，问《礼》于河东关子明，正《乐》于北平霍汲，考《易》于族父仲华，不解衣者六岁，其精志如此。

仁寿三年，文中子冠矣，慨然有济苍生之心，西游长安，见隋文帝。帝坐太极殿召见，因奏《太平策》十有二，策尊王道，推霸略，稽今验古，恢恢乎运天下于指掌矣。帝大悦，曰："得生几晚矣，天以生赐朕也。"下其议于公卿，公卿不悦。时将有萧墙之衅，文中子知谋之不用也，作《东征之歌》而归，曰："我思国家兮，远游京畿。忽逢帝王兮，降礼布衣。遂怀古人之心兮，将兴太平之基。时异事变兮，志乖愿违。吁嗟！道之不行兮，垂翅东归。皇之不断兮，劳身西飞。"帝闻而再征之，不至。

四年，帝崩。大业元年，一征又不至，辞以疾，谓所亲曰："我周人也，家于祁。永嘉之乱，盖东迁焉。高祖穆公始事魏，魏、周之际，有大功于生人，天子锡之地，始家于河汾，故有坟陇于兹四代矣。兹土也，其人忧深思远，乃有陶唐氏之遗风，先君之所怀也。有敝庐在，茅簷⑥土阶，撮如⑦也。道之不行，欲安之乎？退志其道而已。"乃续《诗》《书》，正《礼》《乐》，修《元经》，赞《易》道，九年而《六经》大就。门人自远而至，河南董常、太山姚义、京兆杜淹、赵郡李靖、南阳程元、扶风窦威、河东薛收、中山贾琼、清河房玄龄、巨鹿魏徵、太原温大雅、颍川陈叔达等，咸称师北面，受王佐之道焉。如往来受业者，不可胜数，盖千余人。隋季文中子之教兴于河汾，雍雍如也。

大业十年，尚书召署蜀郡司户，不就。十一年，以著作郎、国子博士征，并不至。十三年，江都难作。子有疾，召薛收谓曰："吾梦颜回称孔子之命曰：'归休乎！'此殆夫子召我也。何必永厥龄？吾不起矣。"寝疾七日而终。

门弟子数百人会议曰："吾师其至人乎！自仲尼已来，未之有也。《礼》：男子生有字，所以昭德；死有谥，所以易名。夫子生当天下乱，莫予宗之，故续《诗》《书》，正《礼》《乐》，修《元经》，赞《易》道，圣人之大旨，天下之能事毕矣。仲尼既没，文不在兹乎？《易》曰：'黄裳元吉，文在中也。'请谥曰文中子。"丝麻设位，哀以送之。

礼毕，悉以文中子之书还于王氏。《礼论》二十五篇，列为十卷；《乐论》二十篇，列为十卷；《续书》一百五十篇，列为二十五卷；《续诗》三百六十篇，列为十卷；《元经》五十篇，列为十五卷；《赞易》七十篇，列为十卷。并未及行，遭时丧乱。先夫人藏其书于箧笥，东西南北，未尝离身。大唐武德四年，天下大定，先夫人返于故居，又以书授于其弟凝。

文中子二子，长曰福郊，少曰福畤。[8]

【注释】

[1]《文中子世家》阮逸本，署名杜淹，龚鼎臣本署名福畤。福畤，即王通长子福郊。另有学者认为《文中子世家》作者应是王通后代，以王福畤可能性最大。

[2]云中太守：参见《新唐书·宰相世系表》："乌丸王氏，霸长子殷，后汉中山太守，食邑祁县。四世孙寔，三子：允、隗、懋。懋，后汉侍中、幽州刺史。六世孙光，后魏并州刺史。生同，度支尚书、护乌丸校尉、广阳侯，因号'乌丸王氏'。生神念。北齐亡，徙家万年。"与"云中太守"不合，存疑。

[3]十岁矣：当为六岁。

[4]矍（jué）：惊惶张望貌。班固《东都赋》："主人之辞未终，西都宾矍然失容。"

[5]勉旃（zhān）：努力。多用于劝勉时。旃，语助词，相当于"之"或"之焉"。《诗经·唐风·采苓》："舍旃舍旃。"《汉书·杨恽列传》：

"方当盛汉之隆,愿勉旃,毋多谈。"

⑥茅檐(yán):檐,同"檐"。茅屋屋檐。《释名》:"檐,櫩也。接櫩屋前后也。"

⑦撮(cuō)如:聚合,集拢。《后汉书·袁绍列传》:"拥一郡之卒,撮冀州之众。"

⑧文中子二子,长曰福郊,少曰福畤:龚鼎臣所注《中说》记王通有子三人,即福奖、福祚、福畤。福奖即福郊。

录唐太宗与房魏论礼乐事①

　　大唐龙飞，宇内乐业，文中子之教未行于时，后进君子鲜克知之。贞观中，魏文公有疾，仲父太原府君问候焉，留宿宴语，中夜而叹。太原府君曰："何叹也？"魏公曰："大业之际，徵也尝与诸贤侍文中子，谓徵及房、杜等曰：'先辈虽聪明特达，然非董、薛、程、仇之比，虽逢明王，必愧礼乐。'徵于时有不平之色，文中子笑曰：'久久临事，当自知之。'及贞观之始，诸贤皆亡，而徵也、房、李、温、杜获攀龙鳞，朝廷大议未尝不参预焉。上临轩谓群臣曰：'朕自处蕃邸，及当宸极，卿等每进谏正色，咸云嘉言良策，患人主不行，若行之则三皇不足四，五帝不足六。朕诚虚薄，然独断亦审矣。虽德非徇齐，明谢浚哲，至于闻义则服，庶几乎古人矣。诸公若有长久之策，一一陈之，无有所隐。'房、杜等奉诏舞蹈，赞扬帝德。上曰'止'，引群公内宴。酒方行，上曰：'设法施化，贵在经久。秦汉已下，不足袭也。三代损益，何者为当？卿等悉心以对，不患不行。'是时群公无敢对者，徵在下坐，为房、杜所目，因越席而对曰：'夏、殷之礼，既不可详，忠敬之化，空闻其说。孔子曰："周监二代，郁郁乎文哉？吾从周。"《周礼》公旦所裁，《诗》《书》仲尼所述，虽纲纪颓缺，而节制具焉。荀、孟陈之于前，董、贾伸之于后，遗谈余义，可举而行。若陛下重张皇《坟》，更造帝《典》，则非驽劣所能议及也。若择前代宪章，发明王道，则臣请以《周典》，唯所施行。'上大悦。翌日，又召房、杜及徵俱入，上曰：'朕昨夜读《周礼》，真圣作也。首篇云："惟王建国，辨方正位，体国经野，设官分职，以为民极。"诚哉，深乎！'良久，谓徵曰：'朕思之，不井田，不封建，不肉刑而欲行周公之道，不可得也。大《易》之义，随时顺人。周任有言，陈力就列。若能一一行之，诚朕所愿。如或不及，强希大道，画虎不成，为将来所笑。公等可尽虑之。'因诏宿中书省，会议数日，卒不能定，而徵寻请退。上虽不复扬言，而闲宴之次，谓徵曰：'礼坏乐崩，朕甚悯之。昔汉章帝眷眷于张纯，今朕急急于卿等，有志不就，古人攸悲。'徵跪奏曰：'非陛下不能行。盖臣等无素业尔，何愧如之！然汉文以清静富邦家，孝宣以章程练名实，光武责成委吏功臣获全，肃宗重学尊师儒风大举，陛下明德独茂兼而有焉，虽未冠三代，亦千载一时。惟陛下虽休勿休，则礼乐度数，徐思其宜，教化之行何虑晚也？'上曰：'时难得而易失。朕所以遑遑也。卿退，无有后言。'徵与房、杜等并惭栗，再拜而出。房谓徵曰：'玄龄与公竭力辅国，然言及礼乐，则非命世大才，不足以望陛下清光矣。'昔文中子不以《礼》《乐》赐予，良有以也。向使董、薛在，适不至此。噫！有元首无股肱，不无可叹也。"

十七年，魏公薨。太原府君哭之恸。十九年，授余以《中说》，又以魏公之言告予，因叙其事。时贞观二十年九月记。

【注释】

①全名为《福畤录唐太宗与房魏论礼乐事》，署名王福畤，有学者认为是伪作。

东皋子答陈尚书书[①]

王福畤

　　东皋先生，讳绩，字无功，文中子之季弟也。弃官不仕，耕于东皋，自号东皋子。贞观初，仲父太原府君为监察御史，弹侯君集，事连长孙太尉，由是获罪。时杜淹为御史大夫，密奏仲父直言非辜。于是太尉与杜公有隙，而王氏兄弟皆抑而不用矣。

　　季父与陈尚书叔达相善，陈公方撰《隋史》，季父持《文中子世家》与陈公编之，陈公亦避太尉之权，藏而未出。重重作书遗季父，深言勤恳。季父答书，其略曰：

　　亡兄昔与诸公游，其言皇王之道至矣。仆与仲兄侍侧，颇闻大义。亡兄曰："吾周之后也，世习礼乐，子孙当遇王者，得申其道，则儒业不坠。其天乎！其天乎！"时魏文公对曰："夫子有后矣，天将启之。徵也儗逢明主，愿翼其道，无敢忘之。"及仲兄出胡苏令，杜大夫尝于上前言其朴忠。太尉闻之怒，而魏公适入奏事，见太尉，魏公曰："君集之事果虚耶？御史当反其坐。果实耶？太尉何疑焉？"于是意稍解。然杜与仲父抗志不屈，魏公亦退朝默然。其后君集果诛，且吾家岂不幸而为多言见穷乎？抑天实未启其道乎？仆今耕于野有年矣，无一言以裨于时，无一势以托其迹，没齿东皋，醉醒自适而已。然念先文中之述作，门人传受升堂者半在廊庙，《续经》及《中说》未及讲求而行。嗟乎！足下知心者，顾仆何为哉？愿记亡兄之言，庶几不坠，足矣。谨录《世家》寄去，余在福郊，面悉其意。幸甚！幸甚！"

【注释】

①《东皋子答陈尚书书》署名为"王福畤撰"，实际是照抄王绩的信，信前加按语。该文没有被《唐文粹》和《文苑英华》收入，《东皋子集》亦不载，学者怀疑为王福畤伪造，但其中加杂史事，可供参考。

录关子明事①

关朗，字子明，河东解人也。有经济大器，妙极占算，浮沈乡里，不求官达。

太和末，余五代祖穆公封晋阳，尚书署朗为公府记室。穆公与谈《易》，各相叹服。穆公谓曰："足下奇才也，不可使天子不识。"入言于孝文帝。帝曰："张彝、郭祚尝言之，朕以卜算小道，不之见尔。"穆公曰："此人道微言深，殆非彝、祚能尽识也。"诏见之，帝问《老》《易》，朗寄发明玄宗，实陈王道，讽帝慈俭为本，饰之以刑政礼乐。帝嘉叹，谓穆公曰："先生知人矣。昨见子明，管、乐之器，岂占算而已？"穆公再拜，对曰："昔伊尹负鼎于成汤，今子明假占算以谒陛下。臣主感遇，自有所因，后宜任之。"帝曰："且与卿就成筮论。"既而频日引见，际暮而出。会帝有乌丸之役，敕子明随穆公出镇并州，军国大议，驰驿而闻，故穆公《易》筮往往如神。

先是穆公之在江左也，不平袁粲②之死，耻食齐粟，故萧氏受禅而穆公北奔，即齐建元元年，魏太和三年也，时穆公春秋五十二矣。奏事曰："大安四载，微臣始生。"盖宋大明二年也。既北游河东，人莫之知，惟卢阳乌深奇之，曰："王佐才也。"太和八年，征为秘书郎，迁给事黄门侍郎。以谓孝文有康世之意，而经制不立，从容闲宴，多所奏议，帝虚心纳之。迁都洛邑，进用王肃，由穆公之潜策也。又荐关子明，帝亦敬服，谓穆公曰："嘉谋长策，勿虑不行。朕南征还日，当共论道，以究治体。"穆公与朗欣然相贺曰："千载一时也。"俄帝崩，穆公归洛，逾年而薨，朗遂不仕。同州府君师之，受《春秋》及《易》，共隐临汾山。

景明四年，同州府君服阕，援琴切切然，有忧时之思。子明闻之，曰："何声之悲乎？"府君曰："彦诚悲先君与先生有志不就也。"子明曰："乐则行之，忧则违之。"府君曰："彦闻治乱损益，各以数至，苟推其运，百世可知。愿先生以筮一为决之，何如？"子明曰："占算幽微，多则有惑。请命蓍卦，以百年为断。"府君曰："诺。"于是揲蓍布卦，遇《夬》之《革》③，舍蓍而叹曰："当今大运，不过二再传尔。从今甲申二十四岁，戊申大乱而祸始宫掖，有蕃臣秉政，世伏其强，若用之以道，则桓、文之举也，如不以道，臣主俱屠地。"府君曰："其人安出？"朗曰："参代之墟，有异气焉，若出，其在并之郊乎？"府君曰："此人不振，苍生何属？"子曰："当有二雄举而中原分。"府君曰："各能成乎？"朗曰："我隙彼动，能无成乎？若无贤人扶之，恐不能成。"府君曰："请刻其岁。"朗曰："始于甲寅，卒于庚子，天之数也。"府君曰："何国先亡？"朗曰："不战德而用诈权，则旧者先亡也。"府君曰："其后如何？"朗曰："辛丑之岁，有恭俭之主起布衣而并六合。"府君曰："其东南乎？"朗曰："必在西北。平大乱者，未可以文治，必须武定，且西北用武之国也。东南之俗，其弊也剽，西北之俗，其兴也勃。又况东南，中国之旧主也，中国之废久矣，天之所废，孰能兴之？"府君曰："东南之岁可刻乎？"朗曰："东南运历不出三百，大贤大圣，不可卒遇，能终其运，所幸多矣。且辛丑明王当兴，定天下者，不出九载。己酉，江东其危乎！"府君曰："明王既兴，其道若何？"朗曰："设有始有卒，五帝三王之化复矣。若非其道，则终骄冗，而晚节末路，有桀、纣之主出焉。先王之道，坠地久矣，苛化虐政，其穷必酷。故曰大军之后，必有凶年；积乱之后，必有凶主，理当然也。"府君曰："先王之道竟亡乎？"朗曰："何谓亡也？夫明王久旷，必有达者生焉，行其典礼，此三才五常之所系也。孔子曰：'文王既没，文不在兹乎？'故王道不能亡也。"府君曰："请推其数。"朗曰："乾坤之策，阴阳之数，推而行之，不过三百六十六，引而伸之，不过三百八十四，天之道也。噫，朗闻之，先圣与卦象相契。自魏已降，天下无真主，故黄初元年庚子至今八十四年④，更八十二年丙午，三百六十六矣，达者当生。更十八年甲子，其与王者合乎！用之，则王道振，不用，洙泗之教修矣。"府君曰："其人安出？"朗曰："其唐晋之郊乎？昔殷后不王而仲尼生周，周后不王则斯人生晋。夫生于周者，周公之余烈也；生于晋者，陶唐之遗风也。天地冥契，其数自然。"府君曰："厥后何如？"朗曰："自甲申至甲子，正百年矣，过此未或知也。"府君曰："先生说卦，皆持二端。"朗曰："何谓也？"府君曰："先生每及兴亡之际，必曰'用之以道，辅之以贤，未可量也'，是非二端乎？"朗曰："夫象生有定数，吉凶有前期，变而能通，故治乱有可易之理。是以君子之于《易》，动则观其变而玩其占，问之而后行，考之而后举，欲令天下顺时而进，知难而退，此占算所以见重于先王也。故曰危者使平，易者使倾，善人少，恶人多，暗主众，明君寡，尧、舜继禅，历代不逢，伊、周复辟，近古亦绝，非运之不可变也，化之不可行也。道悠世促，求才实难，或有臣而无君，或有君而无臣，故全之者鲜矣。仲尼曰：'如有用我者，吾其为东周乎?'此有臣而无君也。章帝曰:'尧作《大章》,一夔足矣。'此有君而无臣也。是以文、武之业,遂沦于仲尼,礼乐之美,不行于章帝。治乱之渐,必有厥由,而兴废之成,终罕所遇。《易》曰'功业见乎变',此之谓也。何谓无二端?"府君曰:"周公定鼎于郏鄏⑤,卜世三十,卜年八百,岂亦二端乎?"朗曰:"圣人辅相天地,准绳阴阳,恢皇纲,立人极,修策迥驭,长罗远羁,昭治乱于未然,算成败于无兆,固有不易之数,不定之期。假使庸主守之,贼臣犯之,终不促已成之期,于未衰之运。故曰:'周德虽衰,天命未改。'圣人知明王贤相不可必遇,圣谋睿策有时而弊,故考之典礼,稽之龟策,即人事以申天命,悬历数以示将来。或有已盛而更衰,或有过算而不及,是故圣人之法,所可贵也。向使明王继及,良佐踵武,则当亿万斯年,与天无极,岂止三十世、八百年而已哉?过算余年者,非先王之功,即桓、文之力也。天意人事,岂徒然哉!"府君曰:"龟策不出圣谋乎?"朗曰:"圣谋定将来之基,龟策告未来之事,递相表里,安有异同?"府君曰:"大哉,人谟!"朗曰:"人谋所以安天下也,夫天下,大器也,置之安地则安,置之危地则危。是以平路安车,狂夫审乎难覆;乘奔驭朽,童子知其必危。岂有周礼既行,历数不延乎八百,秦法既立,宗祧能逾乎二世?噫,天命人事,其同归乎!"府君曰:"先生所刻治乱兴废,果何道也?"朗曰:"文质递用,势运相乘。稽损益以验其时,百代无隐;考龟策而研其虑,千载可知。未之思欤,夫何远之有?"府君蹴然惊起,因书策而藏之,退而学《易》。盖王氏易道宗于朗焉。

其后宣武正始元年,岁次甲申,至孝文永安元年二十四岁戊申，而胡后作乱，尔朱荣起并州，君臣相残，继踵屠地。及周、齐分霸，卒并于西，始于甲寅，终于庚子，皆如其言。明年辛丑岁，隋高祖受禅，果以恭俭定天下。开皇元年，安康献公老于家，谓铜川府君曰："关生殆圣矣，其言未来，若合符契。"开皇四年，铜川夫人经山梁，履巨石而有娠，既而生文中子，先丙午之期者二载尔。献公筮之曰："此子当之矣。"开皇六年丙午，文中子知《书》矣，厥声载路。九年己酉，江东平，高祖之政始。迨仁寿四年甲子，文中子谒见高祖，而道不行。大业之政甚于桀、纣，于是文中子曰："不可以有为矣。"遂退居汾阳，续《诗》《书》，论《礼》《乐》。江都失守，文中子寝疾。叹曰："天将启尧、舜之运而吾不遇焉，呜呼！"此关先生所言皆验也。贞观二十三年正月序⑥。

【注释】

①《录关子明事》，未署作者。学界一般认为是王福畤依据关朗传说伪造之作。通篇所讲皆是北魏孝文帝时关朗预言未来之事，并且事事皆应验。

②袁粲（420—477）：原名愍孙，字景倩，陈郡阳夏（今河南太康）人。少孤，好学，颇有清才。宋孝武帝时，历任尚书吏部郎、太子右卫率、侍中、廷尉、太子中庶子、领右军将军、丹阳尹、尚书令等职。宋明帝病危时，袁粲与褚渊、刘勔受顾命辅佐太子刘昱，平定了桂阳王刘休范的反叛，加授开府仪同三司、侍中、尚书令，后升任司徒。刘昱被杀后，其弟安成王刘准在萧道成的扶植下继承皇位，袁粲升任中书监。升明元年，起兵反抗萧道成，事败后与其子一并被杀，时年五十八岁。（《宋书·袁粲传》）

③遇《夬》之《革》：☱,兑上乾下；☱,兑上离下。

④故黄初元年庚子至今八十四年：由前文"从今甲申二十四岁"可知"今"为甲申年，即景明五年、正始元年（504）。从黄初元年（220）至景明五年（504），共二百八十四年。有学者据四库荟要本，认为原文脱"二百"。

⑤郏鄏：古地名，在今河南洛阳市境内。

⑥贞观二十三年正月序：此九字四库荟要本及取瑟堂本未见。

附

王氏家书杂录[①]

王福畤

太原府君讳凝，字叔恬，文中子亚弟也。贞观初，君子道亨，我先君门人布在廊庙，将播厥师训，施于王道，遂求其书于仲父。仲父以编写未就，不之出，故《六经》之义，代莫得闻。

仲父释褐，为监察御史。时御史大夫杜淹谓仲父曰："子圣贤之弟也，有异闻乎？"仲父曰："凝忝[②]同气[③]，昔亡兄讲道河汾，亦尝预于斯，然《六经》之外无所闻也。"淹曰："昔门人咸存记焉，盖薛收、姚义缀而名曰《中说》。兹书天下之昌言也，微而显，曲而当，旁贯大义，宏阐教源，门人请问之端，文中行事之迹，则备矣。子盍求诸家？"仲父曰："凝以丧乱以来，未遑及也。"退而求之，得《中说》一百余纸，大底杂记，不著篇目，首卷及序则蠹绝磨灭，未能诠次。

会仲父黜为胡苏令，叹曰："文中子之教，不可不宣也。日月逝矣，岁不我与。"乃解印而归，大考《六经》之目而缮录焉。《礼论》《乐论》，各亡其五篇，《续诗》《续书》，各亡《小序》，唯《元经》《赞易》具存焉，得六百六十五篇，勒成七十五卷，分为六部，号曰《王氏六经》。仲父谓诸子曰："大哉，兄之述也！

以言乎皇纲帝道则大明矣，以言乎天地之间则无不至焉。自《春秋》以来，未有若斯之述也。"又谓门人曰："不可使文中之后不达于兹也。"乃召诸子而授焉。

贞观十六年，余二十一岁[④]，受《六经》之义。三年颇通大略。呜呼，小子何足以知之而有志焉。十九年，仲父被起为洛州录事，又以《中说》授余曰："先兄之绪言也。"余再拜，曰："《中说》之为教也，务约致深，言寡理大，其比方《论语》之记乎？孺子奉之，无使失坠。"余因而辨类分宗，编为十编，勒成十卷。其门人弟子姓字本末，则访诸纪牒，列于外传，以备宗本焉。且《六经》《中说》于以观先君之事业，建义明道，垂则立训，知文中子之所为者，其天乎？年序浸远，朝廷事异，同志沦殂，帝阍攸邈，文中子之教抑而未行。吁，可悲哉！空传子孙以为素业云尔。时贞观二十三年正月序。

【注释】

①《王氏家书杂录》，署名"王福畤撰"，有学者认为是王福畤伪造。其中有叙王氏家事，部分内容可资参考。

②忝：愧，谦辞。《后汉书·杨赐列传》："臣受恩偏特，忝任师傅。"

③同气：有血缘关系的亲属，后来多指同胞兄弟。唐刘知幾《史通·浮词》："俾同气女兄，摩笄引决。"

④二十一岁：疑为"三十一岁"之误。（汪吟龙《文中子考信录》）

家藏文库书目（持续更新中）

大学　中庸	孟浩然诗选
三国志选注译（上、中、下）	李杜诗选（上、下）
水经注	韩愈诗选
唐才子传	柳宗元诗选
商君书	杜牧诗选
孔子家语	苏轼诗文选
法言	黄庭坚诗选
随园食单	陆游诗文选
板桥杂记	王阳明诗文选（上、下）
抱朴子内篇	花间集（上、下）
文中子中说	晏殊　晏几道词选
大唐西域记（上、下）	欧阳修词选
洛阳伽蓝记	苏轼词选
地藏经　药师经	秦观词
东坡志林	周邦彦词
朱子读书法	姜夔词
武林旧事　附《增补武林旧事》	豪放词
扬州画舫录（上、下）	婉约词
徐霞客游记（上、下）	历代抒情小赋选
曾国藩家书	先秦散文选
梁启超家书	唐宋散文选
郑板桥家书	晚明散文选
古诗十九首　乐府诗选	古文辞类纂（上、下）
阮籍诗选	唐人小说选
庾信选集	牡丹亭　窦娥冤

西厢记　桃花扇　　　　　千家诗
喻世明言　　　　　　　　帝鉴图说
警世通言　　　　　　　　四字鉴略
聊斋志异　　　　　　　　声律启蒙　笠翁对韵
镜花缘　　　　　　　　　重订增广贤文　名贤集
儒林外史